现代商贸研究丛书

丛书主编：郑勇军
副 主 编：肖 亮 陈宇峰

教育部省部共建人文社科重点研究基地
浙江工商大学现代商贸研究中心资助

服务创新管理
——浙江案例

李靖华 盛 亚 胡永铨 等著

经济科学出版社
ECONOMIC SCIENCE PRESS

图书在版编目（CIP）数据

服务创新管理：浙江案例/李靖华等著. —北京：
经济科学出版社，2012. 12
（现代商贸研究丛书）
ISBN 978 - 7 - 5141 - 2804 - 8

Ⅰ.①服…　Ⅱ.①李…　Ⅲ.①服务业 - 企业管理 -
案例 - 浙江省　Ⅳ.①F719

中国版本图书馆 CIP 数据核字（2012）第 313819 号

责任编辑：柳　敏　李晓杰
责任校对：杨　海
版式设计：齐　杰
责任印制：李　鹏

服务创新管理

——浙江案例

李靖华　盛　亚　胡永铨　等著
经济科学出版社出版、发行　新华书店经销
社址：北京市海淀区阜成路甲 28 号　邮编：100142
总编部电话：010 - 88191217　发行部电话：010 - 88191522
网址：www. esp. com. cn
电子邮件：esp@ esp. com. cn
天猫网店：经济科学出版社旗舰店
网址：http://jjkxcbs. tmall. com
汉德鼎印刷厂印刷
华玉装订厂装订
710 × 1000　16 开　14. 5 印张　250000 字
2012 年 12 月第 1 版　2012 年 12 月第 1 次印刷
ISBN 978 - 7 - 5141 - 2804 - 8　定价：30. 00 元

总　序

随着经济全球化和信息化的快速推进，全球市场环境发生了深刻的变化。产能的全球性过剩和市场竞争日趋激烈，世界经济出现了"制造商品相对容易，销售商品相对较难"的买方市场现象。这标志着世界经济发展开始进入销售网络为王时代，世界产业控制权从制造环境向流通环境转移，商品增加值在产业链上的分布格局正在发生重大变化，即制造环节创造的增加值持续下降，而处在制造环节两端——商品流通和研发环节所创造的增加值却不断地增加。流通业作为国民经济支柱产业和先导产业，已成为一国或一个地区产业竞争力的核心组成部分。在全球化和信息化推动下的新一轮流通革命，引领着经济社会的创新，推动着财富的增长，正在广泛而深刻地改变着世界经济的面貌。

世界经济如此，作为第二大经济体和全球经济增长火车头的中国更是如此。正处在经济发展方式转变和产业升级转型的关键时期和艰难时期的中国迫切需要一场流通革命。

在 20 世纪 90 年代中后期，中国已从卖方市场时代进入买方市场时代。正如一江春水向东流一样，卖方时代一去不复返。买方市场时代的到来正在重塑服务业与制造业的关系，以制造环节为核心的经济体系趋向分崩瓦解，一种以服务业为核心的新经济体系正在孕育和成长。在这一经济转型的初期，作为服务业主力军的流通产业注定被委以重任，对中国经济发展特别是经济发展方式转变、产业升级转型以及内需主导型经济增长发挥关键性的作用。

中国经济的国际竞争优势巩固需要一场流通革命。随着中国经济发展进入工业化中期、沿海发达地区进入工业化中后期，制造业服务化将是大势所趋，未来产业国际竞争的主战场不在制造环节，而是在流通环节和研发设计。谁占领了流通中心和研发中心的地位，谁就拥有产业控制权和产业链中的高附加值环节的地位。改革开放以来，我国制造业发展取得了举世瞩目的成就，在国际竞争中表现出拥有较强的价格竞争优势和规模优势，但流通现代化和国际化明显滞后于制造业，物流成本和商务成本过高已严重制约我国产品价格的国际竞争优势。随着我国土地、工资和环保等成本上升，制造成本呈现出刚性甚至持续上升的趋势已大势所趋。如何通过提高流通效率和降低流通成本，继续维持我国产品国际竞争的价格优势，将会成为我国提升国家竞争优势的重大的战略选择。

中国发展方式转变和产业升级需要一场流通革命。中国经济能否冲出"拉美式的中等收入陷阱"继续高歌前行，能否走出低端制造泥潭踏上可持续发展的康庄大道，能否激活内需摆脱过度依赖投资和出口的困局，关键取决于能够通过一场流通革命建立一套高效、具有国际竞争力的现代流通体系，把品牌和销售网络紧紧地掌控在中国人手中，让中国产品在国内外市场中交易成本更低，渠道更畅，附加值更高。

中国社会和谐稳定需要一场流通革命。流通不仅能够吸纳大量的就业人口，还事关生活必需品供应稳定、质量安全等重大民生问题。目前，最令老百姓忍无可忍的莫过于食品安全问题。中国市场之所以乱象丛生，与中国流通体系的组织化程度低、业态层次低，经营管理低效和竞争秩序混乱不无关系。中国迫切需要一场流通革命重塑流通体系。

令人遗憾的是，尽管流通业作为国民经济支柱产业和先导产业的地位将会越来越突出，但中国学术界和政府界却依然以老思维看待流通，几千年来忽视流通，轻视流通的"老传统"依然弥漫在中国的各个角落。改革开放以来我国形成了重工业轻流通、重外贸轻内贸的现象没有得到明显改观。

中国需要一场流通革命，理论界需要走在这场革命的前列。这就是我们组织出版这套丛书的缘由。

浙江工商大学现代商贸研究中心（以下简称"中心"）正式成立于2004年9月，同年11月获准成为教育部人文社会科学重点研究基地，是我国高校中唯一的研究商贸流通的人文社科重点研究基地。成立7年以来，中心紧紧围绕将中心建设成为国内一流的现代商贸科研基地、学术交流基地、信息资料基地、人才培养基地、咨询服务基地这一总体目标，开展了一系列卓有成效的工作。目前，中心设有"五所一中心"即：流通理论与政策研究所、流通现代化研究所、电子商务与现代物流研究所、国际贸易研究所、区域金融与现代商贸业研究所和鲍莫尔创新研究中心。中心拥有校内专兼职研究员 55 人，其中 50 人具有高级技术职称。

　　成立 7 年以来，中心在流通产业运行机理与规制政策、专业市场制度与流通现代化、商贸统计与价格指数、零售企业电子商务平台建设与信息化管理等研究方向上取得了丰硕的科研成果，走在了全国前列。在最近一次教育部组织的基地评估中，中心评估成绩位列全国 16 个省部共建人文社会科学重点研究基地第一名。

　　我们衷心希望由浙江工商大学现代商贸研究中心组织出版的现代商贸研究丛书，能够起到交流流通研究信息，创新流通理论的作用，为我国通通理论发展尽一份绵薄之力。

郑勇军

浙江工商大学现代商贸研究中心主任

2011 年 12 月 6 日

本书的研究和出版得到以下资助：

浙江省重点创新团队——生产性服务业与区域经济发展

教育部省属高校人文社会科学重点研究基地——浙江工商大学现代商贸研究中心

国家自然科学基金项目"新服务开发的前后台知识转移机制及其管理策略研究：知识密集型服务业案例"（70972136）

目录

图　目　录

表 目 录

第一章 服务创新管理研究框架（绪论）*

第一节 引言

作为一个内涵丰富的研究领域，近年来服务创新研究获得广泛关注。但与对制造部门创新行为的深入研究相比，世界上对服务创新研究的时间还不长，而且理论上的进步也远远落后于实践的需要。自 1986 年巴拉斯（Barras）提出的"逆向产品周期理论"以来，基于服务创新与制造业创新的关系，国际上服务创新的研究大致经历了相似派与差异派的对立、作为两派调和的综合派的出现两个阶段（Moulaert，1988；Coombs & Miles，2000；de Vries，2004；Drejer，2004）。相似派认为，服务创新与制造业创新并无本质区别，制造业创新的很多研究成果大都可以移植到服务业中；"差异派"认为，服务业与制造业有很大的不同，甚至不同服务业之间也差异巨大，因此要从专业轨道、服务范式等更高层面和服务企业管理实践的长期变化趋势来看这些具体的改变。"综合派"则认为，相似的程度和差别的程度，都没有两派所强调的那么极端，完全可以在服务和物质产品相互融合的基础之上，将两者看作在功能上无差别的"统一体"进行分析。

事实上，服务创新本质上是一种组织创新。服务企业的组织设置往往是业务导向的，且随着新业务的开展表现出很强的组织变动性。服务创新通常按照项目进行组织，但实际过程中需要涉及到企业大部分的组织，从

---

* 本章基于以下论文改写得到：LI Jing Hua，2012，Service innovation research in China：past，present and future，Journal of Science and Technology Policy in China，3（1）：68–91.

而效率低下（Edvardsson et al.，1995）。以及服务企业有研发部门的较少，即使有研发部门也主要是获取组织中的创新构思并将其提交管理层。一项调查显示，有独立的开发部门、由已经存在的部门附带承担、临时项目组开发、外包新服务开发四种开发形式的采用率，大致分别为10%、77%、49%和7%（Fahnrich et al.，1999）。

同时，服务创新也更多地受到环境规制的影响，企业的服务创新行为表现出很强的权变主义色彩。以金融业为例，还必须面对经济环境周期性变化的冲击。因此，在研究企业服务创新问题时，应更多地考虑其社会经济变革的背景和含义，以及充分运用权变和系统的思想。也即最佳实践必须在不同背景、不同企业规模和任务复杂性下，以及根据服务提供定制化程度和环境不确定性，加以调整和采用（Tidd & Bessant，2009）。故应采用更广泛的创新思想，包括技术的、组织的和市场改变的思想（Tidd & Nightingale，2009）。问题解决的关键就是组织和技术配置与特定市场环境的匹配。

上述两点基本认识突出反映在服务创新的第一个研究高潮中。即，1998年欧洲CIS调查直接推动了相关研究成果的发布，还有多国学者参加的欧洲"服务业中的创新和创新中的服务业"（SI4S，1996~1997）项目颇引人注目。目前得到普遍接受的是服务创新的驱动力模型和四维度模型。驱动力模型认为（Sundbo & Gallouj，1998），服务企业进行服务创新的驱动力分为内部驱动力和外部驱动力。内部驱动力包括企业的战略和管理、员工、创新部门和研发部门。外部驱动力又分为轨道（技术轨道、制度轨道、服务专业轨道、管理轨道、社会轨道）和行为者（竞争者、顾客、公共部门、供应商）两类。不同驱动力的相对重要性不是固定不变的，不同的场景、环境、时间都会有所不同。

四维度模型认为（Bilderbeek et al.，1998），服务创新除了与技术在服务业的应用有关，还更多地与服务本身特性的变化（新服务概念）、新的"顾客—生产者"交互作用方式（新的顾客界面），以及新的服务生产方法（新服务传递系统）密切相关。服务创新是在一定"社会—经济"背景下发生的。服务企业需要识别并接触潜在与实际的顾客，也需要明确员工的能力、技巧和态度能否胜任"生产"新服务，以及注重对技术的选择和运用。

我国经济长期以来在世界上表现颇为引人注目，2010年GDP达到58 786亿美元，超越日本成为世界第二经济大国，是最大的发展中国家。

但与制造业的发展相比，服务业的发展还非常不足。我国服务业增加值只占 GDP 的 40%，远比不上国际发达国家服务创造了超过四分之三的财富。由于市场经济的不发达，我国长期存在"重制造、轻服务"的文化观念。此外与此相伴随的，是从计划经济转向市场经济过程中出现的种种问题，如国有服务企业的垄断经营、服务产业生态链的割裂、服务监管体制的错位和僵硬等。这些都严重影响着我国服务业的持续健康发展。

而我国学者对服务创新的研究，正是在这样的背景下起步和奋起直追的，前后也就十多年。走的主要是一条从模仿到创新的道路。一方面大量吸收和借鉴了国际服务创新研究的理论和成果，另一方面对我国服务创新实践中遇到的问题进行了深入的分析和思考。出于追赶的紧迫心情，又主要以创新先导性的知识密集型服务业为研究对象展开。从而表现出与国际上不同的研究轨迹。其中多主体参与和制造业与服务业互动融合两个研究趋势，也逐渐明显起来。

第二节　中国服务业发展

服务业的发展是建立在第一产业和第二产业不断发展成熟基础上的。我国自 1978 年改革开放以来，也经历了这样的一个发展中心转移历程。改革开放初期，经济改革的重心是农业，标志是 1982 年以来中国共产党连续发布的五个有关农业的"三农"一号文件。20 世纪 80 年代中期到 90 年代初期，经济改革的重点转移到城市，并对国有企业进行全面改革，第二产业得到快速发展，直到今天。近年来，服务业的发展开始引起我国政府的高度重视。[①]

目前的情况是，我国服务业发展很快但仍然严重滞后。2008 年我国国内生产总值（GDP）300 670 亿元，其中第三产业 120 486.6 亿元；占比为 40.1%，自 2001 年突破 40% 后一直在 40.1% ~ 41.5% 徘徊[②]。2008

---

① 我国第十一个五年计划（2006 ~ 2010）指出，要大力发展现代服务业，提高服务业的比重和水平。《中国中长期科技发展规划纲要（2006 ~ 2010）》也提出，要把加快现代服务业发展作为我国转变经济发展方式，全面提高科学发展观，实现经济社会全面协调发展的战略举措。

② 2010 年我国国内生产总值（GDP）397 983 亿元，约合 6.04 万亿美元，第三产业增加值 171 005 亿元，约合 2.60 万亿美元，第三产业增加值比重为 43.0%。

年我国就业人口 77 480 万人，其中第三产业 25 717 万人；占比为 33.2%，在 2001 年 27.7% 的基础上不断提高。但与世界一些国家相比较，我国产业结构和就业结构仍存在较严重的失衡现象。1990 年前后，OECD 的 30 个成员国服务业增加值占 GDP 比重均在 70% 以上，第三产业就业比重都在 65% 以上。发展中国家第三产业就业比重也多在 50% 以上。

服务业改革方面。我国第十一个五年计划（2006 ~ 2010 年）期间，国有银行股份制改革、电信企业调整重组、文化和新闻出版体制创新、完善社会保障制度、深化医药卫生体制改革、税收、价格、收费等改革逐步推进等，这些都对破解体制约束、加快服务业发展产生了积极推动。服务业对外开放方面，国际服务业转移浪潮带来服务业发展机遇。世界服务外包保持 30% ~ 40% 的年增长速度，2010 年市场规模达 20 000 亿美元，亚洲承接了其中 45% 以上的外包业务，转移重点就是中国、印度等发展中国家。此外还体现在中国和东盟自由贸易区建设、内地与港澳《关于建立更紧密经贸关系的安排》（CEPA）等方面。

目前，我国服务需求进入加速扩张阶段。大型服务企业实力不断壮大。美国《财富》杂志公布的世界 500 强排行榜，2005 年入选的中国服务企业共有 12 家，2009 年增加到 18 家。中国企业联合会公布的中国服务企业 500 强排行榜，2005 年入围门槛为年营业收入 5.1 亿元，2009 年入围门槛上升到年营业收入 12 亿元，提高了 1.4 倍。国际经验表明，人均 GDP 突破 1 000 美元后，服务业特别是消费性服务业将加快发展；人均 GDP 突破 3 000 美元后，服务业发展更加活跃，特别是生产性服务业迅速提升。中国 2009 年人均 GDP 已超过 3 000 美元，笔者所在的浙江省人均 GDP 大约 6 500 美元。

综上，转型和发展的逻辑共同决定着我国服务业的发展质量和速度。因此早在 2006 年英国《经济学家》杂志就指出，只要计划经济的思维依然把服务业看成是制造业的一个补充，那么，中国在服务业中所创造的工作岗位就会达不到其本来可以创造出来的那么多。中国经济尽管在快速增长，但自 1995 年以来已经流失了 1 500 万个制造业就业机会，而随着基础生产向越南等国转移，这种流失将更严重。服务业可以为每年加入劳动力大军的 1 000 万 ~ 1 500 万中国人创造出充足的机会。但要实现这一潜力，服务业各行业需要得到决策者的更多尊重和关注（The Economist, 2006）。

第三节 方法论和综述框架

广义上讲，服务创新是指一切与服务相关或针对服务的创新行为与活动，场景包括服务业、制造业，以及非营利性公共部门；从狭义上讲，服务创新只是指发生在服务业中的创新行为与活动（Pavitt，1984；Barcet et al.，1987；Gallouj & Weinstein，1997；Miles，2000）。为聚集研究焦点，本书采用狭义的服务创新定义，只在涉及制造业与服务业融合的服务（增强）型制造时例外。此外鉴于新服务开发的研究刚在中国起步，也与服务创新密切相关，本章也一并综述，并在本书论述的大多数内容里不加严格区分。

本章选取文献的范围是我国大陆公开出版的中文学术期刊论文和专著，不含国际学术会议论文和硕博士学位论文。这主要是考虑到我国大陆作者目前在国际期刊上发表论文不多，本章的主要目的即在于引介相关的中文原创成果，而国际学术会议论文属于篇幅较短且同行评议要求较低的论文，硕博士学位论文属于非正式公开发行成果。此外，考虑到与国际服务创新学科领域的对接，国内大量图书馆学领域的服务创新文献也被排除了。

论文主要从中国知网和万方数据两个中文学术论文数据库搜索，领域按下文所述综述框架选择。入选论文的学术性准则是，必须是出版周期为月刊或双月刊或季刊的学术期刊上发表的、非增刊、非综述的原创性学术论文，且要有参考文献清单和英文摘要、关键词等著录项，论文版面数在4个及以上（大约汉字7 000字及以上）。考虑到中国服务创新研究的初步性，一些所选文献的关键词并不是"服务创新"，但根据其研究内容仍将其选入。

我国对服务创新的研究首先从知识引介和模仿研究开始，并没有明显地表现出"相似派"或"差异派"的主流分歧。我国作为发展中国家服务业的发展水平还比较低，由于经济转型其发展体制也不健全；由于服务业自身固有的一些"轻资产"性属性，往往不能成为经济增长关注的核心。比如，服务企业大多注册资本规模小、固定资产投资少，通常以拥有知识产权、人力资本、开发工具（软件）等无形资产为主，长期以来，此类企业办理银行贷款时难以提供固定资产抵押，知识产权等又不易进行质押，企业主往往要以个人的房产和财产进行抵押才能获得银行贷款，筹融资非常困难。相应地，服务创新更多地在微观层面、管理学角度展开。

尽管如此，经过我国学术界近十年的努力，也逐渐呈现出两条交织的研究主线。第一条是随着服务创新规律在服务企业内部和利益相关者间的同时深化，在基础性的单主体服务创新范式和扩展性的多主体（顾客、员工、供应商等）服务创新研究两个方向上的发展。第二条是基于"综合派"制造业和服务业融合的思想，模块化（大规模定制化）服务创新和制造企业服务增强的整合创新同时获得关注。综上，中国服务创新研究的技术路线图如图 1.1 所示。

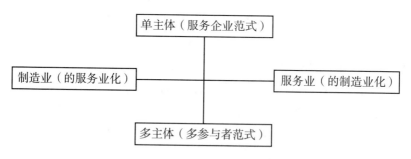

图 1.1　中国服务创新研究的路线

两条主线中，单主体基础创新范式和服务业的制造业化生产和创新模式，是狭义的服务创新定义意义上的重点。此外，宏观层面的创新系统和创新政策的研究也有一定的积累。特别是对知识密集型服务业，鉴于其对经济增长的带动作用，宏观层面的研究获得关注。因此，在图 1.1 之外，还存在一条辅助的研究线索。

第一，单主体的服务创新范式研究，主要指基于知识密集型服务业的对服务创新过程、模式、组织等的基础性研究。该方向研究秉承国际服务创新研究风格，结合中国服务企业现状。主要基于管理学理论（包括战略、组织、研发等领域），特别突出权变主义思想，以案例和统计检验等方式，重点刻画了服务创新的驱动力模型中的内部驱动力（Sundbo & Gallouj, 1998）。对应图 1.1 中纵轴上方。

第二，现实中服务创新往往建立在一个多主体共同参与的场景下，但多是对其单独进行的研究，其中又以对服务创新顾客的研究为最常见（张若勇等，2007；卢俊义等，2009）。鲁若愚等（2010）通过"主服务商—伙伴商—顾客"服务三角形，给出了同一研究情境下的研究框架。这里重点刻画的就属于服务创新的驱动力模型中的外部驱动力（Sundbo & Gallouj，1998）。对应图1.1中纵轴下方。

第三，大规模定制指既具有大批量生产下的高效率、低成本，又能够像单件生产那样满足单个顾客个性化需求的生产方式。大规模定制化服务创新结合了服务业顾客化服务的本质特点和制造业大规模提供的效率优势。在服务产品创新的过程中，通过实现服务产品要素的标准化，以及服务提供现场顾客或服务商对服务产品的组合生成，最大限度地提升顾客价值、降低内部成本，增强服务企业竞争优势（李靖华等，2009）。对应图1.1中横轴右方。

第四，服务增强的整合创新指服务成为制造业价值链中独立的业务和品牌，制造和服务相互嵌入，服务转变为制造企业的业务来源。一般认为，产品和服务的关联经历了三个阶段：常规阶段网络化和外购阶段以及产品—服务包阶段（Marceau & Martinez，2002）。目前学者研究最为集中的是第三阶段即集成解决方案提供商角色。对应图1.1中横轴左方。

最后，中国服务业创新系统和创新政策方面的研究，也秉承了国际研究传统。但其研究力度、本土化程度尚待加强。本书并未收入这方面的案例，但收入一个商业模式创新的案例作为替代。

第四节　国内研究综述

一、服务创新的单主体维度

服务企业作为服务创新的主体，其行为特点与制造业有极大的不同，因而服务创新的很多基础性问题都必须重新考虑。这些议题从宏观的创新范式、创新轨道，到微观的创新模式（组织、战略）等。本章将此部分基础性的微观议题归入单主体维度之下①。模式（pattern）是企业行事的基本框架体系和思路方法，是规范研究的基本问题之一。帕维特（Pavitt，1984）首先提出技术供应商主导型、规模集中型、专业供应商型以及科学基础型四种模式。巴斯特等人（Barcet et al.，1987）将服务创新组织模式分为工业化模式、专业化联合模式、管理模式。盖洛和温斯坦（Gallouj & Weinstein，1997）进一步增加了新工业化模式、企业家创新和手工艺创新模式②。

基于对中国金融服务业、软件业、会计服务业等知识密集性服务业的实证研究，魏江、胡胜蓉（2007）借鉴伦德瓦尔等（Lundvall et al.，1994）的分法，把创新过程（学习模式）和创新结果（创新强度）两个角度结合起来，将知识密集性服务业创新模式分为 STI 渐进模式、STI 突破模式、DUI 渐进模式以及 DUI 突破模式四种③。其中，STI 类模式主要分布在服务产品较为标准化的行业，其中 STI 渐进模式关注对既有创新的改进，STI 突破模式致力于以服务创新引发市场需求；DUI 模式主要分布在服务产品较为定制化的行业，其中 DUI 渐进模式在既有创新轨迹中不断与顾客互动，DUI 突破模式则寻找利基市场开拓新业务。中国金融业中 STI 渐进性模式正向 DUI 渐进和 DUI 突破模式演化。

如引言所述，服务创新本质上是一种组织创新。服务企业的组织设置往往是业务导向的，且随着新业务的开展表现出很强的组织变动性。服务创新通常按照项目进行组织，但实际过程中需要涉及到企业大部分的组织（Edvardsson et al. 1995）。对此的研究还更多地停留在关键成功因素层面，或是对制造业成果的简单应用，故亟待深化。

中国情境的实证研究表明，知识密集型企业组织结构的复合性、规范化、集权化、组织边界等特征，会对其创新组织的相互依赖性、自我管理

① 本领域的一个基本问题是服务业创新与制造业创新的差异。在中国情境下，一个现实的差异是，如果说在制造业，中国还有劳动力的比较优势的话，在服务业，这种劳动力的比较优势似乎并不明显（柳卸林，2005）。

② 事实上，服务创新的组织也是一个有机组织成长和演化的过程。梯德和霍尔（Tidd & Hull，2003）给出四种服务创新组织类型，分别是简单手工作坊、机械官僚制、混合制以及有机技术组。其中有机技术组最具创新性，机械官僚制最具成本效率，混合制最具总绩效，而简单手工作坊能够提供最好的服务传递。大规模知识密集型服务业与机械官僚制和混合制较为接近。此外，罗伯特森（Robertson，2004）指出了知识密集型服务业组织形式从委员会结构向柔性科层结构的演变趋势。

③ STI—Science，Technology，Innovation。基于科学的学习。DVI—Doing，Using，Interacting。基于经验的学习。

性、边界渗透性，进而对创新绩效等产生重要影响。具体地说，高绩效的定制化 KIBS（高度的共享决策），拥有高的组织边界渗透性，高的自我管理性水平；高绩效的标准化 KIBS（大中型服务企业，高度的战略规划）拥有高的自我管理性水平。其中，自我管理性已经成为创新组织共同的结构特征（魏江，胡胜蓉，2007）。

进一步地讨论组织文化。中国学者的研究表明，以创新为导向的组织学习能够增强组织知识基础，从而提高新服务开发（服务创新）绩效（刘顺忠，2009）。他用创新文化、学习文化、学习行为和学习效果四个维度描述组织学习能力。创新文化是组织学习能力的核心，能够对组织学习能力其他三个维度产生显著影响，因此组织学习能力培育的核心是建立一个鼓励和支持创新的文化环境。在创新文化的作用下，组织能够构建一个支持知识获取和理解的学习文化氛围，并同创新文化共同促进企业内部对话和外部交流等学习行为。[1]

二、服务创新的多主体维

现实中服务创新往往建立在一个多主体共同参与的场景下。长期以来由于关注焦点的单一性，往往是对各参与主体单独进行研究，其中又以对服务创新顾客的研究为最多。注意到利益相关者创新（Smith & Fischbacher，2005；盛亚，2007）、开放创新（Chesbrough，2003；陈劲，陈钰芬，2006）、全面创新（许庆瑞，2007；郑刚，2006）等概念的引入，以及权变主义的再次兴起（Tidd，2007；Tidd & Hull，2003），同一研究情境下的研究框架就呼之欲出了[2]。

---

① 相关研究还有苏敬勤等（2009）等。
② 国际上对服务创新多主体的标志性研究是史密斯和费雪贝契（Smith & Fischbacher，2000，2005）。他们首先以英国一家银行为对象进行深度访谈，分析了服务现场雇员和跨部门合作的利益表达和代理，进而分析了多利益相关者利益和冲突对新服务开发过程的影响。随后他们又以多案例分析的方式（其中包括两家银行），结合米切尔（Mitchell）框架和罗利（Rowley，1997）网络分析，研究了其他利益相关者对顾客这一主导利益相关者利益的间接表达机制和组织协调机制，并特别指出项目领导在这一过程中运用非"合法"权利（非正式组织影响力）的重要性。
此外，国际上对其他创新主体最著名和持久的研究就要算是冯·希普尔（von Hippel，1986；1988；1998；2005）对领先用户的研究了。由于信息粘性的存在，领先用户不仅仅作为"营销研究的需求预测实验室"，其自身还参与新产品和服务的开发，实现从顾客向厂商的知识转移。阿拉姆和佩里（Alam & Perry，2002）则详细分析了新服务开发（服务创新）中顾客参与的四个关键因素：参与目的、参与阶段、参与程度，以及参与形式。

鲁若愚等（2010）给出了"主服务商—伙伴商—顾客"服务三角形。其中主服务商包括服务企业的管理者、一线员工、后台员工，伙伴商包括技术设备供应商、组合服务提供商、中间商等合作伙伴。与服务创新过程的循环模型（新服务思想产生 - 服务产品设计 - 新服务生产和消费）相结合，他们还得到了多主体参与服务创新的过程模型，以研究过程属性以及参与者之间的关系。以及借鉴界面管理理论，构建了三大类参与主体间的界面管理模型。

具体到三大类参与方，首先，有学者从知识管理和组织学习的角度研究了顾客参与服务创新的作用。卢俊义等（2009）的研究表明，顾客参与服务创新过程既是满足顾客需求的需要，也是服务创新过程本身的需要，其中一个重要的原因就在于顾客参与有利于促进顾客知识转移。他们基于社会资本的视角，构造了以社会资本的认知、关系、结构三维度为中介机制的理论模型。张若勇等（2010）则基于组织学习的视角，分析了顾客 - 企业交互通过影响组织向顾客学习的动机和行为，进而影响服务创新绩效的路径。

其次对于供应商的角色，张红琪、鲁若愚（2010a）的研究表明，供应商在适当的时机参与服务创新的过程，可以帮助提升服务创新传递效果。服务创新过程各阶段供应商的参与活动和参与方式是不同的，随着供应商参与程度的不断增加形成了一个连续谱线。供应商参与服务创新对服务创新带来的利益很多，同时也有风险，如果服务提供商给予供应商足够的激励和管理就会促进供应商和企业合作的双赢。

第三对于员工参与的作用，冯旭等（2009）研究了工作动机、自我效能对员工创新行为的影响。结构方程模型研究表明，内部动机对个人创新行为具有直接的显著影响；外部动机通过对内部动机的影响间接对个人创新行为产生影响；自我效能对个人创新行为具有直接的显著影响；同时自我效能还通过对内部和外部动机产生影响，对员工个人创新行为产生间接的促进作用。

此外，还应从创新网络视角对多主体活动进行统一、动态的审视。创新网络可分为价值网络、商业网络、社会网络。服务创新的动态网络可以分为：基于服务创新行为的认知网络、基于知识增加的价值网络、基于社会资本与创新资本的社会网络，以及基于竞争优势的市场导向网络（刘德文、鲁若愚，2009）[①]。关于服务创新网络的平衡与优化，他们指出：

> 服务创新网络无论从何种角度考虑，都会依赖于参与主体的目标和参与主体的效用。从保持服务创新网络活跃性的角度来看，服务创新网络的平衡就显得非常重要，因为不断地会有新的参与主体进入网络，同时也会有一些参与主体退出，而居于中心位置的参与主体应该注意整个服务创新网络的平衡，保持服务创新的活性，为新服务的产生创造合适的环境与条件。……但是，服务创新企业无法提供足够的资源来支持服务创新网络的运行，网络需要优化，这和参与者参与的精力、时间以及参与活跃程度和参与有效性相关，也与发动服务创新者的资源控制能力、对服务创新参与者的授权有关。

三、服务业的制造业化

服务的交互作用特性意味着，服务产品经常以满足客户的特定需求为目标（即顾客定制化）。从服务业的发展历史看，交互作用的存在使服务供应经常局限在小规模的本地化供应范围内。里维特（Levitt，1972）即指出，服务企业需要适应"生产线方法"，即仿效工业化生产并转向标准化产品的大规模生产[②]。对服务构成要素的研究，促进了这些要素被转换或重新配置以形成新的"服务束"的创新方式（Sundbo，1998）。

换言之，服务业制造业化主要指服务业本身也融入了更多的制造业思想。这与信息技术大量引入服务业不无相关（Barras，1986，1990），并突出地体现在服务业的"大规模生产化"，由于服务业本身很强的个性化

[①]　多主体的相关研究还有卢俊义、王永贵（2010），张若勇等（2007），张红琪、鲁若愚（2010b）等。

[②]　但追求生产率的服务业"工业化"曾被批评导致了低质量和低技能工作的出现（如 Ritzer，1996）。

特质，就折中演变成为大规模定制化服务创新、模块化服务创新①
（Sundbo，1994；Peters & Saidin，2000）。即在服务产品创新的过程中，
通过实现服务产品要素的标准化，以及服务提供现场顾客或服务商对服务
产品的组合生成，从而最大限度地提升顾客价值、降低内部成本，增强服
务企业竞争优势（李靖华等，2009）。

其中，模块是指半自律性的子系统，通过和其他同样的子系统按照一
定的规则相互联系而构成更加复杂的系统或过程（青木昌彦，2003）。而
模块化则是一个将系统进行分解和整合的动态过程。模块化是大规模定制
的低成本实现的关键。模块是产品功能和结构层层分解的结果，它在减少
产品成分变化程度的同时提供更大范围的终端产品。根据模块化的结构和
功能特征区分出六种基本的模块化形式，分别是共享成分模块化、交换成
分模块化、量体裁衣模块化、混合模块化，以及可组合模块化和总线模块
化（Ulrich & Turg，1991）。考虑到服务产品模块的结构与功能的一致性，
主要体现为后两种模块化形式。

对中国电信产品模块化的研究表明，结合服务包和服务产品构件理论
及服务产品内容要素方面，显性服务作为可感知的服务收获和服务的本质
特性是服务产品的核心要素。它在服务产品构件的原子、单元、分子和总
线四个层次都可能被包含，在分子层次对应程度最高；辅助物品则不能够
单独构成分子，但最可能成为服务产品的原子构件。服务产品过程要素方
面，隐性服务作为服务的附带感知或服务的非本质特性，则主要在分子和
总线层次有所体现；以及支持性设施在分子级服务构件是必需的（李靖
华，2005）。

对中国金融产品模块化的研究对此做了推进，其模块化可分为功能模

---

① 国际上最早在服务业及服务创新研究中引入模块化概念的是桑德博（Sundbo，1994）。
基于对丹麦服务企业的两项多案例研究，他对服务企业模块化行为及相应生产组织进行了初步的
总结和理论分析。在模块化服务生产方式中，企业拥有标准模块（标准产品要素）和标准的
（后台）服务传递程序，并可就顾客需要将标准产品要素进行组合以提供"特制"服务，传递系
统也更加针对顾客需求而提供创新性的解决方案。
正式的从大规模定制概念展开的服务业研究是彼得斯和赛丁（Peters & Saidin，2000）。他们
依据 IBM 马来西亚服务部门的实践分析了服务模块化的构件层次：原子、单元和分子（atoms，
elements，molecules）。单项的服务提供（分子）可以分解为一些逻辑上的子群（单元），单元本
身也可以是单独向顾客提供的服务，单元进一步可以分为更小的工作任务群（原子）。这样服务
任务就可以在不同的层次上实现组合。

块、基础模块和结构模块（魏江等，2009）。其中基础模块是金融服务的
实现平台，是一切功能正常发挥作用的系统基础，如网上银行、自助银行
等；结构模块是决定子系统设计规则的一个服务框架，它按照一定规则把
基础模块和功能模块联系在一起；功能模块是金融服务产品产生效用的子
系统，具有特定功能，但一定要依赖其他两类模块，如收款服务。三种模
块之间的关系有组合式、总线式和共享式三种。

作为标准化与个性化的折中，服务创新的模块化策略日益受到重视。
但由于一般服务业所具有的劳动密集、高顾客参与、高质量敏感、由传递
时间所触发、难以库存调节、高信息可信度依赖等特点，现有大规模定制
研究需要进行针对服务业的再研究，相关的理论和实证研究亟待加强
（Silveira et al.，2001）①。

四、制造业的服务业化

20 世纪下半叶以来，制造和服务的融合正在成为一种趋势，大型制
造业率先开始进入下游的高收益服务业，诸如产品设计、营销、品牌和融
资等（Wise & Baumgartner，1999）。世界典型的大型制造企业纷纷由传统
的产品生产商，转变为基于产品组合加全生命周期服务的集成解决方案提
供商，如通用电气、可口可乐、诺基亚等（Davies，2004）。而这是基于
制造业的制造服务融合的最高阶段。②

具体地说，尽管需求最终决定生产，但在需求结构变化不大的情况
下，生产制度、生产要素、生产环节的变化，使得生产方式发生了重大变
化，服务已渗透到生产环节的每一个领域。这种服务主要体现为中间性服
务和互补性服务，包括：直接作为企业的中间投入，作为商品交换过程一

---

① 其他相关的研究还有彭正龙、姚黎旻（2007）、陈觉、郝云宏（2009）等。
② 国际上比较著名的一项研究是，英国 Davies 在 CoPS 研究中发现，企业出现明显的向下
游高价值服务业——设计、营销、品牌和融资等移动的倾向，且移动不只是从制造移向服务的单
一方向。因此他对五家大型企业进一步搜集相关证据，发现比较优势不只在于服务的提供，而且
在于服务如何与产品相结合，以提供满足顾客特定商业和运作要求的高价值解决方案，这时企业
必须发展其系统集成能力。该研究充分体现了服务业作为"问题解决者"、服务创新学者作为问
题解决现象"发现者和推动者"的可贵研究范式。
类似的研究还有 Slywotsky（1996），Wise & Baumgartner（1999）、Gebauer 等（2005）、Win-
dahl & Lakemond（2010）等。

部分的流通和金融服务，与新生产结构相适应的人力资本形成服务，整个生产体系空间协调和规制所需要的服务。在制造业生产过程中，产品和服务是互补的，并且生产性服务是服务增长中最快的部分（孙林岩，2009）。

用聚焦于服务型制造的产品模式的术语来说，就是产品服务系统（product service system，PSS）的转变，从面向产品的 PSS，到面向应用的 PSS。在制造企业服务化的过程中，企业的竞争优势从产品转向服务。面向产品的 PSS 提供的服务只是为了保证产品在一定时间内的效用，是非价格营销的手段；面向应用的 PSS 通过出租、共享等方式提供产品的效用，但不完全转让产品所有权。顾客不需要承担产品后期的维护、处理等责任。面向效用的 PSS，顾客不拥有产品也不直接使用产品，仅拥有产品和服务的收益权，享受产品和服务提供的效用（何哲等，2010）。

此外，按照服务整合的直接程度，制造企业服务增强的整合模式包括下游整合模式和要素整合模式（蔺雷、吴贵生，2008）。下游整合模式是指制造企业在生产流程的下游将各种服务与有形产品进行整合，又包括嵌入式服务、伴随性服务、一体化解决方案以及分销控制。要素整合模式指产品与某些特定服务要素之间通过整合而共同发挥作用，也包括四种：知识与专业技能的展示模式产品性能改善模式（与嵌入式服务对应）、顾客培训模式以及产品功能拓展模式。

总地说来，制造业服务化需要企业具有很强的系统集成能力，且移动不只是从制造移向服务单一方向；如果企业已经在提供诸如网络管理、技术咨询等服务，则涉及到向上游的移动。向下游的移动必须理解高价值服务和解决方案中系统集成的关键角色。无论构件和子系统是在内部制造还是外部制造，系统集成都能确保其满足整体的设计。他们对客户的需要就如同对其所设计的产品，都具有详尽的知识和理解。正因为如此，他们在为顾客提供知识、经验、产品、服务和长期解决方案上具有很强的优势（Davis，2003）[1]。

陕西鼓风机集团有限公司（陕鼓）在这方面走在了中国实践的前列。蔺雷、吴贵生（2008）对其服务创新活动总结到：

---

① 相关研究还有喻友平等（2007），林光平等（2008），李随成、沈洁（2009）。

陕鼓提供成套化解决方案，源于企业提出的需求。但对于这种需求设计单位是拒绝满足的。陕鼓从中看到了市场机会，以乙方身份主动提供成套解决方案。从而利用自身在产品竞争中积累的丰富经验和能力，将战略转型定位在盈利模式的转变上。即由出售单一风机产品，到将顾客所需的核心设备、配套设备、配套工程整体打包，提供集成解决方案。这种转变符合当今风机行业高端竞争的趋势，又能发挥陕鼓自身的优势。由于陕鼓较早地进入了服务市场，获得明显的先动优势，也突破了传统的制造模式的瓶颈。

第五节　讨论和展望

国际上服务创新的研究表明，服务业的快速增长及其在产业经济中占据的重要地位，使我们不能再忽视服务创新，或者简单地认为它遵循了制造业生产过程的模式。对服务创新的研究会大大扩展我们解释、测度和管理创新的能力。创新研究必须包括更为广泛的创新形式，如组织创新、市场创新、网络创新、客户端创新，甚至美学和文化创新（Miles，2006）。

与国际上的研究相比，我国学者在各个方面都正在全面追赶，研究领域的重叠性很高，如 KIBS、服务创新范式、服务型制造等。根据本章所提出的双主线研究框架，我国学者在企业服务创新范式、多主体创新范式、模块化服务创新、服务型制造四个方面都有了较好的研究。特别是概念性分析往往能够结合案例或统计检验的实证分析。但与国外相似，在服务创新政策、服务创新保护、服务 R&D 等方面研究较弱。

中国研究与国际相比最大的差距是服务创新调查方面，目前只有零星的区域性小样本尝试，与欧洲 CIS 调查相比差距很大；在新服务开发方面也刚刚起步，与国际上多年的积累难以相比。此外，我国研究转型和发展的国情结合得不够。由于发展中国家与发达国家在社会、经济状况上有很大差别，成熟市场体制下的研究成果不一定适合变迁和转型市场环境。这也表明，在服务创新的组织特征与规制特征两要点上，规制特征在发展中国家的研究不足及存在重要研究机会。

事实上，多维度的研究推进体现了服务创新学者多样化的学术背景。国际上现代服务创新管理有两个理论与实践的主要来源。第一个流派源自运作管理，及日益增长的复杂制造和过程技术。这一知识体系的重要发展包括"精益思考"从汽车工业向外的扩散，以及提升过程管理的信息技术的扩散。第二个流派更聚焦于新产品开发。相关的理论和实践探索不同部门间、基于项目和复杂创新的新服务开发中的"成功因素"。现在两种流派出现融合，如服务系统科学的出现，就探索了过程、产品和服务间创新的交互（Tidd，2000，中文版序）。

中国服务创新研究学者的来源则更为广泛，包括不同的管理学领域如战略、组织、研发、营销、运作等，以及经济学、社会学、心理学等学科，这使得中国服务创新研究呈现出极大的多样性。相对而言，来自技术创新领域的学者更多。此外，本章总结出的两个维度，集中体现了"制造业—服务业融合"和"生产者主导权—参与者主导权冲突"的现实趋势。两条线索并非完全独立而是相互交织的。严格意义上，业态维和主体维并不在同一个层次上，不同的主体可能涉及不同的制造业 – 服务业归属。但就两大发展趋势而言还是可以并列的。

中国国内最具代表性的两篇论文/丛书序言，给出了前沿学者对未来研究方向的展望。魏江（2007）认为，服务创新理论的系统化需进一步深入，不同服务行业创新特征的研究应不断深入，需要从中观产业层面和宏观国家层面进一步探索创新机制、创新体制和创新制度等问题，需要深化对服务创新资源与服务创新能力等战略层面的研究，以及服务创新动力、服务创新保护、服务创新演化、服务业与制造业互动等方面。蔺雷、吴贵生（2007）则提出，要探求具有普遍性的一般服务创新理论，以及创新调查的持续进行与创新数据库的构建与应用，包括对"服务创新系统"的研究，对 KIBS 的研究，对服务增强型制造（服务型制造）的研究，以及对服务 R&D 的研究。

本章的分析表明，服务创新的"组织流动性"和"环境规制性"应成为服务创新研究的两大焦点。甚至可以将两者打通，比如运用组织社会学的组织制度流派研究服务创新组织（Vermeulen et al.，2007）。而目前的主要问题是，与跟踪国际服务创新前沿理论相比，我国情境化的研究严重不足。我国的服务创新学者，应将中国的情况放在世界的舞台上加以考察，以发现其转型和发展背景下的典型意义。不应回避国有服务企业的垄断经营、服务产业生态链的割裂、服务监管体制的错位和僵硬等现实问题，而是将其融入具体的研究问题中。此外，我国学者还应重视对不同发展中国家的比较研究，以及重视国际期刊论文的发表。

第二章 城市商业银行创新的知识转移管理（案例1）*

第一节 引言

20 世纪后半叶，随着世界范围内服务业占经济比重的逐步增加，服务型经济逐渐占据主导地位，其中知识密集型服务业的增长尤为明显。因此，未来的社会不仅仅是服务型社会，更是知识经济时代。改革开放以来，我国服务业取得了较大的发展。但是与世界其他国家相比，我国服务业还处于一个落后状态，服务业在国民经济中的比重偏低。

据世界银行 2008 年统计，2007 年世界高收入国家服务业增加值占GDP 的比重超过 70%，中等收入国家为 59.3%，低收入国家为 47.5%。而在同期，我国这一比重只有 40.1%，与美、英、德、日等发达国家相差 20 ~ 30 个百分点，与巴西、印度、俄罗斯、韩国、菲律宾等国家也相差 10 个左右的百分点。综上，我国迫切需要通过加快发展服务业特别是知识密集型服务业，实现产业转型和经济发展方式的转变。

金融业作为现代经济的核心，无论对世界经济还是各国的国民经济都起着举足轻重的作用。近年来，作为我国金融业主体的商业银行，在满足国家经济发展需求的同时，自身的综合实力和竞争能力也得到不断提高。在英国《银行业》杂志每年评选出的"世界 1 000 家大银行"中，我国商业银行不仅在数量上呈逐年递增的趋势，而且在排名上也在不断提升。

---

　* 本案例曾以以下形式正式发表：李靖华，庞学卿. 组织文化、知识转移与新服务开发绩效：城市商业银行案例［J］，管理工程学报，2011，25（4），163–171.

按照一级资本规模标准，该杂志 2008 年公布的 1 000 家大银行中，中国工商银行、中国银行、中国建设银行分列第 7、第 9、第 14 位。1995 年，为了加强商业银行服务于地方经济，服务于中小企业，国务院决定在城市信用社核资的基础上，通过吸收地方财政、企业入股组建城市合作银行，并于 1998 年全部改名为城市商业银行。① 截至 2009 年 7 月，全国共有 140 家城市商业银行。②

在看到城市商业银行不断创造佳绩的同时，我们也要清醒地认识到城市商业银行在发展过程中逐渐暴露出的风险管理等方面问题。尤其在我国加入世贸组织后，城市商业银行面对的不仅有五大国有商业银行及 12 家中小股份制商业银行的市场垄断，以及身后农村信用社不断给予的竞争压力，还要面对外资银行对市场的竞争。所以，城市商业银行必须寻找出路。其中，更好地满足市场需求的新服务开发是一个现实的选择。

我国城市商业银行的服务创新主要以模仿创新为主。由于市场需求信息、相关专业知识等在组织内转移不畅，开发往往不能取得预期效果。考虑到城市商业银行强烈的地域经营性特征，组织文化是根本性原因之一。但组织文化如何通过改变员工知识转移行为，进而对服务创新绩效产生影响，一直没有得到清晰的解释。本章运用比较案例研究方法重新考察组织文化、知识转移与服务创新（新服务开发）绩效三者之间的关系，试图从理论上完善和推进服务创新影响因素的情境化研究，并挖掘当前城市商业银行进行服务创新存在的深层次问题，以更好地指导实践。

第二节 文献综述

一、知识转移

继蒂斯（Teece，1977）提出知识转移思想之后，知识转移逐渐成为知识管理的关注焦点。知识转移通常被认为是知识接受者获得与知识源相

---

① 中国人民银行网站。
② http://news.zgjrw.com/zhuanti/09070611/，2009 年 7 月 6 日。

同认识的认知过程（Harem et al.，1996；Argote & Ingram，2000）。知识转移是一种沟通的过程，知识不同于商品可以自由传递。向他人学习知识即进行知识转移时，必须有重建的行为，且要具备相应的能力才能进行转移（Hendriks，1999）。知识转移是知识创造价值的重要环节，知识创造过程的本质即知识转移。

与知识转移相接近的概念是知识共享。很多学者从知识共享的角度对组织内的知识流动进行了研究（Lee，2001；丛海涛，唐元虎，2007）。其中，李（Lee，2001）认为知识共享是知识从一个个体、群体或组织向另一个个体、群体或组织转移的行为。从这个概念上看，知识共享与知识转移并没有本质区别。丛海涛、唐元虎（2007）更是直接将知识转移和知识共享放在一起进行研究，认为共享即转移。

国内外关于知识转移的研究，通常从技术创新过程、组织内转移、组织间转移三个角度进行，本章集中于研究组织内的知识转移。相比于组织间知识转移，组织内知识转移障碍因素少，转移过程也较简单。组织内知识转移研究的重点是最佳实践的转移（Dell & Grayson，1998；Szulanski，2000）。内部最佳实践的交流程度的高低，会直接影响企业竞争力。知识转移是企业竞争力的基础（Argote & Ingram，2000；Szulanski，1996；Laframboise et al.，2007），学者们基于不同角度提出了许多知识转移模型。如早期的香农－韦弗（Shannon-Weaver）模式，野中和竹内（Nonaka & Takeuchi，1995）从隐性知识和显性知识的互动转化上提出的 SECI 知识螺旋模型。其中，SECI 分别代表了四个演化过程：社会化（Socializations）、外部化（Externalization）、整合化（Combination）及内部化（Internalization）。Szulanski（1996）提出将知识从知识源到接受者的过程分为初始、实施、调整、整合四阶段。综合来说，相关研究主要集中于知识转移过程的影响因素（Cohen & Levinthal，1990；Simonim，1999；Szulanski，1996）。

组织内知识转移方式包括：员工流动、培训、交流、技术转移、专利、供给者和顾客的相互作用等（Argote & Ingram，2000）。成功的知识转移并不多见。究其原因，组织内也存在许多知识转移的障碍因素，如知识粘性。内部粘性的来源，可以分为由某种原因引起的模糊性、难以被证实、对知识源缺乏激励、未被可靠接受、对接受者缺乏鼓励、缺乏吸收能力、缺乏持久力、知识源和接受者之间关系不协调等（Szulanski，1996；

李梦俊等，2008）。知识同实际事物不同，由于其特有的歧义性，不易传播，故知识转移前必须克服其模糊性。

科恩和利文索尔（Cohen & Levinthal，1990）从吸收能力视角出发，经过大量的实证研究后得出，许多创新来自于非创新部门，比如营销部门和制造部门。同时，许多创新结果来自于吸收外来知识而不是内部研发。他们认为在某一专业领域的早期投资和学习会影响组织的吸收能力，进而决定知识转移能否成功。也有学者从知识转移成本来解释知识转移成功率低，即知识的接受者是如何寻找并选择知识源，及获取知识的动机与过程（马骏等，2007）。杨玉兵、潘安成（2009）认为知识重叠度显著地影响组织知识转移效率。他认为组织只有通过构建合理的网络结构，使网络内知识的重叠度达到某一阀值，组织的知识转移效率才能达到最优。

组织内部知识转移分为四个阶段：初始、执行、迅速提高、集成。在初始阶段，既要有接收者的需要，同时知识源的存在成为知识转移的必要条件。应该界定他们需要的知识，以及评价知识转移的可能性，这个阶段也可称为"发现知识源"；执行阶段，就是组织内部决定要进行知识转移。这个阶段就是资源在知识源同接受者之间的流动，主要起到一个连接知识源和接受者之间缺口的作用，这一阶段一直持续到接受者开始利用这些转移知识；在迅速提高阶段，一开始的时候，接收者利用这些新知识缺乏效率，但是随着经验的逐渐累积，他们会得到一个满意的绩效；最后的集成阶段主要是新知识已经被接收者制度化，或者说是已经成为接受者的常规知识（Szulanski，1996）。

企业的知识来源主要有外部获取和内部创造两种（疏礼兵，2008）。知识本身的黏性，会对知识转移行为产生不利影响（Hoopes，1999），而通过"干中学"可以有效降低知识黏性。冯·希普尔（von Hippel）之后，很多学者认识到知识转移更多地是一个过程。达文波特和普赛克（Daverport & Prusak，1998）认为"知识转移（knowledge transfer）＝知识传输（knowledge transmission）＋知识吸收（knowledge absorption）＋知识利用（knowledge use）"；野中和竹内（1995）则认为通过知识的社会化、外部化、组合与内部化四种知识转换方式不断互动，可以实现知识在组织内的良好循环。

二、组织文化

自 20 世纪 80 年代出现组织文化概念以来，许多学者从不同的研究角度给出其定义。企业文化是组织文化的一种类型，组织文化研究对象不仅仅局限于企业，同时还包括学校、医院、军队等社会实体等组织。由于本研究以知识密集型服务业为研究对象，故在本书中对组织文化与企业文化不做区别。

有学者将组织文化定义为：组织文化是一个组织所信奉的主要价值观，是一种含义深远的价值观、神话、英雄人物标志的凝聚（Deal & Kennedy，1982）。也有学者从共享的信念与意念、基本假设、意识形态、组织灵魂等角度对组织文化提出了自己的定义（Schein，1984；Lorsch，1985）。其中沙因（Schein）对组织文化的定义影响最大。他认为组织文化是特定组织在适当处理外部环境和内部整合出现各种问题时，所发明、发现或发展起来的基本模式。这些模式如果运行良好，就会被认为相当有效。因此被用作教导新成员观察、思考和感受有关问题的正确方式（Schein，1984）。

在借鉴国外学者的观点后，国内学者通常认为组织文化主要包括以下几个方面：行为准则、观念心态、群体规范、价值观、哲学思想、游戏规则、组织气候、思维模式等（管益忻，郭廷建，1990；陈春花，1999；陈亭楠，2003）。

结合上述研究结果的同时，借鉴了《语言大典》中对文化的定义，本章将组织文化定义为：组织在长期的发展过程中形成的独特的相对稳定的信仰、礼仪和行为方式的总称，是组织内共有观念、价值观、宗旨和行为标准等在内的一系列要素的结合。

出于研究组织文化对组织实际功能的目的，国内外学者对组织文化进行了分类。现有研究主要从组织内部特征、组织内外部综合特征、组织文化本身特点三个方面对组织文化进行分类（樊耘等，2009）。

从组织内部特征出发，按照"公司活动的风险程度"和"公司和员工对其决策和策略是否成功获得反馈的速度"将组织文化分为四类：孤注一掷、硬汉胆识、按部就班、努力工作（Deal & Kennedy，1989）；特里安迪斯（Triandis，1989）依据雇员感知价值观的总体强度——强弱，和雇员感知价值观的差异性——松紧，得到文化强度模型；根据一致性和友好性将组织文化分为：公共型、网络型、唯利是图型、片段型。

依据组织内外部综合特征不同，基于授权（控制）与内外部导向两个维度提出的竞争性价值观模型（CVF），将组织文化分为四类：宗族型、活力型、层级型、市场型（Cameron & Quinn，2005）；对 CVF 模型扩展的模型依据"竞争环境要求灵活性或稳定性的程度"与"战略焦点是集中在组织的内部还是外部"将组织文化分为四类：创新型文化、使命型文化、团队型文化、官僚型文化（Daft，2003）；依据正式和集权程度将组织文化分为四类：孵化器、导弹、家族、埃菲尔铁塔（Trompenaars & Woolliams，2003）。

由文化特性的角度出发对企业文化进行测评则得到，组织文化的特性为：适应性、使命性、一致性、参与性（Denison & Misha，1995）；菲和丹尼森（Fey & Denison，2003）在他们对俄罗斯等新兴经济体的研究中采用了适应性、一致性、参与性、使命性四种特性，证实了这四种特性能够有效概括组织文化，并方便组织文化对组织绩效的研究。

综观组织文化的研究，整个过程是从定义入手（Deal & Kennedy，1982；Schein，1984；陈春花，1999）；接着建立不同的组织文化测评模型（Deal & Kennedy，1989；Cameron & Quinn，2005；Daft，2003；Trompenaars & Woolliams，2003；Fey & Denison，2003）；然后，利用测评模型开始相关衍生研究。从数量上看，组织文化的研究可以算是过去三十年中最为热门的研究，但是将组织文化与组织行为联系起来，测量对组织绩效产生影响的实证研究较少（Kotter & Heskett，1992；胡笑寒，万迪昉，2003；李纲，田鑫，2007）。

同时，国内学者对组织文化的研究更多地采用卡梅伦和奎恩（Cameron & Quinn，2005）、达夫特（2003）的组织文化评价量表，对其余组织文化测评模型的应用不够。其中就包括菲和丹尼森（2003）采用四种特质对组织文化测量的方法，这种方法并不着重划分组织文化的类型，而是通过对组织文化的四个代表特性进行测量，分析现有文化的特性，寻找文化变化的方向。本章将采用菲和丹尼森（2003）提出的四特性方法对城市商业银行的组织文化进行研究。

三、新服务开发

许多学者认为，新服务开发（New Service Development，以下也会简称 NSD）已经是服务企业获取竞争优势的重要手段（Gallouj & Weinatein，1997；Meyer & DeTore，1999；Menor et al.，2002；袁春晓，2004）。对新服务开发的现有研究主要模仿新产品开发展开。由于服务具有无形性、异质性、同步性、易模仿性（Johne & Storey，1998；巴特曼，2007），新服务开发不能完全等同于新产品开发。通过比较分析新产品和新服务开发过程差异，指出新服务开发应关注：创意产生和开发问题、服务创意有效转化为服务设计的问题、新服务的市场评价问题（陈荣平，2004）。在国内外对新服务开发研究的基础上，蔺雷、吴贵生（2005）认为新服务开发是：服务企业在整体战略和创新战略的指引或影响下，根据顾客和市场需求或在其他环境要素的推动下，通过可行的开发阶段向企业现有顾客或新顾客提供的，包含从风格变化到全新服务产品等各种新颖度服务的正式或非正式的服务开发活动，它形成了现有服务或新服务的价值增值。

此外，"新服务开发"与"服务创新"之间也很难进行区别。双方有落脚点的区别（Garcia & Calantone，2002）；有研究主体的不同，认为新服务开发研究主体是企业，服务创新的主体具有多样性，涉及国家、产业等多方面（徐延庆，薛有志，2010）；也有学者认为，新服务开发是对新的无形产品提供方面的开发（陈荣平，2004）；本章更倾向于认为新服务开发是服务创新的重要组成部分（de Jong，Vemeulen，2003）。约翰尼和斯道瑞（Johne & Storey，1998）则认为新服务开发对于服务提供者来说是一种新的服务产品。在前人研究基础上，我们认为服务创新应该不仅包含新服务开发，同时还包括服务业中的其他创新。所以，我们将新服务开发定义为服务提供者开发一种新型服务产品的过程。

新服务开发近年来研究主题有：开发影响因素、绩效测评、过程开发、服务创新、服务设计、NSD 与 NPD 比较等（Edvardsson，1997；杨学等，2009；Menor et al.，2002；袁春晓，2004；刘顺忠，2009）。

对服务产品的创新中，笔者认为新服务开发与服务创新没有本质区别。新服务开发本身是一系列过程的集合，故有学者认为 NSD 过程质量是影响 NSD 成败的关键因素（Edvardsson，1997）。新服务开发中经常遇到的问题是在服务开发前期，无法将企业内所有部门的力量都融合进来，缺乏对顾客需求的准确把握等实际中的难题；在新服务诞生后，又很难令营销人员掌握新服务的特性，不利于新服务的推广。故顾客与新服务开发间的关系和组织学习两个方面，逐渐成为新服务开发研究的热点（Stevens & Dimitriadis，2004；刘顺忠，2009a）。如有学者提出合作生产、顾客接触、服务定制会从不同程度上影响顾客知识转移，并进一步影响服务创新绩效（张若勇等，2007）。

在桑德博（1994）将模块化的思想引入服务创新后，国内学者先后提出了可组合模块化服务创新和总线模块化服务创新的概念（李靖华，2005），并将模块化的思想分别应用到通信、金融业（李靖华等，2009；魏江等，2009）。商业银行的新服务开发通常是对已有服务包进行重新组合，或在现有组合内加入新的服务包，上述研究都发展了服务业中的模块化运用。王春（2007）探讨了新服务开发过程中的知识积累、知识共享、知识交流和知识活动机制中企业文化、信息技术、组织结构的建设，有助于提高企业的新服务开发绩效。

虽然新服务开发从提出到现在，只有短短30年左右的时间，进入国内的时间更是不足10年，但是许多学者已经对新服务开发从多方面进行了研究。这些国内外研究包括新服务开发的准确定义（Johne & Storey，1998；Garcia & Calantone，2002；蔺雷，吴贵生，2005），新服务开发的影响因素（Edvardsson，1994；刘顺忠，2009a），新服务开发的过程（Edvardsson，1997；Zeithaml & Bitner，2000），新服务开发中引入模块化思想（Sundbo，1994；李靖华，2005；魏江，2009）。虽然有学者提出了知识管理影响新服务开发过程，但是真正对新服务开发过程中的某一影响因素进行深入研究的不多，本章将针对组织文化对新服务开发过程中的知识转移影响展开研究。

四、组织文化、知识转移与新服务开发

首先，组织文化往往通过影响组织成员的价值观、工作态度，进而影响其工作努力程度、工作方式，并最终决定组织绩效（樊耘，2009）。个人—组织价值观匹配对工作满意度、离职意愿有显著预测作用（龙立荣，赵慧娟，2009）。不同的组织文化会影响组织内员工交流通道的畅通，同

时会对员工创新的积极性等造成重要影响。建设以知识为导向的组织文化，创造一种信任和开放的氛围，使得持续学习和共享知识的行为得到高度评价、重视和支持，有助于推动知识转移（伍晓玲，周明，2004）。对不同组织知识管理的研究表明，组织中知识共享的成功与否同组织文化相关，成功的知识管理需要适合的组织文化（Alavi & Leidner，2001）。

对组织文化与知识转移研究主要集中在不同的组织文化类型对知识转移的影响，尤其是对隐性知识转移的影响上。高晓东、董建忠（2005）提出应该把知识共享和个人的职业生涯结合，更好地体现出组织文化的分享与和谐。只有这样，才能消除个人的顾虑和不必要的担心。作为推动企业发展的原动力之一的企业文化，应努力转变为激励创新的企业文化、以人为本的企业文化、持续学习的企业文化、团队共享的企业文化（都跃良，卓骏，2005）。唐炎华（2007）经实证认为，我国企业知识型员工知识转移的动机包括：个人利益、兴趣动机、个人成就感和组织情感。通过企业文化与隐性知识转移之间的关系，李纲、田鑫（2007）认为，宗族型和活力型企业文化有利于企业内部的隐性知识转移，市场型和层级企业文化不利于企业内部的隐性知识转移。

胡玮玮、姚先国（2009）认为组织文化与知识管理战略应该相适应。通过组织文化与知识管理战略的有效匹配，能够实现绩效的提高。文中，他们将组织文化分为创新型文化与支持型文化，结果创新型文化通过人员交流和知识整合机制，将对企业间知识转移绩效产生显著正向直接影响；支持型文化通过程序交流，对企业间知识转移绩效产生显著的正向影响。

其次，企业文化中所包含的观念、价值观、经验对员工行为的影响，是新产品开发重要的影响因素（Holzmuller & Kasper，1991）。组织文化对新服务开发的现有研究，主要集中在为新服务开发创造一个有利的环境。新服务开发的不确定性给企业带来了巨大的风险，一般认为，只有宽松的体制以及容忍失败的企业文化才有利于新服务开发的进行。组织文化通过影响组织导向（研发/营销界面的整合等）进而影响新产品（服务）开发。

研发与营销的界面管理一直是新产品开发中的热点话题。研发/营销界面指的是营销与研发分享信息。通过对日本企业新产品开发过程的研究，帕瑞和宋（Parry & Song，1993）认为在新产品开发的成功与失败的案例中，研发和营销的界面整合程度会影响新产品成功率。日本新产品开发率高于美国的原因在于，日本的研发与营销部门关系更为和谐，研发与营销部门间的整合贯穿新产品开发的始终。刘顺忠（2009b）对组织文化与新服务开发绩效进行了专门的研究，他认为，新服务开发中存在四种主要的文化形式：创新支持型文化、市场导向型文化、学习型文化、顾客交流型文化。新服务开发管理应该与不同的组织文化结合考虑，才能提高新服务开发活动的绩效。由以上内容可以得出，组织文化对新服务开发直接影响的研究很少。所以，我们没有针对组织文化与组织绩效的直接关系进行专门研究。

第三，新产品（服务）开发既是产生有价值产品的过程，也是产生有价值知识的过程。新产品（服务）开发过程中，项目开发小组与组织内外进行着频繁而丰富的知识转移，新产品开发就是一个多方知识互动的过程（Chung & Kim，2003）。其外部知识伙伴一般有顾客（Smith et al.，2003；Bonner & Walker，2004）和供应商（Wynstra & Pierick，2000；Croom，2001）。组织内部的知识转移和共享则主要通过不同个体在不同层级、不同团队，特别是不同部门间的活动展开。

新产品开发涉及的知识主要有市场知识、技术知识、管理知识，且上述知识在企业中具有很大的粘性（王毅，2003），故经常以隐性知识的形态存在，转移的难度也较大（Cavusgil et al.，2003；Pitt & MacVaugh，2008；余光胜和毛荐其，2007）。传统上新产品开发的研发/营销界面是知识转移的主要场景。研究表明，较高的环境不确定性和定位于领先技术/产品的战略对界面集成的要求较高（Gupta et al.，1986；Parry & Song，1993）；职能部门间的依赖、互动和资源共享程度对界面知识转移影响较大（Bonner et al.，2002）。此外，也可归结为知识基础能力和知识过程能力的作用（Laframboise et al.，2007）。

围绕新产品开发存在连续的知识流（Knudsen，2005）。刘鹏（2004）对知识密集型产业内新产品开发隐性知识转移总体过程，及各阶段隐性知识主要转移方式和转移过程进行了分析。陈晓君（2008）进一步分析了新产品开发概念生成阶段和测试改进阶段知识转移绩效的影响因素，以及任务特征对上述主效应的调制作用。这些研究都涉及开发团队、市场营销人员、其他职能部门、高管，以及顾客、供应商等。对于研发团队内部的知识转移，基于知识转移基础结构，疏礼兵（2007）实证了知识内隐性、转移意愿、传授能力、关系信任、知识距离和吸收能力等影响因素。此外，企业新产品开发的知识资产积累（Linzalone，2008）及其测度（Lettice et al.，2006）也很重要。

陶颜等（2007）基于金融服务创新的实践，分析了新服务开发过程中的知识转移。转移的中心还是项目团队，相关的专业方包括内部的前台员工营销人员、企业高层及各职能部门、培训部，以及服务运作系统和知识库；外部转移方则有顾客、供应商、竞争、对手、政府规制等。克雷蒂安和古尔丁（Kridan & Goulding，2006）对利比亚银行部门知识管理的调查也表明，新服务开发中对知识管理系统的运用，有利于价值的创造和新业务的扩展。有些学者（如 Papastathopoulou et al.，2001）对希腊银行业新服务开发早期阶段的深度访谈则表明，银行内各服务运营部门间保持高度的独立性，各自业务上的新服务开发均自行承担，且新服务开发创意更多地是学习竞争者。

五、文献评述

已有众多国内外学者对组织文化、知识转移及新服务开发进行了大量研究，也取得了丰富的成果。但是结合本章研究场景，笔者认为前人研究存在局限和不足。

第一，从已有文献看，有对组织文化本身的研究（樊耘等，2009；李纲，田鑫，2007），还有针对组织文化对员工价值观、工作态度等影响的研究（Quinn，1988；胡笑寒，万迪昉，2003）。其中，多数研究采用了达夫特（2003）"创新型文化、使命型文化、团队型文化、官僚型文化"分类法。但是，由于本章研究对象为城市商业银行，他们的一个最主要特点就是风险规避，新服务开发中对风险和失败是较难容忍的。所以，这一分类法明显不适用商业银行研究。本章将采用菲和丹尼森（2003）的分类法，以丰富商业银行的文化研究。

第二，近年来由于知识对企业的影响得到肯定，对知识转移的研究逐渐增多（von Hipple & Type，1994；Nonaka & Takeuchi，1995；Szulanski，1996；Simonin，1999；陶颜等，2007）。不过，他们或是从企业经营整体角度出发进行知识转移研究，或是对新服务开发过程中内外部知识转移进行统一研究，没有对组织内部员工知识转移进行深入的分析。本章将知识转移的研究内容界定在组织内部员工之间，能够更加详细的描述组织内员工如何进行知识转移，以及导致他们转移知识的原因。

第三，以往对组织文化、知识转移及新服务开发（服务创新）间相关关系研究中，多数研究以定量分析为主（Gupta & Govindarajan，2000）。虽然，通过定量研究能够说明他们之间存在一定程度的相关关系，但是组织文化如何对新服务开发产生影响，如何对组织内外知识转移产生影响，以及特定文化、开发场景下知识转移的新特性，却不能从最后的研究结果中得到。本研究采用案例研究，可以在前人研究的基础上，揭示三者之间的内在联系。

第二节　理论框架

从文献回顾可以得出，组织文化、知识转移及新服务开发（服务创新）绩效之间确实存在一定的关系。在企业发展研究中，经历了从外在化的 SCP 范式到内在化的资源观演变。贝恩（Bain，1956）提出了现代产业经济学上的"结构—行为—绩效"分析范式（Structure-Conduct-Performance，简称 SCP 范式）。认为，产业结构决定了产业内的竞争状态，并决定了企业的行为及其战略，从而最终决定企业绩效。这一范式主要强调了组织外部的变化对组织行为和组织绩效的影响，它把外生的产业组织的结构特征看作是企业长期竞争优势的来源。到 20 世纪 80 年代，越来越多的研究认为，一个组织表现优异的关键在于其内部资源，特别是组织文化，并用一种文化如何习得、传承和变革的动态视角来对组织文化进行了定义（Schein，1984）。研究组织文化的学者们认为，组织的长期竞争优势来源于内部，不同组织所取得的不同成绩，很大程度上源于其文化的差异。

菲和丹尼森（2003）在对美国企业组织文化的研究中，认为美国企业的组织文化可以划分为适应性、一致性、参与性、使命性四个维度。经实证，发现这类分法同样适用于新兴经济体中的组织文化研究。之所以要细分组织文化，一方面是因为组织文化包含内容繁多，研究中很容易重复遗漏，另一方面是为了方便组织文化的衍生研究。本章以菲和丹尼森（2003）的组织文化分类法为基础，结合知识转移层面的现有研究，分析组织文化如何改变新服务开发过程中组织内员工进行知识转移的意愿及动力，进而实现组织新服务开发的目标。在上述研究目的基础上，构建了本章的理论框架，见图2.1所示。下面的几节中，将详细阐述引入各个变量的原因及其含义。

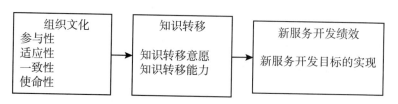

图 2.1　城市商业银行创新的知识转移初始概念模型

首先，组织文化一直是组织研究中的热点。早些的研究当中，很多人认为组织文化是直接对绩效产生影响的（Barney，1991；Goll & Sambharya，1995）。克里斯托夫－布朗（Kristof-Brown et al.，2005）认为组织通过分享共同价值观、目标、信仰来实现组织文化与组织绩效间的关系。随着研究的深入，组织文化影响组织行为这一论点基本上被理论界接受。学者认为，组织文化通过组织行为对组织绩效产生影响（Carr，et al.，2003）。菲和丹尼森（2003）为了更好地研究组织文化对组织行为与绩效的影响，提出组织文化四特性，即参与性、一致性、适应性、使命性。此外，耶玛泽和俄冈（Yilmaza & Ergunb，2008）利用土耳其制造业数据对文化四特性与组织绩效关系进行了研究，结果证明文化的四特性对组织绩效有显著影响，特别地，文化的一致性和适应性同企业成功开发新产品相关性强。

本章决定采用菲和丹尼森（2003）提出的组织文化特性对组织新服务开发过程中的员工知识转移进行研究。虽然已有研究得到一致性和适应性对产品开发有重要影响，但是由于研究对象从制造业向服务业的变化，同时对城市商业银行的新服务开发研究的缺少，笔者决定研究中暂时保留组织文化的四特性，认为四特性对组织内员工知识转移有影响，为了能够更加准确地展示组织文化对组织内员工进行知识转移的影响，在以后的案例分析中会对现有模型不断修正和完善。

其次，正如钟和金姆（Chung & Kim，2003）认为新产品开发是一个多方知识互动的过程，新服务开发同样是一种知识活动。所以，在新服务开发中，知识的有效流动对新服务开发成功与否很重要。不少学者认为激励与知识接受者的吸收能力对组织内员工知识转移能否顺畅进行很重要（Szulanski，2000；Cummings & Teng，2003；Al-Alawi et al.，2007）。疏礼兵（2008）通过对研发团队内部知识转移的实证分析得到，知识特性、转移意愿、传授能力、关系信任、知识距离、吸收能力对研发团队内部知识转移绩效有直接影响。

知识源作为知识转移的源头，其转移知识的意愿很大程度上决定了知识能否顺畅转移。当知识拥有者缺乏激励时，因为害怕失去自身优势，不会主动同其他员工进行知识分享，这样就造成了知识转移的不畅（Szulanski，1996）。吸收能力很早就被认为是影响知识转移的主要因素之一（Cohen & Levinthal，1990）。王毅（2003）同样认为新产品开发过程中所涉及的主要知识有：市场需求信息、产品技术知识、营销知识等。这些知识都需要通过员工之间的面对面交流或其他书面交流互相传递。

本章主要考查的是组织内部员工知识转移，即知识转移主体的行为。所以，本章研究的知识转移行为的界定为：组织内部员工知识转移意愿与知识转移能力。其中，组织内员工知识转移意愿包括知识源的转移意愿及接收方的接受意愿，知识转移能力包括知识源的传授能力及知识接收方的吸收能力。

最后，对知识转移结果的考量有很多方法。蔡（Tsai，2001）从创新与绩效的角度对知识转移的结果进行了度量，其他学者从项目绩效、项目结果等方面对知识转移绩效进行了考量（Karlsen & Gottschalk，2004）。陈明、周健明（2009）将知识转移绩效定义为企业技术突破、市场开拓、产品功能等。本研究的主要场景是组织的新服务开发，故本章选取组织的新服务开发绩效作为组织文化对新服务开发过程中组织内员工知识转移结果的考核变量。

对新服务开发绩效的考量接近新产品开发绩效。对绩效的测量方法很多，到底采用哪些指标一直没有得到解决。库帕等（1994）曾从财务绩效、关系提升、市场发展三方面对金融业的新服务开发绩效进行了研究。也有学者认为，可以从财务绩效和非财务绩效两方面对新服务开发绩效进行研究，他们认为达到企业进行研发目的才是新服务开发的关键（Storey & Kelly，2001）。由于本章是一个探索性案例研究，在案例分析过程中会不断地修正模型，同时对一些变量进行更为详细的界定（克雷斯威尔，2007），把城市商业银行进行新服务开发目标的实现程度当作新服务开发绩效度量方法。

表2.1列出了理论框架中所有变量的定义。其中，组织文化的四个特性运用菲和丹尼森（2003）的定义，转移意愿采是古普塔和戈文达拉扬（Gupta & Govindarajan，2000）的定义，转移能力采用舒兰斯基（2000）的定义，新服务开发主要采用斯道瑞和凯莉（Storey & Kelly，2001）的定义。

表2.1   **知识转移研究变量定义**

变量名	定义	主要来源
适应性	当环境改变时，组织有能力改变行为、结构及系统的程度	Fey & Denison，2003
一致性	组织成员的信念、价值观、期望等一致的程度	Fey & Denison，2003
参与性	组织成员在决策制定时参与的程度	Fey & Denison，2003
使命性	组织内部存在共同定义的目的	Fey & Denison，2003
转移意愿	包括知识源的传递意愿及接受者的接受意愿，本章主要指知识源有动力进行知识转移	Gupta & Govindarajan，2000
转移能力	包括知识源的传递能力及接受者的吸收能力，本章更多是指接受者的吸收能力	Szulanski，2000
新服务开发绩效	组织进行新服务开发期望得到的结果。	Storey & Kelly，2001

第四节   研 究 方 法

本项研究中，我们选取四家城市商业银行进行案例研究。表2.2归纳了案例银行在2009年末的主要特征。为了保密起见，银行和个人均以匿名出现。表2.3归纳了四家银行的四项服务创新基本信息。在选择案例时主要从以下方面考虑：首先，把研究范围限定在浙江省，一方面因为浙江省的城市商业银行业务开发水平居全国前列，另一方面可以尽量避免因为地域不同所导致的社会环境不同对结果产生不可控制的影响；其次，案例银行均为成立时间超过十年的企业，案例银行的组织文化基本成型，方便本章对城市商业银行组织文化的研究；最后，基于研究工作能否顺利实施的考虑，我们也是基于方便原则选取了这四家案例银行。每家至少有两名员工配合访谈。所以，最终确定浙江泰隆商业银行（以下简称泰隆银行）、杭州银行、温州银行和宁波银行为研究案例。

表2.2　　　　　　　　　　　案例银行主要特征

特征	泰隆银行	杭州银行	温州银行	宁波银行
成立年份	1993	1996	1998	1997
总资产（亿元）	262.49	1 499.91	418.76	1 633.52
经营区域	杭州、宁波、台州、丽水、金华、上海	杭州、宁波、舟山、上海、北京、深圳	杭州、宁波、温州、上海、衢州	杭州、宁波、温州、上海、南京、深圳、苏州
市场定位	小企业	中小企业，市民	中小企业，市民	中小企业，高端个人业务
分支行机构数目	25	87	63	88
不良贷款水平（百分比）	0.70	0.80	0.89	0.79

资料来源：各银行2009年报及各银行网站。

表2.3　　　　　　　　　城市商业银行服务创新业务比较

特征	泰隆银行	杭州银行	温州银行	宁波银行
业务名称	创业通	知识产权质押贷款	精英卡	白领通
业务属性	贷款	贷款	信用卡	信用卡
业务特点	无抵押担保；贷款期限：3~6月	无形资产抵押；贷款期限：1年	循环信贷；授信期限：2年	无须抵押担保；授信期限：3年
推出时间	2007	2009	2005	2006

资料来源：各银行网站及相关新闻报道。

本研究主要通过访谈和档案记录收集研究需要的资料。根据事先设计的访谈提纲，我们对来自四家案例银行的管理人员和普通员工进行访谈。每次访谈的时间基本持续1个半小时到2个小时。如果被访人员不反对，我们会对访谈过程进行录音。所有的访谈均在2010年5月到2010年8月进行，具体的访谈资料来源见表2.4。此外，我们对四家案例银行分别收集了40页到60页不等的档案资料，来源包括案例银行网站、案例银行年报、新闻报道、公开出版的研究报告以及访谈中索取的案例银行杂志、报纸等内部刊物。

表2.5提供了资料编码表的示例。本章的资料编码工作由两位研究者分别进行，然后互相对照编码表。对于差别编码的部分，提出自己的编码意见。经过一系列的讨论，最终确定本章的编码结果。

表2.4 访谈资料来源

案例银行	访谈时间	访谈地点（方式）	被访者基本信息
泰隆银行	2010.5.11；14：00－15：00	泰隆银行杭州分行	泰隆银行杭州分行A行长
	2010.5.27；10：00－11：00	某研究所	泰隆银行B董事
	2010.7.20；10：30－11：00	电话访谈	泰隆银行客服人员C女士
杭州银行	2010.5.19；18：00－19：30	杭州银行总行	杭州银行某部D经理
	2010.5.27；10：00－11：00	杭州银行	杭州银行客户经理E经理
温州银行	2010.8.10；14：00－16：30	温州银行总行	温州银行行长办公室F主任
	2010.8.10；14：00－16：30	温州银行总行	温州银行某部G科长
	2010.8.10；14：00－16：30	温州银行总行	温州银行某部H科长
	2010.8.12；9：00－10：30	温州银行总行	温州银行某部I经理
宁波银行	2010.8.13；14：00－16：00	宁波银行	宁波银行某部J主管

表2.5 资料编码示例

编码类别	示例
一致性	服务创新过程中有内部沟通和协调。城商行的组织灵活性相较于大行而言更高。服务创新中的沟通和协调一般采用集中碰面（会议）或工作联系单等方式进行，……开发初始阶段，将新服务的大体框架制定好，在开发过程中，可能进行一些微调。开发中若出现问题，则由开发牵头部门协调。

续表

编码类别	示　　例
知识转移意愿	反馈信息时，要看收益和成本，如果客户经理觉得这个信息所产生的收益高于成本，他就会选择去反映；相反，如果觉得收益低于成本，他可能选择不去反映这一信息……。
知识转移能力	别的银行引进了几个这方面有经验的人。他们在别家银行做过类似业务，有相关的经验。套路很熟，当然过来后要针对本银行的具体情况进行分析。结合起来，找一条适合本银行的一套标准和服务体系。
服务创新绩效	（判断服务创新是否成功的标准）一个是产品的效益，到底赚钱了没有，第二个就是客户规模，第三个就是客户满意度，第四个就是业务发展的均衡程度，是不是杭州做得很好，深圳一笔都没做过，这个要去分析一下，到底是什么原因。

在对所有的访谈数据都做了初步分析的基础上，我们选择了模式匹配和跨案例分析方法对本章所选三个案例进行深入分析（另一个案例用于第一步的模型修正），以得到研究结论。本章在研究之初就建立一个预测模式（理论框架）；接着，通过实际访谈中的资料（泰隆案例）印证调整，建立了新的模式（组织文化对服务创新中知识转移的影响机制模型）；再以复制原则对其余三个案例进行研究，加深新模式的有效性。最后，将预测模式和新模式进行比较。本章将首先利用泰隆银行对研究的概念模型进行细节修正①，然后对其余三个案例进行案例内分析，并构建出与单个案例匹配的理论模型，最后进行跨案例分析，对三个案例的研究结果进行异同点的比较，并归纳出抽象的、精辟的研究结论。

---

① 泰隆银行的调查结果是，组织文化对服务创新的影响，更多是通过影响组织内员工进行知识转移的意愿，而不是知识转移能力。在服务创新过程的不同阶段，对员工提出创意、新服务设计建议、推销新服务等活动给予实质性的激励，可以提高员工参与服务创新的积极性，即进行知识转移的意愿增强。体现在开发的新服务上，就是准确把握市场需求、科学严谨设计服务。T银行的新员工主要是新入职的大学生群体，所以一方面员工本身已具备一定的知识基础，另一方面能够通过培训较快适应 T 银行的组织文化。在服务创新过程中不仅有吸收新知识的能力，为服务创新提供创意和建议的能力，还有知识转移的强烈意愿。

第五节　分析结果

一、组织文化

城市商业银行作为我国金融业的新兴产物，成立时间一般在 10 年左右，相对于国内外大型商业银行，城市商业银行呈现规模小、职能机构欠完善、制度尚不健全等特点。文化伴随着企业的生成发展并慢慢积累；随着企业的发展，文化中的一些内容也会随之改变。本研究中，我们将采用四特性对案例银行文化进行研究，故首先考虑该理论在中国的适应性，尤其是针对城市商业银行。另外，在菲和丹尼森（2003）的研究中，他们将组织文化的四特性分别从三方面测量，即用授权、团队导向性、能力发展来描述组织文化的参与性；核心价值观、协议、协调来描述一致性；创造改变、顾客导向、组织学习来描述适应性；战略定位、目标、任务来描述使命性。在调研过程中，通过与受访人员的交谈，我们最后分别从两方面考查相应的文化特性，具体结果见表 2.6。

表 2.6　　　　　　　　城市商业银行组织文化的特性

组织文化的构成特性		杭州银行	温州银行	宁波银行	组织文化特性显著性
适应性	顾客导向	高	高	较高	高
	激励	高	较高	较高	
参与性	组织导向	高	高	较高	高
	员工培训	较高	高	较高	
一致性	协调	—	较高	较高	较高
	分工	高	较高	—	
使命性	经营理念	较高	较高	较高	高
	高层参与	高	较高	较高	

注：高——不同访谈者与资料之间没有冲突，指向同一方向；较高——所有资料来源中，至少有两方是一致的，指向同一方向；较低——所有资料来源中，只有一项资料显示此方向，其他不是；未标注——资料来源于同一个人。

在三个正式案例中，研究结果都较高地支持了组织文化的四个特性，这说明我们采用特性分类方法分析我国城市商业银行的组织文化是有效的。三家银行的成立时间虽然相近，但是每家银行随后的发展情况却不尽相同。伴随着宁波银行所在地区的快速发展，地方经济与中小企业亟须资金支持，所以宁波银行发展较快，于2007年实现跨区域经营，同年成为第一批上市的城市商业银行之一。杭州银行近年来在重视风险管理的基础上，不断加快跨区域发展步伐，向着上市银行的目标努力；当地银监部门对温州银行监管严格，所以温州银行的发展步伐稍显慢一些，温州银行认为监管的约束在一定程度上限制了商业银行的创新。

这样的前提下，塑造了温州银行的谨慎经营理念，做服务创新的市场跟随者；而宁波银行在服务创新上，则是要做到"全而新"。由以上看出，城市商业银行文化特性的整体分类大体相同，但具体到每个特性内容，会因为主体（城市商业银行）不同而呈现差异。

二、知识转移

之前的研究认为，新产品开发涉及的知识主要有市场知识、技术知识、管理知识（王毅，袁宇航，2003）。通过对三家案例银行的研究，我们归纳出服务创新过程中涉及到的主要知识有：市场需求知识、IT知识、风险合规知识、营销知识、金融专业知识、新服务特性知识等，同前人的结果基本相同。这些知识在服务创新过程中的具体运用情况见表2.7。对服务创新重要的知识多数嵌入在员工头脑当中，只有通过面对面交流才能体现出它们的最大特性（Jasimuddin，2008）。所以，服务创新过程中，需要不同部门的员工彼此交流，才能使得各种知识融入到新服务中。

表2.7　　　　　　　　　服务创新过程中转移知识的种类

知识	杭州银行	温州银行	宁波银行	重要性等级
市场需求知识	多，非常需要	多，非常需要	多，非常需要	1
IT知识	较多，比较需要	多，非常需要	多，／	2
风险合规知识	多，非常需要	多，非常需要	多，非常需要	1

续表

知识	杭州银行	温州银行	宁波银行	重要性等级
营销知识	较多，比较需要	较多，/	/，非常需要	3
金融专业知识	多，比较需要	较多，/	多，非常需要	2
新服务特性知识	较多，/	多，非常需要	多，非常需要	2
转移知识总体程度	较高	高	高	

注：知识重要性打分：多、非常需要代表 2 分；较多、比较需要代表 1 分；没有标注代表不得分；计算总分后，重要性等级划分：10～12 分为第 1 等级，7～9 分为第 2 等级，6 分（含 6 分）以下为第 3 等级；总体程度划分：18（含 18 分）～24 分以上为高，14～17 分为较高，13 分（包括 13 分）以下的为一般。

从表 2.7 中可以得到，服务创新中主要涉及的知识为市场需求知识和风险合规知识；其次是 IT 知识、金融专业知识及新服务特性知识；再后是营销知识。具体地分析，首先，三家城市商业银行都认为商业银行进行服务创新主要目的是满足顾客需求，这与多数学者的研究相吻合，所以市场需求知识极其重要，它的运用与否决定了服务创新最终能否成功；2008 年世界金融危机的爆发，更加使得商业银行认识到了风险管理的重要性。城市商业银行的服务产品是风险的源头，但同时它也是利润的源头。所以只能在新服务设计中，严格控制发生风险的可能。IT 系统的设计、金融专业知识通常认为很重要，但很多服务所采用的是同一套系统，对金融专业知识的运用也相近，这源于当前城市商业银行的新服务多是已有项目的重新组合；新服务特性知识，主要指新服务的特点，目前商业银行主要通过培训上岗方法令营销人员掌握这类知识，但培训的重点主要集中于如何令营销人员规避风险，却没能注重服务中有利于顾客的特性。营销知识主要包含如何对新产品进行宣传等经验，对新服务被顾客顺利接受有很大帮助。

本研究主要涉及的是知识转移主体的行为变化，故我们采用知识转移意愿和知识转移能力来代表员工进行知识转移行为的主要影响因素。访谈过程中，我们详细地向被访谈者说明转移意愿包括知识源的转移意愿及接收方的接受意愿，知识转移能力包括知识源的传授能力及知识接收方的吸收能力。他们对知识转移意愿与知识转移能力的代表性认知见表 2.8。整体而言，案例中的访谈人员基本认同，采用知识转移意愿和知识转移能力来代表员工知识转移行为的影响因素。

表2.8   知识转移意愿与能力代表性

员工知识转移的主要影响因素	杭州银行	温州银行	宁波银行
转移意愿	＋＋＋	＋＋＋	＋＋＋
转移能力	＋＋	＋	＋＋＋＋
其他因素	＋＋	＋＋＋	＋＋＋
对意愿与能力重要性认知的总体结果	同意	基本同意	同意

注：＋号数量的多少代表重要性程度高低。

三、服务创新（新服务开发）绩效

城市商业银行的前身——合作信用社成立的主要目的是，满足地方经济建设的需要，同时弥补国有大型商业银行服务于大型企业后留下的中小企业缺口。所以，在城市商业银行的产品中，主要服务对象是中小企业及个人用户。新服务推向市场后，经过市场考验，以决定服务创新初始目的实现程度，来判断服务创新是否成功。根据访谈资料、公开出版的文档资料及其内部刊物，笔者归纳出城市商业银行进行服务创新的目标。城市商业银行对目标的具体认识见表2.9。

表2.9   服务创新（新服务开发）绩效

服务创新绩效	杭州银行	温州银行	宁波银行
产品效益	＋＋＋	＋＋	＋＋＋
客户规模	＋＋＋	—	＋＋＋
客户满意度	＋＋	＋	＋＋＋
业务发展均衡度	—		＋＋＋
提高声望	＋		＋＋
总体结果	比较清楚	不太清楚	清楚

注：＋号数量表示清晰度程度，—表示银行未考虑这方面目标。

从表2.9中可以得到，宁波银行对其进行服务创新目标有清楚的认识，杭州银行则有比较清楚的认识，温州银行的目标认识程度不怎么清楚。城市商业银行进行服务创新，首先会考虑新服务能为银行带来多大的收益；此外，客户规模达到一定程度，能加大新服务获得收益的可能性和稳定性；客户满意度很难测量，却对新服务能否留住顾客，持续创造收益又非常重要；对于跨区域经营的城市商业银行，要对新业务为什么因为地域不同产生业绩上的差异进行仔细分析；作为企业，城市商业银行需要不断提高声望，这样能够在同业之间的竞争中获得更多顾客。

在具体开发过程中，杭州银行开发的新服务种类有：为大客户设计的服务（可复制）、专门为大客户定制的服务、为小客户定制的服务（可复制）、专门为小客户定制的服务，顺着这条线下来，开发的积极性依次降低。温州银行在开发精英卡时，由于市民消费需求的增长与信用卡额度脱节，于是他们将信用卡与担保贷款结合起来，增加了授信额度，以提高客户的满意度。宁波银行曾开发某市的存量二手房交易系统，主要目的为了购房者方便及满足政府需要，极大提高了自身声望。

四、组织文化与知识转移之间的关系

在研究初始的概念模型中，我们假定组织文化的特性与员工的知识转移意愿及员工的知识转移能力存在正向关系。表2.10描述了组织文化的每一特性与员工知识转移关系的总体情形。虽然组织文化与知识转移的关系在案例中基本得到证实，但是并不像我们原先设想的简单明确。为了能够更清楚地说明为什么案例中的某些情形偏离了原先设想情形，我们对案例分析得到的结果进行了细致分析。表2.11是我们以参与性和一致性为例的引文例证。

表2.10　　　　　　　组织文化与知识转移意愿及能力的关系

组织文化		知识转移意愿	知识转移能力
适应性	顾客导向	杭州银行，温州银行，宁波银行	关系不存在
	激励	杭州银行，宁波银行，温州银行	关系不存在
参与性	组织导向	杭州银行，宁波银行，温州银行	杭州银行，温州银行
	员工培训	关系不存在	杭州银行，宁波银行，温州银行

续表

组织文化		知识转移意愿	知识转移能力
一致性	协调	杭州银行，宁波银行，温州银行	关系不存在
	分工	杭州银行，宁波银行，温州银行	关系不存在
使命性	经营理念	杭州银行，宁波银行，温州银行	关系不存在
	高层	杭州银行，宁波银行，温州银行	关系不存在

表 2.11　　　　　　　　　组织文化与知识转移的引文例证

路径关系		引文例证
参与性→知识转移意愿 + 能力	杭州银行	这个情况每个银行不一样。股份制银行可能引进的人才多一些，但国有银行和我们银行还是（自己）培养的多。
	温州银行	我们有很多针对不同员工的培训，有的培训是考察员工掌握产品营销技能的，这主要是针对营销人员；同时也有针对管理层的培训。
	宁波银行	扩张期，基本上是引进别家大型银行人才加自己培养的，然后再加上自己每年招聘的一批大学生，通过柜面锻炼再上来，进入各业务部门。最近这几年，……除非一些个别新建立部门，很少再从外面引进人才。
一致性→知识转移意愿	杭州银行	交流是比较多的。一方面，我们每个星期都要开会，大家对业务销售中遇到的困难进行交流，这是比较正式的。另一方面，平时和领导进行沟通。
	温州银行	服务创新过程中有内部沟通和协调。城商行的组织灵活性相较于大行而言更高。服务创新中的沟通和协调一般采用集中碰面（会议）或工作联系单等方式进行，具体以问题大小而定。……开发中若出现问题，则由开发牵头部门协调。
	宁波银行	业务部门提出方案，业务的技术支持部门要写新产品的科技需求，写好让科技部开发，风险管理部也要进行把关，业务部负责业务文件、制度流程的制定。系统、业务流程制定好后，业务营销部对新产品营销宣传做准备……

注：参与性以组织导向和员工培训衡量；一致性以协调和分工衡量。

（1）适应性——知识转移意愿

适应性主要指当环境改变时，组织有能力改变行为、结构及系统的程度（Fey & Denison，2003）。在本章中，笔者主要从顾客导向和激励来测量组织的适应性。

杭州银行案例。员工平常工作都很繁忙，很难说因为一点激励就去创新。创新成本高，唯一令员工进行新服务开发的原因就是顾客需求。一般情况下，虽然商业银行会给予客户经理一定比例的收益提成，或给予员工一定的奖励，但这对提高城市商业银行的员工知识转移意愿都影响不大。

温州银行案例。温州银行认为准确地识别客户需求，对于商业银行进行新服务开发异常重要，这是为什么有的银行可以成功，有的银行开发出的产品不尽如人意的原因之一。温州银行对营销员工提出创意需求基本没有额外奖励，因为这也是营销员工的任务职责。

宁波银行案例。在宁波银行，同样由一线营销员工负责收集和反映市场需求信息。宁波银行反映需求信息的渠道很多，这会增加员工传递信息的容易性，可以提高员工进行知识转移的意愿。宁波银行对员工进行新服务开发的激励主要分为额外物质奖励、宣传等，但是能显著提升员工知识转移意愿的是由于新服务上市后带来的员工奖金提成增加。

由此得到如下命题：

命题1：城市商业银行文化的适应性高，可以提高银行内员工知识转移意愿。

命题1.1 城市商业银行的顾客导向程度高，可以提高银行内员工知识转移意愿。

命题1.2 城市商业银行的激励对银行内员工知识转移意愿有正向影响。

（2）参与性——"知识转移意愿+能力"

参与性主要指组织成员在决策制定时参与的程度（Fey & Denison，2003）。本研究中，笔者主要从组织导向与员工培训来测量组织的参与性。

杭州银行案例。同多数城市商业银行一样，创新人才的缺乏影响了新服务开发的正常进行。另外，在研究中发现一个有趣的问题，城市商业银行员工的工龄越长，进行新服务开发的积极性越低，笔者可以将这样的现象理解为他们规避风险。杭州银行的一大特点是，由提出新服务需求信息的分支行负责推广。这样，可以从侧面增加员工进行知识转移的意愿，因为销售提成可以增加员工收入，使得提出创意部门能够分享新服务开发带来的收益。

温州银行案例。分支行主要承担了收集和传递需求信息的工作。有时，异地分支行还承担着收集同业先进经验等任务。这样，总行在新服务开发时，就能够将这部分知识融入到新服务中。近些年来，温州银行营销员队伍的学历越来越高，这也在某种程度上说明，他们开始注重员工的归纳和表达信息的能力。随着金融服务中包含的知识越来越复杂，这些能力对员工越来越重要。此外，营销员工只有参加培训和考试，并且考试合格者，才能参加新服务的营销工作，这些都能极大调动员工吸收新服务中所包含知识的积极性。

宁波银行案例。宁波银行通常不会因为新服务开发设立专门的项目团队，除非是一些特别大的项目。事实上，新产品开发委员会承担了团队的工作，这个特设部门会联络相关部门进行新服务开发工作。这样，通过为员工进行面对面交流创造条件，增加了组织员工间知识转移发生的可能性。宁波银行在早年的快速发展中以引进外来人才为主，如今他们更为注重从银行内部培训人才，对老员工与新员工分别采用不同的培训方式，能从不同层面提高员工的知识转移能力。

由此得到以下命题：

命题2：城市商业银行文化的参与性高，可以提高银行内员工知识转移意愿。

命题2.1：城市商业银行的组织导向程度高，可以提高银行内员工知识转移意愿。

命题3：城市商业银行文化的参与性高，可以提高银行内员工知识转移能力。

命题3.1：城市商业银行的组织导向程度高，可以提高银行内员工知识转移能力。

命题3.2：城市商业银行的员工培训程度高，可以提高银行内员工知识转移能力。

（3）一致性——知识转移意愿

一致性指的是组织成员的信念、价值观、期望等一致的程度（Fey & Denison，2003）。本章中，笔者主要从协调与分工两方面来测量组织的一致性。

杭州银行案例。通过私下的非正式沟通或正式开会，杭州银行为员工之间沟通努力创造机会。在杭州银行，收集和传递需求信息是分支行的一项重要工作。合规、会计核算等部门则需要在设计阶段加入新服务开发。

温州银行案例。新服务开发过程中，由提出业务需求的业务部门作为牵头部门，其他部门进行配合，通过不断沟通来实现新服务开发的顺利进行。如果在新服务开发过程中遇到问题争执不下时，更多选择听取各专业职能部门的意见。总之，各职能部门在职责的驱动下，会在合适的时间介入新服务开发，对开发中的种种问题进行认真考虑，并给出满意答案。

宁波银行案例。宁波银行于2007年专门成立了新产品开发委员会，通过分管副行长将风险部、科技部、业务部及运营部等部门的人员召集起来，共同对需求信息汇报、服务设计等内容进行会审。这样由于岗位职责的关系，员工转移知识的能动性会增强。同时，合理分工能够让员工去专心做一件工作，这样将责任分解到每一个人的身上，能够全面的考虑新服务中所有问题。

由此得到以下命题：

命题4：城市商业银行文化的一致性高，可以提高银行内员工知识转移意愿。

命题4.1：城市商业银行的协调机制强，可以提高银行内员工知识转移意愿。

命题4.2：城市商业银行的分工机制强，可以提高银行内员工知识转移意愿。

（4）使命性——知识转移意愿

使命性指的是组织内员工存在共同定义的目的（Fey & Denison，2003）。本研究中，笔者从经营理念与高层参与来测量组织文化的使命性。

杭州银行案例。虽然经过十几年的长足发展，但是相比国有大型商业银行，杭州银行仍然有一些不足，所以目前他们的市场定位是跟随者。高层在新服务开发过程中，更多扮演决策作用；但是如果能够带头参与新服务开发的话，可以很大程度上增加新服务开发的成功率。

温州银行案例。温州银行的高层在新服务开发过程中同样伴有决策角色。他们虽然没有直接提出新服务开发创意，但是他们会为每个职能部门设定创新指标，激励员工进行新服务开发。温州银行采取模仿创新，他们会有选择性的对优秀产品模仿，只对少部分业务领域进行创新，以规避创新所带来的巨大不确定性。

宁波银行案例。由于分工清晰，高层在新服务开发过程中主要起决策作用，更多的是起到一个引导作用，具体业务并不参与。宁波银行作为为数不多的上市城市商业银行，非常注重能否以快于竞争者的步伐进入市场，整个研发注重快而新。此外，宁波银行的重点业务发展区域往往同时是创新最为活跃的地方。

由此得到以下命题：

命题5：城市商业银行文化的使命性高，可以提高银行内员工知识转移意愿。

命题5.1：城市商业银行的经营理念清晰，可以提高银行内员工知识转移意愿。

命题5.2：城市商业银行的高层参与程度高，可以提高银行内员工知识转移意愿。

五、知识转移与服务创新绩效之间的关系

如前文所述，本章主要用知识转移意愿和知识转移能力来代表员工进行知识转移行为的影响因素，即员工知识转移意愿越高，员工转移的知识越多；员工知识转移能力越强，员工转移知识越多。服务创新中转移的知识同服务创新目标之间关系见表2.12。

表2.12　　　　　　　知识转移与服务创新绩效的关系

转移知识	产品效益	客户规模	业务发展均衡度	客户满意度	提高声望
市场需求知识的转移	杭州银行，温州银行，宁波银行	杭州银行，宁波银行	宁波银行	杭州银行，宁波银行	宁波银行
IT知识的转移	温州银行，宁波银行	温州银行	杭州银行	宁波银行	宁波银行
风险合规知识的转移	杭州银行，宁波银行	关系不存在	宁波银行	杭州银行，宁波银行	杭州银行

转移知识	产品效益	客户规模	业务发展均衡度	客户满意度	提高声望
营销知识的转移	温州银行，宁波银行	杭州银行，宁波银行	关系不存在	温州银行	关系不存在
金融专业知识的转移	杭州银行	宁波银行	温州银行	关系不存在	关系不存在
新服务特性知识的转移	杭州银行，宁波银行	杭州银行	关系不存在	温州银行，宁波银行	关系不存在

在最初的概念模型中，我们假定组织的知识转移同服务创新之间存在一种正向关系，案例中收集到的资料证实了这一点。一般来说，金融业的服务创新过程是知识创造的过程，而知识创造发生的前提是知识的不断转移。所以，知识转移程度的提升，可以加强服务创新中运用知识的广度与深度，有利于服务创新最初目标的实现。我们从表 2.13 中可以看到，整体而言，知识转移意愿、知识转移能力、知识转移的状况，与服务创新绩效的状况是一致的，并且呈现正向关系。

表 2.13   知识转移与服务创新绩效间关系总览

变量	杭州银行	宁波银行	温州银行
知识转移意愿	高	高	较高
知识转移能力	较强	强	强
知识转移	较高	高	高
服务创新绩效	较高	高	较高

由此得到以下命题：

命题6：城市商业银行员工的知识转移同新服务开发绩效有正向关系。

命题6.1：城市商业银行员工的知识转移意愿高，新服务开发绩效高。

命题6.2：城市商业银行员工的知识转移能力高，新服务开发绩效高。

六、综合模型

在前面的总结和归纳支持下，最后得到了综合模型，见图 2.2。总结了本章在组织文化、知识转移以及新服务开发（服务创新）绩效之间关系方面的发现。用于测试性案例的泰隆银行与案例内分析内的三家城市商业银行的证据一致表明，组织文化与组织内员工知识转移之间存在着一个直接的正向影响关系。通过具体分析组织文化的四特性与知识转移的关系，本章得到参与性、适应性、一致性及使命性对组织内员工进行知识转移意愿有正向影响关系，适应性对组织内员工知识转移能力有正向关系。当组织内员工的知识转移意愿及转移能力提高后，会促进组织内员工进行知识转移。资料表明，新服务开发需要多种知识，当这类知识在组织内不断转移时，会对新服务开发目标的实现有很大帮助。

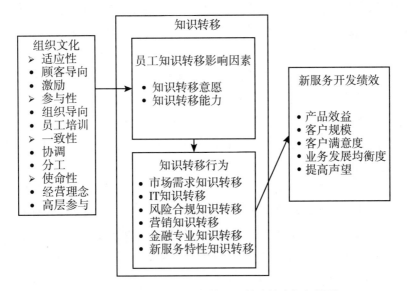

图2.2　城市商业银行创新的知识转移综合框架模型

第六节　管理启示

一、理论贡献

本章旨在分析和归纳新服务开发过程中，组织文化对组织内员工知识转移的影响。在文献回顾的基础上建立了最初的概念模型，然后采用整体性多案例研究方法，以浙江省的四家城市商业银行泰隆银行、杭州银行、温州银行及宁波银行为研究对象，利用菲和丹尼森（2003）提出的组织文化特性研究方法，归纳出城市商业银行在新服务开发过程中涉及的知识与新服务开发目标，证实参与性、适应性、一致性及使命性对组织内员工的知识转移意愿及能力的影响关系，并最终构建组织文化、知识转移与新服务开发（服务创新）绩效的综合框架模型。本章的理论贡献主要有以下几点：

第一，由于本章的研究对象是城市商业银行，城市商业银行的风险规避性与创新所需要的宽容性相矛盾，故本章采用菲和丹尼森（2003）提出的组织文化特性理论，为今后的特殊场景下组织文化研究带来一个全新的视角。之前关于组织文化的研究中，主要是以 CVF 模型为基础的组织文化作用研究居多（Cameron & Quinn，2005；达夫特，2003；胡笑寒，万迪昉，2003；张德，王玉芹，2007；李纲，田鑫，2007）。而本章选取的特性分类法，首先因为它的有效性在近年来已经被学术界证实（Fey & Denison，2003；Denison et al.，2004；Yilmaza & Ergunb，2008），其次它的分类法更适合本研究。并在案例分析过程中，证实了特性分类法对城市商业银行组织文化研究的有效性。

第二，经过跨案例分析，组织内员工的知识转移对新服务开发很重要，同时笔者认为组织内员工进行知识转移的主要影响因素是其转移意愿及转移能力。之前学者认为粘性知识的存在使企业无法有效通过整合机制来实现知识共享，合理处置粘性知识能有效促进产品开发（Hoopes，1999）。从吸收能力视角出发，认为许多创新来自于如营销部门和制造部门这样的非"专业"创新部门（Cohen & Levinthal，1990）。有学者（如Szulanski，1996）则认为吸收能力是组织进行知识转移的最大障碍因素。但是，他们都没有清楚说明组织中知识转移的主体（员工）的重要性。因为不论是粘性知识，还是对知识的吸收能力，这些最终都反映在组织内员工的身上（Nonaka & Takeuchi，1995）。所以，本章直接从员工角度对组织内进行知识转移的方法，有助于找到新服务开发过程中知识转移的真正源头。

第三，丰富了城市商业银行新服务开发中的知识转移研究。先前对新服务开发过程中知识转移的研究，主要集中于从组织外部如顾客（Smith et al.，2003；Bonner & Walker，2004）和供应商（Wynstra & Pierick，

2000；Croom，2001）处获得知识，获取知识的场景被认为主要是新产品开发的研发/营销界面（Parry & Song，1993；Bonner et al.，2002）。对金融业的研究中主要以项目团队为中心（陶颜等，2007；Linzalone，2008），从某种程度上讲，本章研究结果更为接近于某些学者（如 Papastathopoulou et al.，2001）得到的研究结果。他们认为希腊银行业的新服务开发均由各职能部门自行承担，且新服务开发创意更多的是学习竞争者。本章研究对象是新服务开发过程中很少涉及项目团队的城市商业银行，新服务开发基本上都是各职能部门的工作。与该文献相比，本研究得到城市商业银行的各职能部门并非相互独立，他们能够很好地在新服务开发过程中进行协调合作。

二、实践贡献

任何管理层面的研究都不能脱离实践支持，同样也需要对实践部门有指导意义，本章也不例外。本研究可以为我国城市商业银行提供一些启示。

第一，明确了新服务开发过程中所涉及的知识种类，对它们在新服务开发不同阶段的重要性给予了解释。作为专门对城市商业银行新服务开发的研究，本章在研究中归纳出新服务开发过程中亟须的知识，如市场需求知识、IT 知识等。在本章访谈的几家银行中（包括后来没有引入案例的银行），他们都很重视这部分知识，但是对这些知识的重要性程度，以及如何运用这些知识并不太清楚。在本研究的案例内分析时，对每种知识的知识源以及新服务开发不同阶段中每种知识的重要性都进行了分析，并在跨案例分析中将多种知识的重要性进行了划分。当城市商业银行将这些知识有效运用到新服务开发过程中，或可以提高新服务的市场接受度，或可以满足主管部门的监管时，最终都可能加快企业的发展。

第二，多角度看待组织文化的作用。通常，企业都认为组织文化有着重要的作用，但是他们往往只能说出企业文化的凝聚力作用。即因为有了企业文化，组织看起来更像一个团体。谈到组织文化如何影响组织行为，尤其是新服务开发时，无法具体化。但是，通过本章的研究，笔者认为组织文化对新服务开发的影响并不像之前大众认为的那样简单明了，通过影响组织内员工转移自己的知识，可以提高新服务开发的成功率。那么，摆在城市商业银行面前的任务就是如何有效激励员工进行知识的转移。

第三，运用更多的奖励措施，鼓励员工进行知识转移。之前研究中认为，激励往往能够带给员工进行知识共享的动力（Mohammed，2007），但是从研究中看，城市商业银行内员工进行知识转移的动力并非来自激励。所以，城市商业银行员工需要更多的激励吗？至少从目前看来，他们处理的较为妥当，通过将任务工作化、职责明确的情况下，大家能够有效完成自己的任务。笔者认为，虽然目前城市商业银行对员工知识转移的激励不够，但是如果在任务工作化之外，加上有效的激励，可能会取得更加良好的效果。

第四，城市商业银行应加大对新服务开发的商业化后评估。研究中我们发现，多数城市商业银行在新服务市场化后，缺乏有效的后期评估，这样不仅会错过及时发现新服务中问题的时机，也不能有效发挥经验累积效应。所以，笔者建议城市商业银行对新服务市场化后应进行定期的和系统的总结评估，能够将经验最大程度扩散到组织的每一部分，这也是舒兰斯基（2000）一直强调的做法。

三、局限与展望

不可否认，本研究存在一些局限。首先，本研究采用整体性多案例，选择4家城市商业银行作为案例，虽然案例选择方法和选择标准上都力尽严谨，但是由于笔者的时间、能力、精力有限，故对城市商业银行的访谈等资料收集工作主要在2010年5月到2010年8月4个月内完成；在城市商业银行案例的选择范围上，主要考虑浙江省内的城市商业银行；在案例数量的选择上，本章最终选择了其中的4个案例作为最终的研究对象。以上的这些做法都有可能对结果产生其他不确定影响。

其次，由于本章选取案例同质性很强，即所选取案例均为浙江省内新服务开发开展顺利的城市商业银行。尽管本章选取的案例具有代表性，但是研究中案例的绩效变量等缺乏足够的变异，从而不能保证我们获得城市商业银行的所有新服务开发绩效变量。

再其次，本研究中所进行的分析，根据访谈中录音转录资料及二手资料进行编码得到。虽然为了保证编码的信度，笔者采取了由同一研究团队的不同人员进行编码，然后比对；并随着研究的不断深入，不定期的对原有访谈资料进行重复编码。但是，仍然可能存在一些主观因素，不可避免的会对编码结果的客观性产生影响。

最后，由于本章中研究变量不方便笔者采用观察方法收集资料，所以资料的来源主要集中于访谈与文档资料。从而，笔者认为观察资料的缺失也有可能会造成研究结果产生偏差。

本章在组织文化、知识转移及新服务开发（服务创新）的关系上得到一些认识，但是笔者希望今后的研究能对本项研究加以拓展，以及克服本研究中的一些局限。首先，对本章研究对象的范围可以进行拓展，先期可以应用到金融业的范围，如果可以，进一步推广到整个服务业。再次，本章为了确保案例研究结果的精确，将新服务开发中涉及的知识严格限定在组织内员工拥有的知识，即嵌入在人员身上的知识，今后的研究过程中，可以将范围扩展到嵌入在任务和惯例中的知识等。最后，对于组织文化、知识转移及新服务开发的关系，可以增加动态演变的分析。即随着组织不断发展，组织文化同样在变化。所以，我们建议今后的研究运用历史资料开展下一步工作，以阐明随着时间的推移，组织文化是如何影响组织内员工知识转移行为，进而改变组织的新服务开发（服务创新）绩效的。

第三章　保险公司创新的利益相关者管理（案例2）[*]

第一节　引言

近些年，尽管很多企业对新服务开发表现出极大的热情和积极性，然而实践效果却不尽如人意。近十多年来 NSD 的失败率在 40% 以上，有些行业（如金融业）失败率高达 50% 以上①。NSD 作为商业开发中的新领域，既是企业和社会关注的焦点，又是一个复杂、耗时、代价高昂的管理活动，仅靠简单的本能和直觉，或者精巧的技术以及随后的运气，很难取得成功，需要对 NSD 进行系统的分析和深入的理论研究。

有大样本实证研究证明，新产品开发成功与失败的最大区别就在于模糊前端（fuzzy front end，FFE）的执行效果（Cooper & Kleinscbanidt，1995）。模糊前端处于创新过程的开始阶段，是介于机会识别到准备开发的阶段（Kim et al.，1999），具备正式化规范化程度低、相关性低、非结构化及不确定性等特征（Khuarna & Rosenthal，1997）。模糊前端阶段不仅在很大程度上决定了什么项目将被开发，同时还决定了新产品的质量、成本和所需要花费的时间。然而，金融服务业的 NSD 主要精力投入在新服务的推广上，对于模糊前端阶段的客户需求信息的收集，服务概念的形

---

* 本章主要基于以下硕士学位论文改写得到：张丽丽，NSD 模糊前端的外部利益相关者关系管理，浙江工商大学，2012。其中部分内容曾以以下形式发表：盛亚，张丽丽，赵斌. 新服务开发的利益相关者权利分析：中华保险财产险案例 [J]. 江苏商论，2011，(10)：135-138.

① 转引自：徐延庆.2010，新服务开发的发展趋势研究 [J]. 当代经济管理.32 (6)：23-26.

成等关注很少，更缺乏对 NSD 活动的系统规划和利益相关者环境的系统分析和管理。诸多学者在相关研究中认同并强调了 NSD 模糊前端中顾客、合作者、竞争者、政府、供应商、销售商等利益相关者因素的重要性（Zhang & Doll，2001；Kim & Wilemon，2002；陈劲等，2005；刘顺忠等，2007；丁生娟，2010），但仍然是相对较薄弱的研究领域。国内对于 NSD 的研究主要集中在 NSD 过程和影响因素的研究，从利益相关者视角进行系统研究，抑或涉及多方利益相关者的研究极少。本章突破现有利益相关者管理视角的局限，构建基于二元关系的超二元利益相关者管理研究框架，为利益相关者管理研究提供新的思路。

实践中，企业若能意识到利益相关者环境对 NSD 成败的重要影响，主动地管理企业与利益相关者关系，并制定相应的管理策略，将减少 NSD 的盲目性，降低 NSD 的模糊性和不确定性，提高 NSD 的成功率。现实中，企业管理者习惯于孤立地考察与客户、合作者、竞争者等利益相关者之间的关系，被动地管理与这些利益相关者之间的关系。超越二元视角提出的利益相关者分析框架，强调了利益相关者的网络状态，有助于企业管理者在分析利益相关者环境时形成网络观念和视野，从超二元视角对外部利益相关者环境进行分析，并采取积极、主动的管理策略构建与利益相关者的关系网络，为企业 NSD 成功奠定坚实的环境基础。

本章以服务创新的一种——NSD 为研究对象，聚焦于模糊前端阶段，对该情境下的外部利益相关者管理问题进行探讨①。在利益相关者管理研究中，强调 NSD 利益相关者的网络本质，提出利益相关者管理从目前主流的二元视角向超二元视角的转变，并构建 NSD 利益相关者管理的超二元分析框架，运用嵌入式案例研究，探讨服务企业 NSD 的利益相关者管理问题。

本章属于一种探索性研究，主要采用理论分析和实证研究相结合的方法对 NSD 利益相关者管理问题进行研究。一是文献追踪。本章在研究初期阅读大量的国内外相关文献与专著，包括：NSD 研究、新产品开发研究、利益相关者管理理论、社会网络理论等研究文献，为研究奠定理论基础。文献来源主要有 ABI 全文数据库、Elsevier Science Direct 数据库、

① 后文研究中如无特别说明，均限定在新服务开发的模糊前端阶段（即概念形成阶段）。另外，本研究不涉及内部利益相关者，后文中利益相关者均指外部利益相关者。

EBSCO 全文数据库、中国知网、万方数据知识服务平台、中国优秀硕博士学位论文库等国内外数据库。二是案例研究。本章采取嵌入性单案例研究方法，选取了金融服务行业中的保险公司作为案例研究的对象（其中嵌入了财产险和人身险两个单案例）。案例研究相关资料的收集主要通过两种方式：一是通过搜索保险公司、保监会等网站及其媒体报道等方式来搜集案例的背景资料；二是进行企业实地访谈，这是本研究最重要的资料来源。首先，根据论文的研究思路与理论构建，设计访谈提纲；然后，对保险公司相关工作人员进行了多次一对一、面对面的半结构式访谈，每个访谈的持续时间从 1~2 个小时不等。在每次访谈之后，根据该次访谈的结果和收集到的新信息，对访谈提纲进行调整以备下一次访谈使用。

第二节　文献综述

一、新服务开发（NSD）研究

国内外学者对 NSD 尚未有统一的定义。国外学者提出了一些主流的观点，如约翰尼和斯道瑞（Johne & Storey，1998）提出了 NSD 的含义，"开发对于服务提供者来说，是一种新的服务产品"，而约翰逊等（Johnson et al.，2000）认为 NSD 是"开发新服务提供的总体过程"，这个观点得到了爱德沃森（Edvardsson et al.，2000）等学者的认同。但梅诺（Menor et al.，2002）提出，NSD 不只是传统意义上的过程开发，更是"新服务的产生"。国内学者蔺雷、吴贵生（2005）将 NSD 定义为，服务企业在整体战略和创新战略的指引或影响下，根据顾客和市场需求，或在其他环境要素的推动下，通过可行的开发阶段和过程向企业现有顾客或新顾客提供的，包含从风格变化到全新服务产品等各种新颖度服务的正式或非正式的服务开发活动，它是实现现有服务或新服务价值增值的重要途径。这一定义被国内众多研究者所采纳。

NSD 成功的影响因素识别一直是 NSD 开发研究的焦点问题。帕维特（Pavitt，1991）认为主要依赖于三方面因素，即创新决策的灵活性与速度、创新管理者的个性特征以及有效的横向联系（包括企业内部与外部的协作关系）；乔（Jaw et al.，2010）通过大量访谈与调研，得出服务特性（服务的异质性和易逝性）、市场导向和实施创新的努力等三大决定因素。国内学者，如陈荣平（2004）阐述服务独特性对 NSD 的影响问题，并提出 NSD 要求服务提供组织必须高度关注人与人之间关系的艺术；刘顺忠等（2009）则以知识密集型服务业为研究对象，着重探讨了政策环境、轨道环境和市场环境等 NSD 外部环境对 NSD 绩效的影响。杨雪等（2009）更为系统地从三个层面来理解 NSD 的影响因素：新服务自身性质、NSD 的组织内部影响以及服务企业外部影响。其中，服务企业外部因素，可主要分为顾客、供应商、竞争者、代理商和公共部门五类因素。针对金融服务研究，埃森伍德和斯道瑞（Easingwood & Storey，1991）归纳出影响因素的四个方面，包括总体服务质量、服务的产品差异性、提供新服务的资源匹配和内部营销，以及新技术的应用等；库帕等（1994）认为包括市场因素、企业因素、产品因素和 NSD 过程四个方面。

现有文献关于 NSD 因细分程度存在不同的阶段划分，有两阶段（Zeithaml & Bitner，2000；王红军，2009）、三阶段（袁春晓，2004；魏江等，2006）、四阶段（Voss et al.，1992；Edvardsson，1997；）、五阶段（Bullinger et al.，2003）、六阶段（Reidenbach & Moak，1986）、八阶段（Bowers，1989）、十阶段（Shostack，1984）和十五阶段（Scheuing & Johnson，1989）等，其中最具有代表性的是舒英和约翰逊（Scheuing & Johnson，1989）所提出的十五阶段"NSD 标准模式"。根据对 NSD 过程模型的相关文献进行梳理，NSD 的过程大体可以分为三个阶段：概念阶段、开发阶段和市场投放阶段。其中 NSD 的前期阶段，即概念阶段，在学术研究中，一般被称作 NSD 的模糊前端阶段。

二、利益相关者研究

目前利益相关者研究主要围绕三个主题展开：概念界定、利益相关者分类及其关系，以及利益相关者管理及其应用。

有关利益相关者概念的表述很多，以弗里曼（Freeman，1984）与克拉克森（Clarkson，1995）最具代表性。弗里曼（1984）认为"利益相关者是能够影响组织目标实现的或组织在目标实现过程中所能影响的团体或个人"；克拉克森（1995）认为"利益相关者在企业中投入了一些实物资本、人力资本、财务资本或一些有价值的东西，并由此而承担了某些形式的风险；或者说，他们因企业活动而承受风险"。这个概念界定强调了利益相关者与企业的关联，强调专用性投资，因而一些集体或个人，如媒体，便不在利益相关者之列。

现有的利益相关者分类方法主要有多维细分法和米切尔（Mitchell）评分法。"多维细分法"是指从多个不同维度对"企业利益相关者"这一群体进行分类，以期寻找出不同利益相关者在某些特征上的差异。克拉克森（1995）利用"多维细分法"提出了两种有代表性的分类方法：第一种，根据相关群体在企业经营活动中承担的风险类型，分为自愿的利益相关者和非自愿的利益相关者；第二种，根据相关群体与企业联系的紧密程度，分为首要的利益相关者和次要的利益相关者。米切尔等（1997）评分法在利益相关者分类中最为典型，应用的也最广泛。他们认为，可以采用对可能的利益相关者进行属性评分办法，根据分值的高低来确定某一个体或群体是不是利益相关者，以及是哪一类利益相关者。也有根据环境将利益相关者简单分为内部利益相关者和外部利益相关者两类。

有关利益相关者管理的研究比较少，其中弗里曼（1984）和霍耶尔（Heuer，2001）研究具有代表性。弗里曼（1984）提出利益相关者管理模型（SHM模型），认为利益相关者管理应包括理性、程序和交易三个层面。其中理性层面识别了企业利益相关者；程序层面分析企业目标与企业战略如何体现利益相关者的权益，利益相关者行为如何影响企业目标的实现；交易层面则涉及如何通过投入资源对利益相关者进行管理。霍耶尔（2001）在SHM模型的基础上，基于网络理论提出了利益相关者合作模型（SC模型），主要考察了利益相关之间的交换类型、依存类型和合作方式三者之间的对应，并分析了市场稳定性、文化、沟通对三者关系的影响。但这个模型没有给出可操作的分类标准。盛亚等（2009）则将弗里曼（1984）的SHM模型应用到了企业利益相关者管理的实践中，在利益相关者识别和互动关系分析基础上，利用了"利益—权力"矩阵对企业利益相关者进行分类，并基于利益和权力平衡的原理提出分类管理模式。

这种先识别利益相关者，再对利益相关者进行分类，最后根据分类结果提出管理策略的思路，是迄今利益相关者管理研究的主流研究思路。如里姆等（Lim et al.，2005）基于案例的推理方法探讨了利益相关者管理策略，即被动的、防御性的、调节性的或主动的（RDAP）策略，提出了一种制定利益相关者管理策略的程序：利益相关者分析、策略检索、策略调整和策略实施等四个阶段；布恩斯特拉和弗里斯（Boonstra & de Vries, 2008）提出了通过诊断方法确定跨组织系统中的利益相关者的方法，以评估他们相对于跨组织系统的权利和利益并进行管理。吴玲、贺红梅（2005）基于企业生命周期的利益相关者分类与实证研究提出，企业可以在生命周期的不同阶段，针对不同类型的利益相关者分别制定不同的管理战略，以通过利益相关者管理获得竞争优势。还有研究者从价值链、价值管理角度研究了利益相关者管理（许彩明，2009），或结合项目管理对利益相关者管理进行探讨（王蕊，2008；常宏建，2009；盛亚，尹宝兴，2009）。总体而言，这些利益相关者管理策略制定的思路并没有跳出利益相关者分类管理的范畴。

利益相关者理论被广泛应用于公司治理、战略管理、环境问题、财务管理、公共部门、项目管理等众多领域的研究，但仍未深入到 NSD 领域。安妮等（Anne et al., 2007）在 NSD 研究中明确提出利益相关者导向，强调了服务开发商和管理者可用来开发新服务的某些工具、技术和框架，阐述了它们之间的相互关系。明确考虑了与服务过程和结果有利益关系的更广泛的利益相关者群体，从 NSD 的利益相关者方法中获取对 NSD 过程的全景（panoramic）。尽管许多学者都认同相关利益群体对 NSD 的重要影响（Pavitt, 1991；唐国珣，2006；杨雪等，2009），但仅有部分学者对顾客或员工与 NSD 的关系进行了较深入的探讨。爱德沃森（1997）指出服务系统和资源结构作为影响服务的先决条件之一，包括企业员工和顾客等利益相关者，且强调了员工是服务企业的关键资源，而顾客参与对 NSD 也具有重要意义；魏江等（2006）从创新阶段和创新参与者（企业后台员工、前台员工和顾客）两个维度提出了一个二维的金融服务创新过程模型。描述了创新参与者在三个阶段中的不同作用。顾客与服务创新关系的研究大多集中于对顾客参与新服务共同开发问题的关注，如顾客参与以及在 NSD 相应阶段中企业对顾客信息利用的程度，是决定 NSD 成败的重要因素（Martin & Horne, 1995；Martin et al., 1999）；用户积极参与服务概念开发和营销测试阶段，有助于缩短服务投放市场的周期（Alam, 2002）；在服务开发过程中顾客有时候比专业人员更为重要，因而向顾客学习非常必要（Matting et al., 2004；张若勇等，2007）；NSD 过程中顾客互动程度对整体创新绩效有显著的正面影响，而不同阶段的顾客互动程度对创新绩效的作用各不相同（王琳等，2009）。

三、文献评述

通过对 NSD 和利益相关者的相关文献研究可以看出：

第一，聚焦于 NSD 的利益相关者研究有待加强。服务产品本身比有形产品与利益相关者之间的联系更密切更复杂，如何有效地管理和整合利益相关者，对 NSD 的成败至关重要。前人的文献虽然提出了利益相关者（包括员工、顾客、供应商、竞争者、代理商、政府等）对 NSD 成本的重要影响，且主要体现在对客户、员工这两类利益相关者与 NSD 关系的关注，但少有关于其他利益相关者与 NSD 关系的深入研究。事实上，NSD 不同阶段包含的主要利益相关者以及各利益相关者的作用与重要性有所差异，有必要聚焦于 NSD 某一阶段，针对利益相关者进行系统研究。

第二，利益相关者管理研究有待提升。目前对企业利益相关者的研究主要集中在二元关系视角，即认为组织处于利益相关者的中心，并只考虑包含核心组织的关系（核心组织与利益相关者之间的关系），而这种方法不足以预测组织应该对利益相关者做出的反应（组织对利益相关者的管理模式）。利益相关者管理研究目前的主流仍是根据一些属性，如权力、利益等对利益相关者进行分类，并探讨利益相关者的管理策略和模式，即从二元关系视角探讨对利益相关者的管理，很少有从超越二元关系的网络结构视角看待企业的利益相关者环境，并根据利益相关者在网络关系中的地位和属性制定相应的管理策略。

第三节 理论构建

一、利益相关者二元关系视角存在的局限

目前 NSD 的利益相关者管理一般遵循基于企业与利益相关者二元关系的"利益相关者识别 – 利益相关者分类 – 分类管理策略"研究思路展开。以 NSD 利益相关者 A 与利益相关者 B 是否愿意与企业合作为例，假设企业与 A 之间建立了较稳固的合作关系，而与 B 之间关系相对较疏远，在只考

虑企业与利益相关者关系的研究思路下，B 可能与企业合作也可能不合作（更倾向于不合作），若要获得 B 对企业 NSD 活动的配合与支持，企业需要付出较大的努力，例如向 B 投入更多的资源（图3.1（a））。然而，实际上 B 与 A 之间存在利益关系，且企业与 B 之间的关系受企业与 A 之间关系的影响，此时对 B 的态度和行为进行分析，可以发现企业不一定需要付出大量努力去影响和吸引 B，而只要与 A 进行沟通协调，可以通过 A 对 B 的影响，使 B 愿意在 NSD 过程中与企业合作（图3.1（b））。

此外，某一类利益相关者群体内部可能存在不同的小群体，有的小群体与企业存在直接的联系，另一些可能与企业之间没有直接的联系，而是通过第三方进行连接，一些需要通过中介机构拓展业务的服务行业中就存在这种现象，比如保险服务行业。此时，在二元关系的视角下，无法对这些利益相关者进行准确分析。以保险公司、中介机构和顾客三方之间的关系为例，二元关系视角下，通常只考察了保险公司与中介机构关系，以及保险公司与顾客的关系（图3.1（c））。事实上，保险公司业务很大部分是通过保险中介进行拓展的，因而客户是通过中介机构与企业建立联系的，与企业之间几乎没有直接联系（图3.1（d））。二元关系视角下的研究通常会出现直接将客户 A 群体和客户 B 群体合二为一分析，抑或直接将客户 A 群体等同于整个客户群体，无法准确真实地反映保险公司、客户和中介三者之间的关系，造成企业对利益相关者理解的偏差。

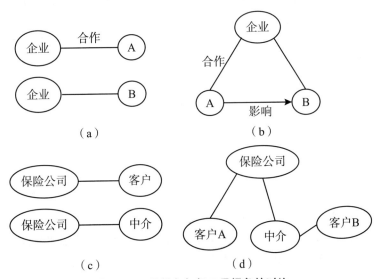

图3.1　二元视角与超二元视角的对比

二、利益相关者管理研究视角的转变

企业利益相关者管理理论的发展遵循了从个体视角、关系视角再到网络视角这样一个发展路径，且不同视角的研究从不同方面深化了对于利益相关者管理理论的认识（林曦，2010）。利益相关者个体或者关系视角聚焦于个体利益相关者影响或者组织与每个利益相关者之间的二元关系（图3.2），正如弗里曼（1984）认为，组织处于利益相关者的中心，并只考虑包含了焦点组织的关系（焦点组织与利益相关者之间的关系），后人研究很多是基于弗里曼的概念模型展开的。尽管这种二元视角的研究提供了利益相关者如何影响组织的许多见解，是解释利益相关者的组织功能中所必需的，但这种方法不足以预测组织对利益相关者的反应（Rowley，1997）。

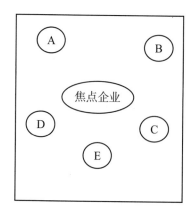
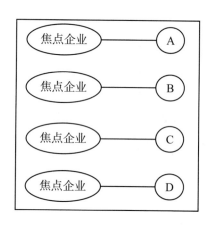

（a）个体视角   （b）关系视角

图3.2   二元视角下的企业－利益相关者环境

在网络视角研究中，最具代表性的是罗利（Rowley，1997）。他从网络的视角切入对利益相关者管理理论展开研究，提出企业利益相关者网络的一般形态应当是一个多层网络相互嵌入的复杂网络，并重点关注了网络密度和网络中心性两个关键网络变量，对于网络视角的利益相关者管理理论建构和制定企业管理策略的作用。此外，也有一些学者以利益相关者网络为主题进行研究，如罗伯特（Robert，2007）从利益相关者网络的社会资本角度，对企业在地区开发中的作用进行了研究，又如朱丽亚（Julia，2008）从多利益相关者网络角度，讨论了问题聚焦的利益相关者管理，伊丽萨贝（Elisabet，2009）探讨了利益相关者网络中的合作问题，关注了利益相关者网络的关系层面和结构性层面是否以及如何影响企业和利益相关者之间的合作过程。然而，这些研究都没有深入挖掘超二元的利益相关者网络本质。

利益相关者关系并不是发生在简单的二元关系中，而是超越二元关系的，是发生在影响网络中的。企业利益相关者之间也有直接的关系，且任何存在的利益相关者之间关系的性质，影响利益相关者的行为，并从而影响他们对于焦点组织的要求（Rowley，1997）。此外，核心组织不仅仅是其自身利益相关者的中心点：还是自身所处的相关社会网络中，许多其他核心节点的利益相关者。组织不一定是网络的中心，因此，将自身在复杂社会网络中的位置看作一个变量，能够为组织提供更全面地理解利益相关者交互类型如何影响组织的机会（Rowley，1997）。超二元视角下的企业利益相关者环境被称为利益相关者网络，其一般形态如图3.3所示。当然，提倡利益相关者管理研究的超二元视角，并不意味着摈弃二元视角的研究成果，而是在二元视角基础上研究超二元关系。

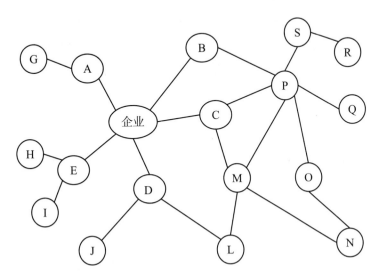

图3.3 超二元视角下的企业－利益相关者网络

注：超二元视角下的企业利益相关者环境则被称为利益相关者网络。该图参考Rowley（1997）及林曦（2010）的企业－利益相关者网络示意图绘制。

在超二元视角研究中，必须正视企业利益相关者管理的本质是企业与利益相关者关系的管理（Freeman，1984）。在企业利益相关者网络中，企业与利益相关者关系同样是利益相关者网络分析的基本分析单位，尽管企业的利益相关者网络不是企业与利益相关者关系的简单叠加，但它们之间的内在联系是不可割裂的。因而，要将企业与利益相关者关系分析（二元视角研究），视为超二元视角分析的基本维度——二元关系层面分析维度。同时，由于强调利益相关者管理对于企业的重要性，是基于企业目标的达成不得不依赖于利益相关者作为资源提供者的这一事实，可以将企业与利益相关的相互依赖性，作为衡量企业与利益相关者关系的重要指标。基于权力与依赖的不可分割性，且利益相关者分析要考察利益相关者对企业的权力，在网络关系层面分析中，需要对企业与利益相关者关系间的权力结构展开研究。

如何在二元关系分析基础上，实现利益相关者网络中二元关系与网络结构联结，是利益相关者管理超二元视角研究的一个难点。事实上，社会学家齐美尔（Simmel）关于网络结构的观点，为建立二元关系与网络结构之间的联结提供了参考。从关注网络结构出发，很多结构问题都可以通过从二元视角转向超二元视角给予关注，并且这些问题并不会因为分析范围向四个或者更多的行动者拓展而发生根本改变（特纳，2001）。超二元网络结构处于二元结构向包含更多行动者和关系的复杂网络转化的中介层面，二元关系嵌入超二元网络结构中，二元关系的相互联结可以构成更加复杂的完整网络，而新的网络关系也可以在这种联结中出现（Madhavan et al.，2004）。社会网络研究中具有代表性超二元结构的主要有两种：第一种是闭合超二元结构，其中齐美尔联结（Simmelian triads）是闭合超二元的代表性理论观点；第二种是开放的超二元结构，其中罗纳德·伯特（1992）的结构洞理论是开放超二元最完整的理论观点。因此，在利益相关者网络中，一方面，企业可以建立一个由许多开放超二元组成的网络；另一方面，企业也可以强调网络封锁，即可以断开或建立与利益相关者的联系。利益相关者管理的超二元分析维度见图3.4，下文对此展开分析。

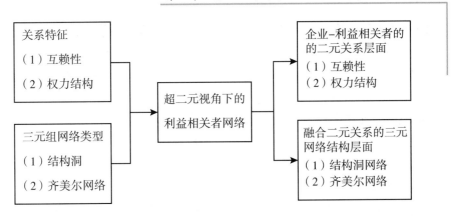

图3.4　利益相关者管理的超二元视角分析维度

三、企业－利益相关者二元关系层面分析

为了对企业与利益相关者之间的依赖关系进行有效的管理，首先需要明确企业与利益相关者之间依赖关系的水平和状态。一个组织对另一个组织的依赖水平可以从以下两个方面展开：一是特定资源对组织正常运转的重要性；二是资源替代来源的可获得性（Jacobs，1974；菲佛等，2006），这两个方面是构成依赖关系所不可或缺的。当利益相关者拥有的资源对企业非常关键，但组织可以从很多来源获得该资源，或者当资源的替代来源非常少，但该资源对组织运转并不关键时，组织对资源提供者的依赖水平都处于相对较低的水平上。只有组织从交换关系中所获得的资源对组织的运行非常重要，并且资源的替代来源非常少时，组织对该资源拥有者的依赖才处于较高的水平上。①

根据资源依赖理论，组织间的依赖是相互的，并且依赖程度是不同的。虽然企业不能实现其所需要的全部资源的自给，但每个企业（群体）都拥有一些特定的资源，这就决定了企业（群体）之间的依赖绝对不是单方面的，而是相互的（菲佛等，2006）。互赖性（Interdependence）是指两方或多方由于在某种程度上相互依赖，从而对其他各方拥有一定控制权的情况（科特，2008）。但由于组织的性质、规模以及资源禀赋等方面

---

① 转引自：林曦. 企业利益相关者管理：从个体、关系到网络［M］. 大连：东北财经大学出版社，2010.

的差异，在一对关系中双方彼此依赖的程度也是存在差异的（一般是不对称依赖），在有些情况下组织更依赖于它的资源供给者，而在另外一些情况下，组织的资源供给者更依赖于组织。企业与利益相关者的相互依赖关系可以分为四种状态：高互赖性（企业与利益相关者彼此之间依赖性都较强）、低互赖性（企业对利益相关者的依赖，以及利益相关者对企业的依赖都相对较弱）、不对称依赖 C（利益相关者对企业的依赖性较强，而企业对利益相关者的依赖性较弱）和不对称依赖 S（利益相关者对企业的依赖性较弱，而企业对利益相关者的依赖性较强）。由于企业与利益相关者谁更具有权力取决于他们彼此之间依赖程度的差异，因而根据企业与利益相关者之间的相互依赖状态，可以区分企业与利益相关者关系中四种不同的权力结构（林曦，2010），如图 3.5 所示。

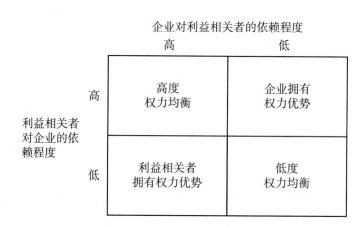

图 3.5　企业与利益相关者关系中的权力结构

1. 高互赖性——高度权力均衡

高互赖性情况下，企业与其利益相关者之间处于彼此高度依赖的状态，这意味着双方彼此拥有高度的权力，任何一方对另一方的净依赖程度均很小①。这种状态的形成是由于关系双方各自都拥有对方正常运转所需的非常重要的资源，并且这种资源的替代来源非常少，或者即使存在替代来源，但由于双方面临高昂的转移成本而无法有效地转向资源的替代者。

---

① 净依赖是除自己对对方的依赖以外所剩余的对方的依赖，净依赖反映了关系中双方权力的差异程度。

这种高度均衡的依赖关系使双方能够将注意力集中于关系的建设，这会促使关系绩效得到提升①。值得指出的是，双方关系高度相互依赖（通常净依赖接近于零，但并非一定为零），并不意味着关系内权力的抵消，关系双方仍然都保持着对对方的巨大影响。因而，这种情况下说关系双方被关系本身控制可能显得更为有意义（Emerson，1962）。通常高度相互依赖状态的关系中，关系双方更可能发展成为战略依存伙伴，双方建立长期的关系可以降低交易费用，获得关系租金。

2. 低互赖性——低度权力均衡

低互赖性的情况下，企业与其利益相关者之间处于彼此低度相互依赖的状态，这意味着企业与利益相关者都缺乏对对方的权力，彼此之间的净依赖程度均很小。形成这种互赖关系状态的最主要原因可能在于企业与利益相关者处于一个竞争比较充分的市场环境当中，关系中任何一方所占有的资源对于另一方而言或是缺乏吸引力，或是能够轻易地从替代来源处获得，企业与利益相关者关系的解散与重建的成本低。通常低度相互依赖状态的关系中，关系双方都不着眼于双方关系的建设，关系可能随时解除，若企业需要该类利益相关者对企业活动的配合，则需要采取非强制性的积极策略，以增强利益相关者对企业的依赖性。

3. 不对称依赖 C——企业拥有权力优势

不对称依赖关系下，企业与利益相关者关系的权力结构处于不均衡的倾斜状态。不对称 C 中，利益相关者对企业的依赖程度高于企业对利益相关者的依赖，即利益相关者对企业的净依赖程度较高，这导致了权力向企业倾斜，企业拥有相对于利益相关者更大的权力优势。这种权力结构产生的原因在于企业掌握了更多在其利益相关者看来"有价值的资源"，而利益相关者则从企业那里获得这些资源产生的效用，并且这些资源的可替代性来源较少，或者即使存在替代来源，但由于利益相关者的转换成本较高，从而无法有效转向替代者。这种状态的关系中，企业在双方交涉中更具有优势，其要求更可能得到满足。

---

① 转引自：林曦. 企业利益相关者管理：从个体、关系到网络［M］. 大连：东北财经大学出版社，2010.

4. 不对称依赖 S——利益相关者拥有权力优势

不对称 S 中，企业对利益相关者的依赖程度高于利益相关者对企业的依赖，或者说企业对利益相关者的净依赖程度较大，这导致了权力向利益相关者倾斜，利益相关者拥有相对于企业更大的权力优势。这种权力结构的产生是由于利益相关者占有了更多在企业看来"有价值的资源"，并且这些资源对企业的运转非常重要，而企业或是难以寻找替代者，或是无法有效转向替代者。在这种状态的关系中，利益相关者在双方交涉中更具有优势，其要求更可能得到满足。有时企业不得不向其妥协。

四、利益相关者网络的超二元结构分析[①]

1. 利益相关者网络中的结构洞分析

结构洞理论是开放三元组的代表性理论观点。根据结构洞理论，一个结构良好的网络能够为关键行动者创造竞争优势，包括信息优势和控制利益（Burt，1992）。伯特认为结构洞中占据中心位置的节点者为了维持信息优势和控制优势的存在，会极力地控制着另外两者之间的信息传递，不让其轻易地联系起来。事实上，一些研究证实了结构洞占据者还会发挥另外一方面的作用，即当网络中一些主体由于某种原因不能发生直接联系，或者发生直接联系需要很高的成本时，为了整个网络效率的提高，需要在他们之间建立结构洞，由此产生的结构洞占据者的作用就是充当"桥梁"来促进整个网络的信息和资源流动，而非仅仅为了结构洞占据者自身占有某种优势。因此，根据建立结构洞意愿（目的）的差别，存在着自益性结构洞和共益性结构洞（盛亚等，2009）。伯特（1992）所描述的结构洞更倾向于自益性结构洞。自益性结构洞和共益性结构洞并非绝对，随着构建结构洞占据者意愿的转变，两者之间可能存在转化。

对利益相关者网络中结构洞的分析，可以从两个角度进行考察：一是企业作为结构洞占据者的结构洞；二是利益相关者作为结构洞占据者的结构洞。

在企业作为结构洞占据者的结构洞中，企业占据中心位置，享有信息

---

① 为便于分析，后文主要进行三元结构分析。

优势和控制优势，可以接近网络中更多的资源，控制与结构洞中利益相关者之间的资源流动，使自身处于更有权力的位置。在竞争关系为主导的利益相关者之间，企业可以利用自身的结构洞占据者的位置，从不同的利益相关者处得到异质性的资源，并在某种程度上使其他的结构洞主体处于"孤立状态"，自己操纵一些资源，使其向有利于自己的方向流动，从而形成一个自益性结构洞。在以合作关系为主导的利益相关者之间，当存在直接联系的障碍时，必然影响资源的有效流动，从而不利于企业的服务创新活动。作为结构洞占据者的企业要起到一个桥梁的作用，成为这些利益相关者资源流动的新联结，使原来不发生联系的利益相关者之间建立联系，以便进行更充分的合作，即构建共益性结构洞。不论是自益性或是共益性结构洞，企业都可以根据其他利益相关者的关系状态，在三元组结构洞网络中适度控制信息、资源的流动，以使自己获得最理想的状态。例如，企业与结构洞另两个主体（利益相关者 A 和 B）之间的关系状态，当一个是企业拥有权力优势（与 A 的关系中），另一个是利益相关者拥有权力优势（与 B 的关系中）时，企业可以整合、利用利益相关者 A 的资源，与拥有权力优势的利益相关者 B 进行谈判，从而有助于改善并提升企业在与利益相关者 B 的关系中的权力地位，促使利益相关者 B 对企业活动的支持。

在利益相关者 S1 作为结构洞占据者的结构洞中（图 3.6），利益相关者占据中心位置，享有信息优势和控制优势，可以接近网络中更多的资源，控制与企业以及其余利益相关者之间的资源流动，使自身处于更有权力的位置。①当该结构洞是共益性结构洞时，考察企业－利益相关者的权力结构状态，当两者之间处于高度权力均衡或者企业拥有权力优势的状态时，企业只需要投入较少的资源，进行适当的网络维护（关系维护），占据结构洞的利益相关者 S1 作为桥梁会主动促进结构洞两端节点之间联系的认知，就可以促进网络的稳定并获得结构洞主体（S1、S2）对开发活动的支持。当企业与结构洞占据者（S1）关系处于低度权力均衡或利益相关者 S1 拥有权力优势时，企业需要适当增加对 S1 的资源投入，以增加 S1 对企业的依赖性，避免双方关系解散或利益相关者 S1 利用结构洞占据者的位置为自身牟利而损害共益性结构洞的有效性。②当该结构洞是自益性结构洞时，考察企业与结构洞占据者（S1）之间的关系状态，由于处于高度权力均衡（高互赖性）状态下，关系破裂会给双方带来极大的负面影响，而处于企业拥有权力优势（不对称依赖 C）的关系状态下时，企业在双方交涉中更具有优势，S1 通常不得不满足企业要求。因此，这两种关系状态下，开发企业可以利用权力结构特征对利益相关者进行适当的约束与控制，突出双方的共同利益（结构洞的共益性），以便获得结构洞占据者 S1 的配合，并通过结构洞占据者获取更多的有利信息。

若企业与该占据结构洞的利益相关者 S1 之间处于低度权力均衡（低互赖性）的关系状态下，考察结构洞另一方主体（S1）与企业 NSD 活动之间的关系。若该主体 S2 拥有企业开发所需的关键资源且难以被替代（企业开发活动对该 S2 具有较高的依赖性），则企业可以投入资源直接建立并维护与 S2 之间的关系，或努力建立企业与结构洞占据者 S1 之间的共同利益，使该结构洞向共益性结构洞转化。否则[1]，开发企业可以重新寻找拥有同类资源的利益相关者建立联系并获取资源。而当企业与结构洞占据者之间处于利益相关者拥有权力优势（不对称依赖 S）的状态下时，同样考察 S1 拥有的资源的关键性和可替代性（企业开发活动对 S1 的依赖性高低），当企业开发活动对 S1 具有较高的依赖性时，通过某些策略增加结构洞占据者 S1 对企业的依赖性，如构建双方的共同利益以获取 S1 的关注/依赖（增强结构洞的共益性），以改变企业与 S1 之间的权力结构，从而获得 S1 对开发活动的配合与支持，并保持网络的稳定性。

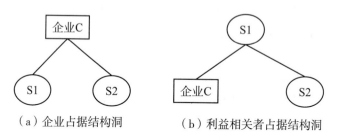

（a）企业占据结构洞　　　（b）利益相关者占据结构洞

图 3.6　结构洞的两个视角

注：S1、S2 代表企业的利益相关者。

2. 利益相关者网络中的齐美尔三元网络分析

齐美尔三元组（Simmelian Triads）是代表性的闭合三元组网络，具有所有三个行动者共同分享稳固关系的优势，该网络能够减少单个行动者

---

[1]　即 S2 拥有的资源并不关键，或者尽管关键但容易找到替代资源，且建立直接联系的成本过高。

的个性、力量和冲突（Simmel，1950；Coleman，1990）。相比较于孤立二元关系中的个体，齐美尔三元组中的个体具备以下三方面特性（Simmel，1950；Krackhardt，1998）：首先，闭合三元组减弱了每个成员的单独行动能力，因为在三元组里任何个人都有表决权，即闭合三元组中的个体放弃了更多的个性。第二，闭合三元组减弱了个体的讨价还价能力。第三，封闭的三元组可能减少冲突关系，因为不可避免的冲突出现时，第三方行动者会调解冲突，提出解决办法，从而削弱了两极分化和冲突的扩大化。

如果两个行为者相互强联系，并都与至少一个共同的第三方相互强联系在一起，那么这两个行动者之间存在齐美尔关系（Karckhardt，1998）。嵌入在闭合三元组网络中的二元关系（齐美尔关系）相比较强关系而言更牢固、更持久，尤其会对关系中的人员施加更大的压力以使其遵循团体规范和行为，并彼此之间达成一致（Simmel，1950；Krackhardt，1998）。在齐美尔三元组网络中，因为所存在的第三方，齐美尔关系减少了个体的自由和独立性，并增加了对个体的限制（Karckhardt，1998）。

实际上，在利益相关者网络中，齐美尔三元组的存在可以减少网络中的冲突，使得网络更加稳定。当 NSD 的利益相关者与企业存在于一个共同的齐美尔三元组网络中时，通过嵌入其中的齐美尔关系的作用，企业更容易促使利益相关者在乃至整个开发过程中积极配合企业的服务开发活动。当利益相关者之间存在齐美尔三元组网络时，企业通过获取大部分利益相关者的合作，可以获得整个三元组网络的合作，因而合理利用齐美尔网络的特点在一定程度上可以节约企业资源。

第四节　案例分析

一、中华保险新服务开发利益相关者网络关系

中华联合财产保险股份有限公司（以下简称"中华保险"）创立之初，是由国家财政部、农业部专项拨款，新疆生产建设兵团组建成立，也是我国成立的第二家具有独立法人资格的国有独资保险公司。2002 年 9 月 20 日，经国务院同意，国家工商局和中国保监会批准，新疆兵团财产

保险公司更名为中华联合财产保险公司。2004 年 9 月，经中国保监会批准，中华保险实行"一改三"的整体改制方案，成立"中华联合保险控股股份有限公司"，控股下设"中华联合财产保险股份有限公司"（以下简称"中华财险"）和"中华联合人寿保险股份有限公司"（以下简称"中华寿险"）两家独立法人子公司。

中华保险 NSD 的主要外部利益相关者包括投保客户、保险中介机构、竞争者（同类竞争的保险公司）、政府、监管机构等。中华保险 NSD 的利益相关者网络如图 3.7 所示。

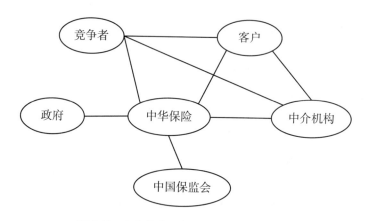

图 3.7　中华保险 NSD 的利益相关者网络

客户需求是中华保险 NSD 最主要的创新源，决定了 NSD 的方向和目标。是否准确地理解和体现了客户需求更是一项新保险是否有必要被开发，以及最终开发活动是否能够取得成功的关键。如中华保险内部的业务人员在 NSD 中担任最主要的客户需求搜集工作，其余员工如客户中心人员、理赔中心人员、承保中心人员在与客户接触中，也会收集相应的客户需求信息。

保险中介是在保险经营机构之间或保险经营机构与投保人之间，专门从事保险业务咨询与销售、风险管理与安排、价值衡量与评估、损失鉴定与理算等中介服务活动，并从中依法获取佣金或手续费的单位。作为保险 NSD 主要利益相关者的保险中介机构主要指保险经纪人和保险代理人。保险经纪人是基于投保人的利益，为投保人与保险人订立保险合同提供中介服务，并依法收取佣金的单位；保险代理人是指与保险公司签订保险代理合同，在保险公司授权范围内，以保险公司的名义办理保险业务的单位或个人。保险中介因其在专业技术服务、保险信息沟通、风险管理咨询等诸方面的功能，在保险市场上发挥了重要的作用，根据报告，2010 年，全国保险公司通过保险中介渠道实现保费收入 10941.25 亿元，占全国总保费收入的 75.46%[①]。保险中介是保险企业与投保企业之间的外部桥梁，具有双重角色，一方面将客户的需求反映给保险公司，另一方面又向投保客户反映中华保险的情况，包括将新服务介绍给投保客户。

中华保险的主要竞争对手要从两个角度考虑，第一类是人保财险、太保财险、平安财险等（标杆企业），他们引导着整个行业的服务创新方向；第二类是国寿财险、大地保险、阳光财险、天安财险等市场追随者，他们在财产险领域与中华保险的市场份额相近。由于保险、银行、证券等金融服务业，同业公司的产品很容易模仿，中华保险本着学习的态度了解和借鉴同业的服务创新。

政府机构[②]在 NSD 中的作用主要通过法律法规和政策引导实现。新服务必须满足法律法规的要求，否则无法通过开发审核。此外，政府一直将保险视为社会稳定工具。政府可以运用政治权力要求保险公司开发一些保障性更强、更利于社会安定的新险种。

中国保监会是保险行业的监管部门，主要拟订有关商业保险的政策法规和行业规则，并进行保险行业合规性的监管，避免行业内恶性竞争。保监会对中华保险 NSD 活动的影响主要体现在政策性保险新产品开发。对商业险（如财产险的开发），中国保监会主要进行合规性监管，避免恶性竞争。当然，保监会的商业性政策法规也会对 NSD 具有政策引导作用。

二、财产险新服务开发的利益相关者网络分析

1. 中华财险 NSD 利益相关者网络的二元关系分析

中华财险 NSD 利益相关者研究选取了以企事业单位作为投保客户

---

① 资料来源：2010 年保险中介市场报告，http://www.circ.gov.cn/web/site0/tab65/i156338.htm

② 当政府机构与保险公司有业务往来时，直接将该政府机构视为投保客户。本章中对保险 NSD 中"政府"这一利益相关者的讨论仅限于政府机构对于 NSD 而言的政治性影响。

的企业财产险、工程险（建筑工程险、安装工程险）、货物运输险等三类财产险。案例研究所选取的财产险几乎都与公司、企业有密切联系，且投保金额通常较高，主要的投保客户以企业客户为主。例如，企业财产保险以企业财产作为投保标的，通常投保客户为工商、建筑、交通运输、饮食服务、国家机关、社会团体等各类企事业单位。中华保险的工程险主要分为建筑工程险和安装工程险两大类，其中建筑工程险以建筑工程项目为投保标的，安装工程险以各种大型机器设备的安装工程为投保标的，投保客户一般为建筑安装工程的业主、总承包商、分包商、业主聘用的监理工程师，以及其他与工程有密切关系的单位或个人（如贷款银行或投资人）等。货物运输险主要以各种运输工具运输过程中的货物作为投保标的，投保客户主要有生产型企业、物流公司等。二元关系分析主要考察中华财险与五类外部利益相关者之间的互赖关系及其权力结构状况。

财产险业务投保客户主要为企业型客户，财产险投保具有风险程度高，保险金额较高等特点，且通常与某一保险公司合作关系越持久，投保企业所能获得的投保优惠条件越多。因而，一旦与中华财险建立投保关系之后，除非其他保险公司给予更优条件，通常投保企业会选择与中华财险继续合作。同样，中华财险对于财产险的投保企业具有很强的依赖性。因此，中华财险与投保客户之间存在较强的相互依赖关系，其中投保客户拥有中华保险一定程度上的净依赖，其关系偏向于高度权力均衡状态。根据中华财险与投保企业客户的现实状态，关系相对比较稳定，投保企业也愿意积极配合中华保险财产险 NSD 的活动。

从保险行业一般情况来看，在财产险 NSD 中，保险公司对保险中介（尤其保险经纪公司）的依赖性较强，但目前中华财险与保险中介之间的合作尚不充分。调研显示，截至 2011 年 8 月底，中华财险通过保险中介渠道实现的保费收入仅占公司保费总收入的 24%，其财产险业务大多通过公司客户经理开展，造成了中华财险在财产险客户需求信息获取、确认乃至新产品概念形成过程中，较少依赖保险经纪公司。保险经纪公司在保险公司之间的转换成本较低，甚至通过市场竞争机制选择其认为最优的保险公司加大合作，从而使得中华财险并不是不可替代的资源。因此，中华财险与保险经纪公司之间存在较弱的相互依赖关系，处于低度权力均衡状态。

由于保险产品容易很快被模仿，目前中华财险 NSD 中，较少考虑自主开发创新程度比较高的财产险产品，而是在参考行业内竞争者财产险方面的创新动向基础上，进行本公司财产险的创新开发。同样，中华财险的竞争者也会了解和参考中华财险财产险方面产品创新情况，因此，可以认为中华财险与其竞争者（尤其是同为市场追随者的第二类竞争者）之间存在较强的相互依赖关系，且处于高度权力均衡状态。

理论上看，政府机构对货运险和工程险的 NSD 具有一定的影响。如在工程险方面，地方政府可能会提出扩大保险责任范围，加强风险保障等要求，尤其对于工程项目中的大型地铁建筑安装险项目。但目前政府方面还没有形成规范的相关政策法规进行干预。事实上，目前在财险 NSD 方面，政府介入较少。尽管如此，中华财险在 NSD 中对政府机构却具有很强的依赖性，即不能违背法律法规和政策引导。但从政府角度讲，其对中华财险 NSD 活动的依赖是非常有限的（依赖水平相对较低）。因此，中华财险与政府机构的互赖关系是不对称的，政府机构拥有中华财险对其的净依赖，双方关系中的政府机构拥有权力优势。

中国保监会通过出台一些政策、条款对财产险 NSD 进行监督和管制，除了政策性导向以外，其对新服务的审核或管制，最主要体现在对保险条款范围和保险费率的监督和管制，中国保监会要求任何保险公司上报开发的新险种的保险条款范围和保险费率跟公司整体偿付能力，要与行业现有的费率水平相匹配①。由于中国保监会所拥有的政治权力，中华财险的最终开发必须依赖中国保监会的认可和批准，因而对中国保监会具有很高的依赖性，而中国保监会对其依赖水平相对较低。因此，中华财险与中国保监会的互赖关系是不对称的，中国保监会拥有中华财险对其的净依赖，双方关系中中国保监会拥有权力优势。

综上，中华财险与外部利益相关者的二元关系状态如表3.1所示。

---

① 中国保监会 2010 年 2 月 25 日以 2010 年第 3 号主席令形式发布了《财产保险公司保险条款和保险费率管理办法》。管理办法首次尝试财险保险条款和费率监管与保险公司偿付能力、公司治理结构及市场行为挂钩。保监会针对不同公司的情况，可以调整产品监管政策尺度和范围。该办法自 2010 年 4 月 1 日起已开始施行。

表3.1		中华财险与外部利益相关者的二元关系状态		
关系双方	权力结构	中华财险对利益相关者的依赖性	利益相关者对中华财险的依赖性	利益相关者的态度
中华财险与投保客户	偏向高度权力均衡	很强	较强	比较愿意合作
中华财险与保险经纪公司	低度权力均衡	较弱	较弱	可能解散合作关系
中华财险与竞争者	高度权力均衡	较强	较强	竞争关系、不存在合作
中华财险与政府机构	政府机构拥有权力优势	很强	较弱	强制要求被遵从
中华财险与监管部门	中国保监会拥有权力优势	很强	较弱	强制要求被遵从

2. 中华财险 NSD 利益相关者网络的超二元分析

在三元组网络层面分析中，不仅要分析三元组结构的类型及功能特征，更要在三元组网络结构分析中融合二元关系状态。假定保险 NSD 过程中，政府机构和监管部门公平、公正地对待各家保险公司（政府机构和监管部门的影响通常是行业层面的），从而政府机构和监管部门与中华财险之间的关系不会影响保险公司与其他利益相关者关系。因而将重点集中在中华财险、投保客户、保险经纪公司以及竞争者之间。

根据投保客户与中华财险建立联系的方式，可以将财产险的投保企业客户分为两个主要群体——投保客户 A 群体和投保客户 B 群体①，其中投保客户 A 群体通过中华财险的客户经理购买财产险，投保客户 B 群体则通过与中华财险合作的保险经纪公司购买财产险。因此，对中华财险、投

---

① 为更好地进行三元组网络分析而将投保客户区分为投保客户 A 和投保客户 B 两类，但这两种类别的区分并不是绝对的。一个已经与保险公司建立联系之后（投保之后）的投保客户，可能属于确定的投保客户 A 或投保客户 B 群体，但一个潜在的投保客户（或前一张保单到期后打算重新寻找保险公司合作的客户）极有可能在两个类型之间转换，例如，之前通过保险中介购买保险的客户可能会选择直接与保险公司联系以节省中介费用，之前直接向保险公司业务人员购买保险的客户，在重新选择保险公司时，可能会决定通过中介机构以减少搜索时间和成本。

保客户、保险中介以及竞争者四者之间的三元网络分析，可以确认为研究以下三元组网络：中华财险与投保客户 A、竞争者之间的三元组网络，中华财险与保险经纪公司、投保客户 B 之间的三元组网络，中华财险与保险经纪公司、竞争者之间的三元关系网络。

（1）中华财险与投保客户 A、竞争者之间的三元网络（见图 3.8）。研究重点将投保客户限定在与中华保险和竞争者都可能产生直接接触的投保客户 A。投保客户 A 群体是中华财险与其他财险公司的直接竞争中所要争夺的对象。由于目前保险行业中，保险公司具有强烈的自我保护意识，极少愿意公开与竞争对手分享保险业务具体信息（保险费率、责任范围等），可视为中华财险与竞争者之间的链接是断裂的，需要通过第三方实现间接联系。这种间接渠道包括投保客户、中介机构、保险行业协会以及媒体。其中，通过保险行业协会、媒体、保险中介[①]对于竞争者产品信息的了解，通常只限于保险产品名称，极少涉及保险产品的具体设置，如费率、责任范围等，因而对中华财险 NSD 参考价值不大。投保客户 A 作为保险公司争夺的对象，与中华财险及其竞争对手之间都有直接的联系，并且能在与不同保险公司的直接接触中，了解多家保险公司的产品状况。因而，潜在或者现有的投保客户 A 群体正是中华财险了解竞争者产品状况（新旧产品）的重要渠道。

这个三元组网络中，流动的信息资源主要包括两类：竞争者信息、客户需求信息。投保客户 A 群体事实上占据了这个三元组结构（结构洞）的中心位置，享有信息优势和控制优势，可以控制着与中华财险以及其他保险公司之间的信息、资源流动，使自身处于更有权力的位置，形成了由投保客户 A 占据中心位置的自益性结构洞。由于中华财险与投保客户的关系处于相对高度权力均衡状态，且投保客户拥有中华财险一定程度的净依赖，这使得中华保险无法利用自身资源（权力）强制投保客户 A 群体为其传递竞争者信息并准确真实反馈自身需求状况。据了解，目前中华财险中，企业财产险续保率在 50% 左右，相比较业内主要竞争对手（尤其人保财险、太保财险、平安财险等）明显偏低，即在这个三元组关系中，中华财险显得略处于劣势。

---

① 保险中介与合作的保险公司之间通常签有保密协议。

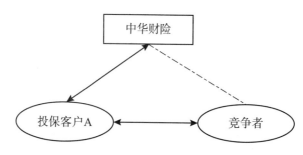

图3.8 中华财险、投保客户A与竞争者之间的三元网络

（2）中华财险与保险经纪公司、投保客户 B 之间的三元网络（见图 3.9）。财产险的投保客户 B 通常由于自身风险管理知识和能力方面的不足，会委托专业化的风险管理顾问——保险经纪公司，为其拟订最佳投保方案，并代为办理投保手续，与保险公司极少有直接接触。就中华财险而言，投保客户 B 通过保险经纪公司与中华财险建立联系之后（确立了财产险的投保关系），中华财险会留有相关的客户信息。但由于一旦投保客户 B 与保险经纪公司建立了关系之后，投保客户 B 就是保险经纪公司的客户资源，除了必要的联系外，中华财险极少与客户建立密切关系。中华财险对于投保客户 B 需求信息的了解，大多通过保险经纪公司才能实现。因而可以认为，通过保险经纪公司购买财产险保险的投保客户 B，其与保险公司之间的关系是接近于断裂的。事实上，中华财险、保险经纪公司与投保客户 B 构成了一个由保险经纪公司占据中心位置的共益性结构洞。调研结果显示，尽管从保险行业状况来看，保险经纪公司拥有大量的客户资源，但是中华财险财产险目前与保险经纪公司的合作极少，直接造成了中华财险较难从保险经纪公司处获取关于客户需求变化趋势以及产品开发建议等重要的信息。在这个三元组网络中，中华财险处于劣势地位。

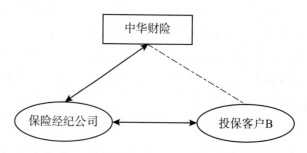

图3.9 中华财险、保险经纪公司与投保客户B之间的三元网络

（3）中华财险与保险经纪公司、竞争者之间的三元网络（见图3.10）。中华财险与其他保险公司之间的直接沟通比较缺乏，可视为中华财险与其竞争者之间的关系是断裂的，而保险经纪公司在财产险业务方面通常与多家保险公司存在合作关系，并具有通畅的询价渠道，成为中华财险与投保客户之间的外部桥梁，也形成中华财险产品与其他保险公司产品公平竞争的平台。保险经纪公司在结构洞中占据了中心位置，控制着与中华财险与竞争者之间的信息流动。由于保险经纪公司与保险公司之间通常具有保密义务，中华财险和竞争对手都无法通过合作的保险经纪公司获得关于对方财产险产品具体设置的信息，如费率、责任范围等，这个由保险经纪公司占据的结构洞可以视为天然的自益性结构洞。保险经纪公司具有较大的信息优势和控制优势，他们可能利用这种优势控制在保险公司之间的信息流动，以获得自身的最大利益。相对而言，中华财险、竞争者、保险经纪公司之间三元组网络中，中华财险处于较不利的地位。

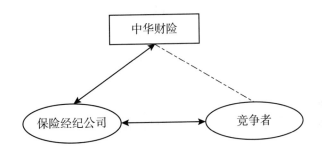

图 3.10 中华财险、保险经纪公司与竞争者之间的三元网络

综上，中华保险与利益相关者之间的三元组网络状态如表3.2所示。

表 3.2　　　　　　中华财险与利益相关者间三元网络状态

三元组对象	网络类型	三元网络权力中心	中华财险与权力中心的权力结构	中华财险与第三方的权力结构
中华财险、投保客户A、竞争者	自益性结构洞	投保客户A	偏向高度权力均衡	高度权力均衡
中华财险、投保客户B、保险经纪	共益性结构洞	保险经纪	低度权力均衡	偏向高度权力均衡
中华财险、保险经纪、竞争者	自益性结构洞	保险经纪	低度权力均衡	高度权力均衡

三、中华寿险新服务开发的利益相关者网络分析

中华寿险是目前在市场上较受欢迎的人身险公司，其意外险产品主要有个人意外险、团体意外险、家庭平安险、旅游意外险、公共交通意外险、建工险、学平险等；短期健康险产品主要有世纪安康高额团体医疗险、世纪安康高额团体医疗补助险、附加意外医疗险、附加住院补贴险、学平险附加意外医疗险、学平险附加住院医疗险等。中华寿险还根据不同的人群、环境、时间以及客户不同的需求，组合部分财产险险种开发了中华系列短人险产品①。

1. 中华寿险 NSD 利益相关者网络的二元关系分析

人身险的投保客户主要是个人、家庭和团体。调研显示，目前中华寿险在人身险业务方面，重点关注人身险的团体险业务，其所接触的人身险投保客户又以企业型客户为主。人身险投保客户是中华寿险 NSD 获取并确认客户需求信息以及进行客户调研时最重要的主体。中华寿险与其投保客户之间存在较强的相互依赖关系，中华寿险与投保客户的关系偏向于高度权力均衡状态，其中投保客户拥有中华寿险一定程度上的净依赖。中华寿险与人身险投保客户之间的关系相对比较稳定，人身险投保客户也较愿意积极配合中华寿险 NSD 活动。

在人身险业务方面，中华寿险与保险中介合作较少，主要合作的保险中介是一些专业的保险代理公司。中华寿险人身险新服务的成功开发，意味着合作保险代理公司拥有了更多的人身险产品来源，其所代理的人身险产品体系进一步完善，将有利于保险代理公司招徕更多的人身险投保客户，从事获得更多的佣金收入。因而，中华寿险的合作保险代理公司对中华寿险具有较高的依赖水平。同样，中华寿险对保险代理公司的依赖性较强。总之，中华寿险与保险代理公司之间存在较强的相互依赖关系，处于高度权力均衡状态。在这种关系状态下，中华寿险与保险代理公司的关系比较稳定，并且保险代理公司也较愿意积极配合中华寿险 NSD 活动（提

---

① 投保客户可以选择个人投保方式也可以选择团体投保方式，可以选择保险期限为一年期的也可以选择几个月甚至几天的。

供重要的客户需求信息以及保险产品开发建议）。

中华寿险的人身险以意外险和短期健康险为主，目前并没有开展人寿保险业务，因而此处中华寿险的竞争对手主要指在意外险和短期健康险方面与中华寿险存在竞争的保险公司，而不包括人寿保险业务的竞争。在人身险 NSD 过程中，同业保险公司之间的模仿和学习通常是相互的。因此，中华寿险与竞争者之间存在较强的相互依赖关系，处于高度权力均衡状态。中华寿险与竞争者之间属于竞争关系，几乎不存在合作开发的情况，需要通过间接渠道了解竞争者的信息。

政府机构对建工意外险给予了较多的关注，主要通过法律法规和政策引导等手段对人身险 NSD 施加影响。中华寿险与政府机构的互赖关系是不对称的，政府机构拥有绝对的权力优势。政府机构处于主导地位，并且政府的主导地位是不可撼动的。要保持与政府机构的稳定友好关系，使得不威胁到中华寿险开发的最终成功，中华寿险必须积极遵从政府机构的政策法规。

中国保监会通常通过出台一些政策对中华寿险开发进行监督和管制。例如 2011 年出台了《人身保险公司保险条款和保险费率管理办法》，对人身保险的分类进行了界定，明确除长期健康险外，健康保险不得包含死亡保险责任，医疗保险和疾病保险不得包含生存给付责任等。中华寿险与中国保监会的互赖关系是不对称的，双方关系中的中国保监会拥有权力优势。为保证开发出的人身险能够获得批准最后推向市场，中华寿险要保持与中国保监会的稳定且友好的关系，必须积极遵从中国保监会的各项监管条例。

综上，中华寿险与外部利益相关者的二元关系状态如表 3.3 所示。

表 3.3　　　　　　　中华寿险与利益相关者的二元关系状态

关系对象	权力结构	中华寿险对利益相关者的依赖性	利益相关者对中华寿险的依赖性	利益相关者的态度
中华寿险与投保客户	偏向高度权力均衡	很强	较强	比较愿意合作
中华寿险与保险中介	高度权力均衡	较强	较强	比较愿意合作

关系对象	权力结构	中华寿险对利益相关者的依赖性	利益相关者对中华寿险的依赖性	利益相关者的态度
中华寿险与竞争者	高度权力均衡	较强	较强	竞争关系、不存在合作
中华寿险与政府机构	政府机构拥有权力优势	很强	较弱	强制要求被遵从
中华寿险与监管部门	中国保监会拥有权力优势	很强	较弱	强制要求被遵从

2. 中华寿险 NSD 利益相关者网络的超二元分析

这里同样将重点集中在中华寿险、投保客户、保险代理公司以及竞争者之间。假定人身险投保客户分为两个主要群体——投保客户 C 群体和投保客户 D 群体，其中，投保客户 C 群体通过中华寿险的业务人员购买人身险产品，投保客户 D 群体则通过与中华寿险委托的保险代理人购买人身险。因此，可以进一步确认为以下三元组网络：①中华寿险与投保客户 C、竞争者之间的三元组网络；②中华寿险与保险代理公司、投保客户 D 之间的三元组网络；③中华寿险与保险代理公司、竞争者之间的三元关系网络。

（1）中华寿险人身险与投保客户 C、竞争者之间的三元网络（见图 3.11）。中华寿险与竞争者之间存在较强的互赖关系，但由于目前保险行业中保险公司都具有强烈的自我保护意识，中华寿险与竞争者之间的链接可视为断裂的，而潜在或者现有的人身险投保客户 C 群体则成为中华寿险了解竞争者（其他保险公司）人身险产品状况（新旧产品）的重要渠道。中华寿险、投保客户 C 群体和竞争者之间实际上构成了一个自益性结构洞，投保客户 C 群体占据了这个三元组结构（结构洞）的中心位置，享有信息优势和控制优势，可以控制着与中华寿险以及其他保险公司之间的信息、资源流动，使自身处于更有权力的位置。由于中华寿险与人身险投保客户的关系处于相对高度权力均衡状态，且投保客户拥有中华寿险的净依赖，中华寿险无法通过强制手段使投保客户 C 群体为其传递竞争者信息并准确真实反馈自身需求状况。

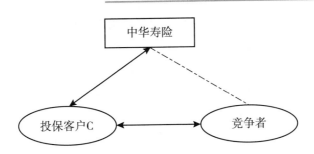

图 3.11 中华寿险、投保客户 C 与竞争者之间的三元网络

（2）中华寿险与保险代理公司、投保客户 D 之间的三元网络（见图 3.12）。在人身险业务推广中，由于人力和物理资源的有限①，中华寿险公司内部业务人员所能直接接触的人身险投保客户有限，因而，中华寿险委托保险代理公司为其代理人身险业务负责代理推销人身险保险产品。在这个三元组中，投保客户 D 是中华寿险无法直接触及的人身险投保客户群体（即中华寿险与投保客户 D 之间的连接是断裂的）。在这个三元组关系中，保险代理公司是建立中华寿险与投保客户 D 之间联系的桥梁，发挥了促进信息交流的作用，因而，中华寿险、投保客户 D 与保险代理公司构成的三元网络，是一个由保险代理公司占据中心位置的共益性结构洞。由于中华寿险与保险代理公司之间具有较强的相互依赖性，双方处于高度权力均衡的状态，合作关系比较稳定，中华寿险较容易从合作的保险代理公司获取客户需求信息以及关于产品开发的建议。但目前中华寿险在人身险业务方面与保险代理公司合作较少（合作的保险代理公司不多，

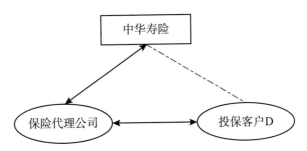

图 3.12 中华寿险、保险代理公司与投保客户 D 之间的三元网络

① 作为保险公司，中华保险业务是以财产险为主，意外险和短期健康险等人身险业务相对较少，因而在人力和物理资源的投入上相对有限。

业务方面也不够广泛），这使得中华寿险能够获取的有效客户需求信息和产品开发建议数量非常有限。

（3）中华寿险与保险代理公司、竞争者之间的三元网络（见图3.13）。中华寿险与其他保险公司之间的直接沟通比较缺乏，可视为中华寿险与其竞争者之间的关系是断裂的。在这个三元组关系中，保险代理公司成为了中华寿险产品与其他保险公司人身险产品共同竞争的一个平台。因而在中华寿险、保险代理公司和竞争者之间，同样形成了一个结构洞，保险代理公司在这个结构洞中占据了中心位置，控制着与中华寿险及其竞争者之间的信息流动。由于保险代理公司与合作保险公司之间通常签订有保密协议，中华寿险和竞争对手都无法通过保险代理公司获得关于对方人身险产品具体信息，这个由保险代理公司占据的结构洞同样可以视为天然的自益性结构洞。在这个结构洞中流动的重要资源主要是关于人身险的客户需求信息以及产品开发建议。

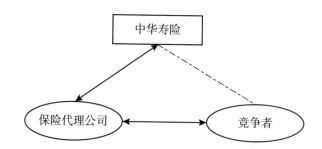

图3.13 中华寿险、保险代理公司与竞争者之间的三元网络

综上，中华寿险与外部利益相关者之间的三元组网络状态如表3.4所示。

表3.4　　　　中华寿险与利益相关者间三元网络状态

三元组对象	网络类型	三元网络权力中心	中华寿险与权力中心的权力结构	中华寿险与第三方的权力结构
中华寿险、投保客户C、竞争者	自益性结构洞	投保客户C	偏向高度权力均衡	高度权力均衡
中华寿险、投保客户D、保险代理公司	共益性结构洞	保险代理	高度权力均衡	偏向高度权力均衡
中华寿险、保险代理公司、竞争者	自益性结构洞	保险代理	高度权力均衡	高度权力均衡

根据对中华保险 NSD 利益相关者网络的二元关系和三元组网络结构分析的结果，中华保险 NSD 利益相关者网络可显示为如图 3.14 所示。

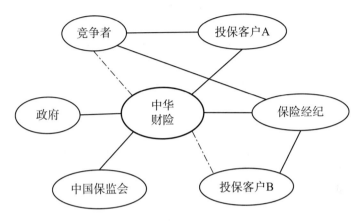

图 3.14　中华保险 NSD 的利益相关者网络

注：①虚线连接表示企业与利益相关者之间存在相互关系，但并不是直接联系。
②本图是针对财产险构建的，基于人身险构建网络图只需将中华财险投保客户A、投保客户 B 和保险经纪分别改为中华寿险、保险客户 C、保险客户 D 和保险代理即可。

第五节　管理启示

一、基于二元关系分析的管理策略

根据二元关系分析，可将中华保险的利益相关者权力分为两类，一类是政治权力；另一类是经济权力①。依据政治权力对 NSD 具有较大影响的利益相关者包括政府机构、中国保监会等，他们要求中华保险 NSD 必须遵从相关法律法规、政策引导、行业规则等。这类拥有较强政治权力优势的利益相关者，一般情况下会公平、公正地对待市场中的保险企业，中华

①　弗里曼在对利益相关者权力划分中提出政治权力和经济权力。其中经济权力可以用研发投资、把资金转向另一家公司、提高价格或拒绝供应来衡量。而政治权力的形式，如政府的政治权力指通过法律法规、制定新规章或向法院提起诉讼。

保险较难通过增加资源投入改变两者之间的依赖关系和权力结构。一般需要积极地满足他们的要求，即采取顺从策略。只有在顺从策略下，中华保险的利益才不会因为"不合规"而受到损害。此外，在其他 NSD 活动中（如政策性保险开发），政府机构除了政治权力，还具有经济权力（如给予适当的经济补贴等）。因此，中华保险应采用顺从策略，维持良好关系，可能获得额外的利益。

因为经济权力而对中华保险 NSD 活动产生影响的利益相关者包括投保客户、保险经纪公司、竞争者等。这类利益相关者与中华保险 NSD 活动的关系更加直接和密切，他们对中华保险 NSD 活动的态度也比较多样，中华保险可以通过适当的管理策略改变与这些利益相关者的关系，从而提升他们对 NSD 的配合与支持，或降低他们对 NSD 的阻碍和威胁。

二、基于超二元分析的管理策略

表 3.5 对 NSD 利益相关者网络中的每个三元组结构中流动的主要资源和资源流动方向、中华保险与三元组中权力中心的关系现状，以及中华保险通过三元组网络获取关键资源的能力等，进行提炼汇总。

表 3.5　　　　　中华保险与利益相关者间三元网络的特征

三元网络组成 1	中华保险、投保客户 A（C）、竞争者
关键流动资源	客户需求信息；竞争者信息
资源流动方式	竞争者信息从中华保险及其竞争对手流向投保客户 A（C），投保客户 A（C）可以控制竞争者信息向双方流动；客户需求信息由投保客户 A（C）产生并拥有，投保客户 A（C）可以根据自身意愿控制需求信息向不同保险公司流动。
中华保险与权力中心的关系现状	中华保险财产险的客户群体绝大部分属于投保客户 A 群体。以企财险为例，客户群体中续保率约 50%，与老客户有相对良好的关系，但与主要竞争者相比续保率明显偏低。中华保险人身险的客户群体绝大部分属于投保客户 C 群体。人身险 NSD 对投保客户 C 依赖性很强。
从三元网络获取关键资源能力	相对较弱，需要进一步提升
三元网络组成 2	中华保险、保险经纪公司（保险代理公司）、投保客户 B（D）

关键流动资源	客户需求信息；产品开发建议
资源流动方式	客户需求信息由投保客户B（D）流向保险经纪公司，或由保险经纪公司（保险代理公司）与客户接触中分析获取，保险经纪公司（保险代理公司）可以控制客户需求信息和自身分析得来的产品开发建议流向中华保险。
中华保险与权力中心的关系现状	中华保险与保险经纪公司（保险代理公司）很少合作，难以从保险经纪公司（保险代理公司）获取客户需求信息和产品开发建议。
从三元网络获取关键资源能力	很弱（较弱）
三元网络组成3	中华保险、保险经纪公司（保险代理公司）、竞争者
关键流动资源	客户需求信息；产品开发建议
资源流动方式	保险经纪公司掌握了投保客户B（D）的需求信息，形成自身对产品概念形成的独特见解，保险经纪公司（保险代理公司）可以控制需求信息和产品开发建议向中华保险或其竞争对手流动。
中华保险与权力中心的关系现状	由于中华保险与保险中介之间很少合作，相对其竞争对手而言，较难从保险经纪公司（保险代理公司）获得关于投保客户需求趋势和产品开发建议的重要信息。
中华保险从三元网络获取关键资源能力	很弱（较弱）

注：本表是针对财产险构建的，表中的圆括号则针对人身险。

根据汇总结果及案例分析，在与投保客户A（C）、投保客户B（D）、保险经纪公司（保险代理公司）和竞争对手的多个三元组结构中，中华保险获取NSD所需关键信息资源的能力都相对较弱。在上述由利益相关者占据了中心位置的结构洞中，要改变中华保险在NSD中获取信息资源的劣势，根据三元组结构特点，可以通过改善中华保险与权力中心的关系或者必要时候建立与三元结构中第三方的直接联系来实现。表3.6对中华保险改善或提升在三元组中获取信息能力的方式及可行性进行了汇总。

表 3.6 　　　　　提升从三元网络获取资源能力的方式及可行性

三元组对象	改善与权力中心关系的重要性及可行性	与第三方建立联系的重要性及建立直接联系的可行性
中华保险、投保客户A（C）、竞争者	（1）非常重要（重要） （2）比较可行	（1）比较重要 （2）不太可行
中华保险、保险经纪公司（保险代理公司）、投保客户B（D）	（1）比较重要（重要） （2）非常可行（可行）	（1）非常重要（重要） （2）对财产险有一定可行性，但要付出较大代价，并且结果未必理想；因人力物力所限，对人身险不太可行
中华保险、保险经纪公司（保险代理公司）、竞争者	（1）比较重要（重要） （2）非常可行（可行）	（1）不必要 （2）不可行

注：本表是针对财产险构建的，表中的圆括号则针对人身险。

要改善企业利益相关者网络，促使企业利益相关者对 NSD 活动的配合和支持，管理重点应当是建立并加强与中华保险与投保客户 A（C）群体的关系以及中华保险与保险经纪公司（保险代理公司）之间的关系。

根据对三元组网络分析的结果，中华保险与投保客户 A（C）、投保客户 B（D）、竞争者以及保险经纪公司（保险代理公司）之间的三元组结构，均为利益相关者占据中心位置的结构洞；并且在三个结构洞中，中华保险获取 NSD 重要资源的能力都相对较弱。根据提升从三元网络获取资源能力的方式及可行性的分析可以发现，要改善中华保险在三元组网络中获取资源的劣势，促使企业利益相关者对 NSD 活动的配合和支持，应该重点对中华保险与投保客户 A（C）群体的关系以及中华保险与保险经纪公司（保险代理公司）之间的关系加强管理。在这两组关系中，中华保险应该采取合作策略，加大向该关系的资源投入，建立并加强与利益相关者的合作关系。对待相对不重要或者难以管理的关系，如中华保险与竞争者的关系以及中华保险与投保客户 B（D）的关系，需要投入大量的资源才能微弱地改善关系，可以采用独立策略，保持现有的关系状态，并不投入过多资源维护。投保客户 B（D）对中华保险非常重要，除了通过保险经纪公司（保险代理公司）这一渠道了解投保客户 B（D）的需求之外，若自身能力允许中华保险也可以选择采用合作策略，但这将会耗费大量的资源，很可能得不偿失。中华保险 NSD 利益相关者管理策略的选择汇总如表3.7所示。

表3.7　　　　　　　NSD 的利益相关者管理策略选择

关系	权力结构	利益相关者权力类型	二元关系的管理策略	是否为三元网络管理重点	利益相关者管理策略
中华保险与投保客户 A	偏向高度权力均衡	经济权力	—	是	积极的合作策略
中华保险与投保客户 B	偏向高度权力均衡	经济权力	—	否	合作策略/独立策略
中华保险与保险经纪公司	高度权力均衡	经济权力	—	是	积极的合作策略
中华保险与竞争者	（一定程度上）高度权力均衡	经济权力	—	否	合作和（或）独立策略
中华保险与政府机构	政府机构拥有权力优势	政治权力	顺从策略	—	顺从策略
中华保险与监管部门	中国保监会拥有权力优势	政治权力	顺从策略	—	顺从策略

三、管理启示

本章试图从超二元视角为 NSD 的利益相关者管理问题提供理论上的指导，并通过案例研究为利益相关者管理超二元视角方法的应用提供了形象而具体的展示，对企业 NSD 利益相关者管理问题可以提出以下管理启示。

第一，要正确认识 NSD 利益相关者的重要性。在企业 NSD 过程中，首先必须认识到从发现需求到最终决定开发的重要性，并认识到在企业 NSD 中利益相关者的重要性，准确地把握 NSD 的利益相关者环境，并有效地管理利益相关者。

第二，管理者在分析外部利益相关者环境时应该具备网络观念和视野。本章强调了企业—利益相关者网络才是企业 NSD 利益相关者环境的现实形态。尽管利益相关者个体视角或者关系视角也提供了关于利益相关者如何影响组织的许多见解，并且是解释利益相关者的组织功能所必需的，但用这两种视角不足以预测利益相关者对企业的影响以及企业应当对利益相关者做出的反应。企业要想提高利益相关者管理的绩效，则必须具备一定的网络观念和视野。

第三，管理者可以有意识地构建有利的利益相关者关系网络。企业管理者可通过更加积极、主动的管理策略来构建和塑造更为有利的利益相关者关系网络。具备网络观念和视野的企业管理者会预先对利益相关者网络进行分析，判断出有利于企业的利益相关者网络环境状态，并采取积极、主动的管理策略构建与利益相关者（如保险中介）的关系网络，从而为企业获取竞争优势。

第四，基于超二元视角分析结果，制定利益相关者关系管理策略。提炼并汇总二元关系层面分析以及三元组网络层面分析的结果，基于两个维度的分析结果确定利益相关者关系管理的重点，并制定对每类利益相关者关系的管理策略①。大致步骤是：第一步，基于企业与利益相关者相互依赖性以及权力结构状态的分析结果，判断利益相关者的权力类型。第二步，基于超二元网络的类型及权力中心、流动的主要资源及资源流动方向、企业与超二元权力中心的关系现状及企业从网络获取关键资源的能力、企业从网络获取资源能力的方式及可行性等分析结果，判断出超二元网络利益相关者的管理重点。第三步，基于上述分析，提出企业与利益相关者关系的管理策略（顺从策略、合作策略、支配策略或是独立策略），着重关注对需要重点管理的企业－利益相关者关系的资源投入（必要时增加额外的资源投入）。而对于非重点管理的利益相关者关系，通常选择维持关系现状的策略（不增加额外的资源投入）。

---

① 本章前面已粗略地将利益相关者管理策略主要分为四类：顺从策略、合作策略、支配策略、独立策略。

第四章 移动通信公司创新的大规模 定制管理（案例3）[*]

* 本章主要依据以下图书的部分章节改写扩充和数据更新得到：李靖华等．大规模定制化服务创新［M］．科学出版社，2009.

第一节 引言

服务业的发展水平已经成为衡量现代社会经济发达程度的重要标志。我国服务业的发展较西方发达国家落后许多，甚至也比某些发展中国家落后。目前我国已加入世界贸易组织，面临着更加激烈的国际竞争和挑战，服务业也面临着生存和发展的迫切问题，因此，必须采取有效和切实的措施提升我国服务业的发展水平和服务企业的竞争力，不断进行服务创新。但与对制造部门创新行为的深入研究相比，由于服务所具有的无形性、生产与消费的同时性、易逝性以及不可存储性等特征，理论界对服务创新研究的时间并不长。

近年来，服务业和制造业的边界逐渐模糊，人们注意到产品与服务、制造业与服务业的双向融合趋势，这表现在：第一，制造业正在逐渐增加"非实体"的服务成分，不同形式的服务要素构成制造产品的主要部分。第二，服务业本身也融入了更多的制造业要素，大规模的运作，标准化的生产，以及通过增加物质部件提升了服务产品的实体化程度等。第三，制造业创新活动表现出较高程度的顾客化和市场导向、较少的标准化和更加灵活的生产组织以及渐进创新为主等特点；服务创新在某些方面已经或正在向制造业系统的方向发展，如标准化，模块化的创新方式，更多的技术成分，以及

R&D 的推动等。事实上，这种融合的趋势长期存在且近年来呈明显加速趋势。

理论上，大规模定制化服务创新获得了同样的关注，因为上述融合趋势在理论上的突出表现就是 20 世纪 90 年代大规模定制思想的提出。大规模定制指既具有大批量生产下的高效率、低成本，又能够像单件生产那样满足单个顾客个性化需求的生产方式，它是在实现规模效益和满足顾客个性化这两种要求上寻求平衡点。虽然大规模定制首先是基于制造业生产系统提出的，是制造业对服务业的学习，但随着对制造业大规模定制研究和运用的深入，目前也已经进入服务领域。在服务产品创新的过程中，通过实现服务产品要素的标准化，以及服务提供现场顾客或服务商对服务产品的组合生成，最大限度地提升顾客价值、降低内部成本，增强服务企业竞争优势。即大规模定制化服务创新结合了服务业顾客化服务的本质特点和制造业大规模提供的效率优势。

事实上，服务业内部又存在很强的异质性：一方面服务业就其本质而言，具有天然的顾客主导性；另一方面在信息技术的支持下，很多服务产业又呈现出明显的"过度制造业化"倾向，如银行服务业。从提升服务业生产率和竞争力的角度看，两种极端的情形在很多情况下是非优化的。第一，如何在批量化和个性化之间寻找适度的平衡显得尤为迫切；第二，什么情况下能够进行服务的大规模定制，如何进行大规模定制；第三，大规模定制化服务创新所带来的社会经济影响，等等，都是重要的研究议题。

因此，面对我国服务业的发展现状，面对服务业与制造业的融合趋势及服务业内部异质性特点，本章将围绕上面第二个议题，以浙江移动通信资费套餐的大规模定制为例，剖析移动通信资费套餐的形成、发展历程以及资费套餐的设计机理和定制组合战略，为企业提供服务大规模定制的适用条件和战略支持，深入研究如何在服务产品创新中吸收大规模定制的思想，不断提升服务企业竞争力。

第二节　理论基础

一、服务创新

学术界对服务的定义很多，经济合作与发展组织将服务定义为不直接与货物制造、采掘和农业直接相关的一组多样的经济活动。徐晓飞等（2007）认为，"服务是一个包括服务的目标、服务的主体（服务提供者）、服务的客体（服务接受者）、服务的具体内容、服务消耗的资源、服务应该达到的标准、服务的具体行为，以及服务发生的场景的交互过程"。

大量文献共同强调了服务的无形性及生产和消费同时进行的特点。一般认为，与有形产品相比服务产品具有以下四个明显特征。一是无形性。它是服务最为显著的一个特征。具体来说，构成服务的要素在很多情况下都是无形的和抽象的、难以描述。此外，消费服务所获得的利益也很难在短期内被察觉。二是不可分离性。服务的生产过程和消费过程同时进行，消费者必须与生产者直接发生联系。服务的生产和消费是高接触的、在时间上不可分离的。三是质量差异性。服务的构成要素及其质量水平经常变化，难以统一认定。服务的质量差异性是由服务提供者、服务消费者及两者之间的服务接触共同决定的，根本上也是无形性决定的。四是不可储存性。服务既不能在时间上储存备用，也不能在空间上转移安放。如果不能及时消费，就会造成服务的损失。不可储存性是服务无形性和不可分离性决定的。

服务创新具有不同于技术创新的独特性质，形成了不同的创新内涵。服务创新的内涵包括以下几方面关键内容（蔺雷、吴贵生，2003）：①创新不表现为有形"产品"，而是一种概念性、过程性的创新活动，具有明显的无形性。②新颖度范围广，是可复制创新和解决特定顾客问题的不可复制变化的混合体。③服务创新的形式具有多样性，并包含了几种特有的创新形式，技术只是服务创新的一个维度。④创新的"顾客导向"非常明显，顾客作为"合作生产者"积极参与整个创新过程，创新更多是一种需求推动现象。⑤创新更多针对企业层次。在上述五个要素中，"无形性"是核心要素，其他四个要素都是以它为基础的某种程度的衍生。此外，不同要素间还存在相互关联和相互作用，由此可以得到服务创新概念的要素示意图（见图4.1）。

蔺雷、吴贵生（2003）还认为，服务创新的一般特性包括：服务创新的内涵较制造业创新丰富得多，从形式到内容都与制造业创新有较大差异；服务创新过程是一个较技术创新更为复杂的过程，包含了相当丰富的内部和外部交互作用；在服务业中区分产品创新和过程创新要比在制造业中困难得多；服务创新以渐进性创新为主，根本性创新较少；服务创新遵循的轨道形式多种多样；"信任"是服务创新中的一个重要维度；服务创新的生产方式具有多样性；服务创新开发周期短，没有专门的R&D部门。

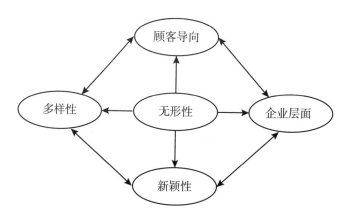

图 4.1 服务创新概念要素

资料来源：蔺雷，吴贵生. 服务创新［M］. 清华大学出版社，2003.

表 4.1 则给出更为详尽的服务业典型的或主要的特征，并同时给出这些特征对创新的挑战和机遇。

表 4.1　　　　　　　　　　服务业特征及其创新战略

方面	子方面	主要特征	创新战略
服务的生产	技术和设施	资本设备要求较低；大量投资于建筑	通过远程服务、免费电话等降低建筑成本
	劳动力	某些行业高度专业化（尤其需要人际能力）；其他行业技术要求较低，有临时工和钟点工；专业知识非常重要，但很少需要技术技能	利用专家系统和创新，降低对高价的稀缺技能的依赖性；将关键操作移至人工成本较低的地区（通过电信维持合作）
	工作组织	经常从事手工生产，较少对工作的管理和控制	利用信息技术监控劳动力，扁平组织结构，数据采集、管理和分析
	生产特征	非连续的、规模有限的经济	标准化生产，采用标准部件的装配线和劳动力的高度分工
	产业组织	国营公共服务部门；小规模、家庭企业和自我雇佣人员居多	公共部门的私有化和外部化；利用网络技术进行小企业的联合；基于信息技术的服务管理系统

方面	子方面	主要特征	创新战略
服务产品	产品性质	非物质，信息密集；难以存储和运输；难以区分工艺和产品	增加物质部件；利用远程技术进行订货、预定甚至发货；"用户界面"的维护
	产品特点	常针对消费者需要进行顾客化设计	利用电子数据交换，远程输入客户数据；利用软件，记录并根据顾客需要进行生产
服务的消费	发货	生产和消费在时间和空间上相连；客户或供应商必须接触另一方	远程计量；自动出纳机和其他信息服务
	消费者作用	"消费者密集型"服务，要求消费者介入设计/生产过程	消费者利用标准化"菜单"，新的发货形式
	消费组织	难以区分生产和消费；自我服务在各种经济形式中日趋普遍	自我服务增加，利用已有技术（电话、个人计算机）和用户友善软件界面
服务市场	市场组织	通过公共部门的官僚机构提供某些服务；某些成本打入商品（如零售业）	新的收费模式，新的预定系统，EPOS等系统更灵活的定价方式
	规制	在某些服务行业中普遍存在规制	管理部门和供应商利用数据库分析性能指标并进行诊断
	营销	难以预先演示产品	保证；演示（如，软件演示版，共享软件，软件测试期）

资料来源：Miles I. 服务业的创新，见 Dodgson M.，Rothwell R. 创新聚集——产业创新手册，陈劲译. 北京：清华大学出版社，2000.

二、大规模定制

大规模定制（Mass Customization，MC）首先是由斯坦·戴维斯（Stany Davis，1989）在《完美的未来》（*Future Perfect*）一书提出来的。他预言性地指出，公司可以结合自己的竞争实力，尽可能地以大规模的方式提供定制化的产品/服务，以满足顾客个性化需求，并且不牺牲企业效率，同时还指出规模化的程度越大越能给公司带来竞争优势。这一预见性的观点得到了大多数学者的支持。韦斯特伍德和威廉姆森（Westbrook & Williamson，1993）认为大规模定制能够真正整合定制化、多样性和标准化流程。大规模定制意味着公司既能够像大规模生产那样面对大批量顾客，而且还能像定制化市场那样满足每位顾客的个性化需求（Parker，1996）。哈特（Hart，1996）给大规模定制下了一个可操作性的定义：大规模定制是利用灵活设计的流程和组织结构，以大规模生产的标准化产品的价格提供多样化、通常是定制化的产品/服务。派恩（Pine，1993）详细阐述了大规模定制的系统原理，并认为大规模定制是可以取代大规模生产战略的一个新的竞争战略。凯（Kay，1993）和焦等（Jiao et al.，1998）则把大规模定制看成是一个系统化的概念，它涉及生产规模、产品传递、从顾客概念到完整的产品交付等整个价值链过程。

关于大规模定制的研究大多集中在模块化和顾客介入价值链的程度或种类两个方面。而且，大多数研究者都是基于顾客介入价值链的程度来建立大规模定制的框架模型的。极端纯粹论者认为只有实现每个顾客的所有需求才真正实现了大规模定制，而实用主义者则认为大规模定制就是以顾客期望的方式传递产品/服务，而不需要考虑具体的实现方式。后一观点的代表人物哈特（1995）认为大规模定制就是明确可以提供定制的产品/服务的范围，以及顾客在这些可交换部件的范围内如何进行选择。一般地，大规模定制可以发生在价值链的任何一个环节，从单纯地交付到完全定制化包括设计、组装和传递等一系列过程。

1. 大规模定制的分类

对制造业大规模定制的研究表明，顾客需求的个性化体现在顾客向生产者表达个性化需求的意愿，并参与产品设计、加工、装配、销售的程度。根据蓝贝尔和明兹伯格（Lampel & Minzberg，1996）的研究，个性化需求发生在设计、制造、装配和销售的不同环节，在标准化和定制化之间形成一个战略的连续集，并提出五种分类：完全标准化，也就是大规模的标准产品；细分标准化，这时顾客的定制需求发生在销售阶段；定制标准化，它是从大规模生产的标准部件中定制产品，这时定制发生在装配和销售环节；剪裁定制化，企业提供一种产品原型给潜在的购买者，顾客可以自己适应或剪裁它，这时定制工作发生在加工、装配和销售阶段；完全定制化，这时顾客的需求深深地渗透进产品的设计当中，产品是完全按顾客的需要定制的。

类似地，吉尔摩和派恩（Gilmore & Pine，1997）根据顾客需求的差异，提出了大规模定制的四种方法：合作定制，通过与顾客对话，帮助他们分析需求，适合于顾客不能清楚表达自身需求的情况；适应定制，提供标准可顾客化的产品，以便顾客可以根据不同需要和应用场合自己改变产品；外观定制，通过向顾客提供外观不同的标准产品实现定制；透明定制，给顾客提供独一无二的产品和服务。其中透明定制和合作定制是适合于服务业的。

基于实证研究，派恩（1993）根据大规模定制发生在价值链的不同点上提出了五种大规模定制类型：围绕标准化产品和服务来定制产品和服务（销售和交付可以改变产品，增加其特征，与其他产品组合在一起，并提供大量的服务，每个客户都可以得到他所希望得到的个别关注）；创建可定制的产品和服务（开发出基本上是大规模生产的产品和服务，就生产和交付过程而言没有差别，但却是针对每个顾客并且是由顾客定制的）；提供交货点定制（标准部分集中生产、定制部分在交货点生产）；提供整个价值链的快速响应（开发、生产、销售和交付的每个过程都是大规模定制的）；构件模块化以定制最终的产品和服务（规模经济通过构件获得，范围经济则是通过不同产品中反复使用同一种模块化构件获得，定制化则是通过能够被配置多种产品实现）。斯皮拉（Spira，1996）建立了类似的大规模定制的四种类型：定制化产品包、定制化服务、附加定制化和模块构件定制化。

2. 大规模定制的实现策略

为了实现大规模定制和界定大规模定制的概念边界，杜瑞和密里根（Duray & Milligan，1999）定义了大规模定制的两个关键维度：定制化的基础、能够以大规模生产的成本实现定制化的方法。

第一个维度关注的是顾客参与的过程（设计、生产、组装、传递、使用等）以及由此决定的定制化程度。顾客参与是定制的基本属性，决定了定制程度的高低。顾客参与定制过程的程度不同，导致客户订单分离点（Customer Order Discoupling Point）的不同（它是指企业生产过程中由基于预测的库存生产，转向响应客户需求的定制生产的转换点），由此出现了按订单销售（Sale to Order）、按订单装配（Assemble to Order）、按订单制造（Make to Order）、按订单设计（Engineer to Order）（Rudberg & Wikner，2004；但斌等，2004）四种大规模定制方式。实施大规模定制化的另一个关键是确定"顾客感知点"或"定制点"。所谓"定制点"，是指顾客可以明显感觉到针对自己的个性化服务的开始点，即服务由标准化服务向定制化服务的转折点。位于定制点之前的流程可以采用标准化生产，位于定制点之后的流程才采用定制化生产。而且，在不影响产品或服务质量的前提下，应尽可能将定制点后移，以提高标准化生产的比重，从而降低企业的运作成本。与"定制点"概念相对应的是"隐性定制点"，它强调的是企业主动考虑顾客的个性化需求，而顾客并没有真正参与和感受到定制化产品或服务。在服务产品的开发、生产、销售、支付的过程，有以下五种定制策略：围绕标准化的产品和服务来定制服务，创建可定制的产品和服务，提供交货点定制，提供整个价值链的快速响应，构件模块化以定制最终产品和服务（李靖华，2005）。

很多学者把大规模定制系统的实现基础归纳为以下三个条件（Duray，Milligan，1999；Pine et al.，1995）。首先，新的敏捷制造系统和IT系统使低成本生产高度多样化需求的产品成为可能。其次，对产品多样化和一对一定制需求的不断增加。最后，产品生命周期的不断缩短以及国内工业竞争的加剧，使原来大规模生产的战略不断受挫，从而使定制化战略需求增加。顾客参与是定制的基本属性，决定了定制程度的高低。

第二个维度与模块化有关，因为模块化方法可以减少构件的多样性却能够增加最终产品系列的种类——允许产品的部分构件是标准化的，通过模块化构建的不同组合实现产品个性化。因此，模块化是以大规模生产的成本和效率实现定制的有效途径，通过模块成分的组合、分割、归并等让顾客获得一定范围内的定制，使生产同时具备规模经济和范围经济。模块设计的演进是价值寻求的过程（Baldwin & Clark，2006），即通过组合和搭配寻求价值最大化。模块化更偏重于实际操作、生产技术层面。

西尔维拉（Silveira et al.，2001）在上述研究的基础上，总结了大规模定制的六个关键成功因素：顾客需求多样化和定制化的存在、市场条件的成熟、适合大规模定制的价值链已经得以再造、相关技术的可获得性、企业产品的可定制性（产品必须是模块化的、多样化的和不断更新的）

和价值链各环节的知识可以共享。前两个因素是市场条件因素，即大规模定制是否已经具备成熟的市场条件；后四个是企业的大规模定制准备，即企业为实施大规模定制所需要的敏捷制造系统和IT系统、价值链再造以及灵活的组织结构是否已经建立。由于大规模定制的实现需要上述条件的成熟，所以大规模定制化战略并不能作为一种通用的范式被各种企业所采用。

大规模定制的核心是利用产品的结构化知识进行模块化的生产。在构件模块化中，规模经济通过构件获得，范围经济通过在不同产品中反复使用构件获得，定制化通过能够被配置的众多产品获得。有六种方法可以实现构件模块化定制（Ulrich & Turg，1991）：①共享构件模块化。在这种方法中，同一构件被用于多个产品，在增加多样性和个性化的同时实现了范围经济。②互换构件模块化。这种方法是共享构件模块化的补充，用不同构件与基本构件组合，形成与互换构件相同数量的最终产品。③量体裁衣式模块化。这种方法与前两种方法相似，只不过其中一个或多个构件在具体使用中会有所变化。④混合模块化。这种方法可以使用上述任何一种模块化类型，它与其他模块化的主要区别在于构件混合在一起后形成了完全不同的产品。⑤总线模块化。这种方法采用可以附加大量不同构件的标准结构。它与其他模块化最大区别在于其标准化结构允许在插入其上的模块的数量、类型和位置等方面有所变化。⑥可组合模块化。这种方法提供最大限度的多样化和定制化，允许任何数量的不同构件按任何需要的方式组合，只要每一构件与另一构件以标准接口连接。

涉及制造企业大规模定制的技术主要是指生产组织与管理技术、先进设计与制造技术。前者主要指敏捷制造、供应链管理、精益生产等；后者主要指先进制造技术（AMT）、面向大规模定制的产品开发设计技术（DFMC）、面向大规模定制的管理技术、客户需求分析技术（如QFD）、可重组的制造系统（RMS）和面向大规模定制的成本控制技术等（周晓东等，2003）。

面向大规模定制的产品开发设计与制造是成功实施大规模定制的最关键技术。邵晓峰等（2001）指出模块化设计有效地结合了产品的多变性与零部件的标准化，可充分发挥规模经济和范围经济的效应。他还分析了两大策略，即设计阶段的模块化设计策略和制造阶段的延迟制造策略。模块化策略在面向大规模定制的设计中有较多论述，而延迟制造则可以降低库存与物流成本，缩短交货提前期，减少企业风险等。周晓东等（2003）认为，最可行的是产品模块化策略。因为这种策略最切合实际，也最容易成功，且实现成本较低。与此类似，陈栋等（2004）认为，大规模定制生产的策略在于：一方面，在产品设计中融入模块化设计思想，采用标准化的模块、零部件，减少定制模块和定制零部件的数量；另一方面，在制造过程中，充分挖掘产品的共性成分，尽量采用标准的生产环节，减少定制环节。

三、大规模定制化服务创新

1. 服务创新中类似大规模定制思想的提出

与制造业相比，传统意义上的服务业都是顾客化的。这是由于服务的生产与消费是同时的，顾客在场导致顾客满意对服务质量起决定性作用，进而表现为个别化的服务本质（Sundbo，1998）。但近年来，服务业呈现出较强的工业化趋势，其基本的动因涉及高度的劳动分工、规模经济、服务的标准化等（Miles，1994）。服务创新中类似大规模定制的思想主要表现在服务的标准化、顾客化及其折中——模块化。

首先，服务创新的标准化是指创新过程被正式地加以组织，创新的服务生产和产品是统一的，同时服务企业运用正式的工具保护它们的创新不被竞争者模仿（蔺雷、吴贵生，2003）。服务创新的标准化旨在获得标准化的服务生产所带来的规模经济与成本降低益处（Tether et al.，2001）。相关的标准化还包括服务管理的方方面面，诺曼（Normann，1991）称其为"再服务公式"（reproduction formula）；并在服务创新的组织创新中表现为"多单元组织"（multi-unit organization）（van der Aa & Elfring，2002）。作为服务功能的"有序化"或"规程化"，形式化创新（formalization innovation）大致与标准化策略对应（Gallouj & Weinstein，1997）。

其次，服务创新的顾客化是指创新只是为了满足单个顾客的需要，创新的结果和创新的过程在步骤和内容等方面不具有标准化的性质（蔺雷、吴贵生，2003）。服务创新的顾客化旨在获得顾客化服务生产所带来的服务质量与顾客满意度（Tether et al.，2001）。作为针对特定顾客问题提供创新解决方法的专门化创新（*ad hoc* innovation）大致与顾客化策略相对应（Gallouj，1997）。

最后，标准化与顾客化之间是一个连续谱。西尔维斯托（Silvestrou et al.，1992）指出大规模服务组织与标准化相对应，专业化服务组织与顾客化相对应。德容（de Jong，1994）进一步将这一连续谱划分为基础性服务（基于固定网络提供标准化产品）、价值追加服务（适用于多种服务的专业化服务）、预定制服务（使用标准化的程序或方法）和专门化服务（用于解决专门的"一对一"的问题）。桑德博（1994）最终明确提出了服务"模块化"这一类似大规模定制的思想。

2. 基于大规模定制的服务产品创新研究

作为标准化与顾客化的折中，基于大规模定制思想的服务创新的模块化策略日益受到重视。西尔维拉等（2001）在大规模定制的综述中明确指出，由于一般性服务业所具有的劳动密集、高顾客参与度、高质量敏感度、由传递时间所触发、难以库存调节、高信息可信度依赖等特点，现有大规模定制研究需要进行针对服务业的再研究，相关的理论和实证研究亟待加强。现有的主要研究成果就是桑德博（1994）的模块化概念和彼得斯和桑丁（Peters & Saidin，2000）的服务产品构件研究。

首先，最早在服务业及服务创新研究中引入模块化概念的是桑德博（1994）。基于对丹麦服务企业的两项多案例研究，桑德博对服务企业模块化行为及相应生产组织进行了初步的总结和理论分析，并建立了一个基本的模型。在模块化服务生产方式中，企业拥有标准模块（标准产品要素）和标准的（后台）服务传递程序，并依据顾客需要将标准产品要素进行组合以提供"特制"服务，传递系统也更加针对顾客需求而提供创新性的解决方案。对应地，在服务创新的类型研究中，方德阿和埃尔夫林（van der Aa & Elfring，2002）提出现有服务的新组合也是一种服务创新，诺曼（1991）提出服务集束（bundling），盖洛和温斯坦（1997）也提出重组创新（recombinative innovation）的概念。

其次，正式从大规模定制概念展开的服务业研究是彼得斯和桑丁（2000）。他们依据IBM马来西亚服务部门的实践分析了服务模块化的构件层次：原子、单元和模块（atoms，elements，molecules）。单项的服务提供（模块）可以分解为一些逻辑上的子群（单元），单元本身也可以是单独向顾客提供的服务，单元进一步可以分为更小的工作任务群（原子）。这样服务任务就可以在不同的层次上实现组合。彼得斯和桑丁同时指出，乌尔里奇和特格（Ulrich & Turg, 1991）提出的可组合模块化（sectional modularity）与总线模块化（bus modularity），都在服务业中有较大的适用空间。不同的服务可以依托于其他的服务而实现组合化的开发和营销。以及焦等（Jiao et al., 2003）基于服务产品的无形性提出的服务传递系统的设计问题，重点包括顾客利益的定义、服务过程的发展，以及物理成分的发展等几方面。

第三，对于服务业大规模定制，彼得斯和桑丁（2000）、泽肯（Zipkin, 2001）等也指出可能存在的问题，包括对真正的模块化的确实保证、对顾客需求的真实感知和把握，以及随着顾客选择的增加而引起的顾客"信息过载"（information overload）等问题。

3. 国内大规模定制化服务创新的实证研究

随着我国服务业市场的日益成熟，消费需求向更高阶段发展，需求差别化日益扩大，个性化需求日益突出。服务业各行业需求特点的变化呼唤着服务理念的创新，在这样的市场特征和理论背景下，国内学者对各行业大规模定制的实现也有研究。但是，大多数的研究集中在大规模定制的服务运作模式上，还有一些学者基于顾客保留理论探讨行业大规模定制下的顾客关系管理。

关于大规模定制的服务运作模式，不同行业有各自的运作特征，从而有不同的运作模式。赵迎红等（2008）在酒店服务运作大规模定制的可行性分析基础上，提出酒店服务运作大规模定制的策略：围绕标准化的服务来定制酒店服务、与旅行社建立良好的合作关系、建立顾客档案库实行定制跟踪服务、创建可定制的产品和服务。程德通（2011）在分析旅游业大规模定制化服务产生原因的基础上，结合旅游业大规模定制化服务的内涵与特征，提出实施客户关系管理、提升供应量管理水平、采取"延迟策略＋模块化技术"的运作方式，是实施旅游业大规模定制化服务的有效途径。魏江等（2009）认为金融服务创新不同于金融工具创新，它呈现出模块化的特点，只有模块化才能大规模定制金融服务。他们通过案例研究验证组合式、总线式和共享式三类基于模块化价格的金融服务创新模式，为我国金融业服务创新提供了思路。

赵迎红等（2010）基于顾客保留理论分析和对中国国旅（武汉）国际旅行社有限公司的实证研究，指出旅游业大规模定制的个性体验质量、定制服务质量、定制价格水平和转移障碍等因素影响顾客的满意度、忠诚度，从而影响顾客保留。徐宏毅等（2011）同样基于顾客保留理论探讨了处于转型期的电信行业大规模定制下顾客保留的影响因素，包括企业的品牌策略、完整的客户保留体系、服务策略和产品策略带来的通信质量、定制服务质量、资费设置、增值服务、品牌形象和转换障碍等。

四、文献评述

服务创新领域的相关研究虽然没有明确指出其大规模定制思想，但实际上存在着类似的指导思想。一段时期以来，服务创新领域的研究虽然已经涉及标准化、顾客化和模块化等一系列相关问题，但始终没有对制造业大规模定制的成熟理论进行充分分析借鉴，因此，相关研究更多地指明了服务业标准化、顾客化与模块化的适用范围，而没有具体的实现机制分析。进而自桑德博（1994）后基本上停留在创新模式的识别等初步的层次上，研究范围和深度相对徘徊不前。事实上，制造业大规模定制的一些研究成果是适用于服务业的，另一些可以结合服务业特点进行改造移植，彼得斯和桑丁（2000）从服务业大规模定制的角度出发所作的研究提供了这样的一个研究思路。

虽然大规模定制和服务创新已经有了大量的理论支撑，但是在大规模定制化服务创新方面的实证研究却很少，并且大多数国内学者的实证研究主要集中在旅游业和酒店、金融服务的大规模定制，研究内容也集中表现为：在大规模定制化服务的背景下，结合行业特点探讨行业实施大规模定制化服务的运作模式；或者从顾客保留理论入手，研究顾客保留的影响因素和客户关系管理。虽然已有文献对组合套餐进行了探讨，但是研究大都是以资费结构、定价方式为重点，对大规模定制这一理念在移动通信行业仍然没有系统化、理论化的研究。因此，本章在笔者本人2009年的研究成果基础上通过数据更新和深化研究，从企业的角度出发分析浙江移动通信资费套餐的形成与制定，研究服务创新领域中的大规模定制问题。

第三节　案例企业背景

一、中国移动通信集团公司背景

1. 我国移动的发展现状

自 1987 年 11 月 18 日我国蜂窝式移动通信系统开始大规模商用以来，我国移动通信产业经历了快速发展的历程，在网络规模、技术能力和服务水平上都经历了从无到有、从弱到强的飞跃。中国移动通信市场在过去25 年里发展迅速，是世界上成长最快且最有潜力的市场之一。从 2004 年开始，中国就已经取代美国成为世界最大的电信市场。

据中国移动通信集团公司（以下简称"中国移动"）、中国联合网络通信集团有限公司（以下简称"中国联通"）和中国电信集团公司（以下简称"中国电信"）三大运营商披露的最新数字，截至 2012 年 2月底，中国手机用户数已经达到 10 亿规模，其中，中国移动用户规模达到 6.614 亿户，包括 3G 用户 5 658 万户。从移动通信市场的收入规模来看，2012 年 1 月到 2 月中国大陆移动通信收入累计达到了 1 148.1亿，相比上年同期实现了 15.2% 的增长，而移动通信服务占电信业总营收的比例也从上年同期的 69.05% 上升到了目前的 71.51%。可以说，移动通信产业的跨越式发展，不仅成为带动我国电信业整体发展的主要增长点，也为国家的经济社会发展提供了重要的支撑。虽然，2008 年 5月实施的第四次电信体制改革，使市场形成中国电信、中国移动和中国联通三足鼎立的局面，但是，由于移动通信技术的先天优越性，手机单向收费、漫游费下调等利于用户的举措，无论是在电话用户、业务总量、移动通信业务收费还是企业盈利能力来看，中国移动仍处于明显的优势地位，而且这种优势还有继续扩大的趋势（赵博，王勇，2009）。

具体地说，中国移动于 2000 年 4 月 20 日成立，总部设在北京，注册资本 518 亿元人民币，截至 2009 年 9 月 30 日，资产规模超过 8 800 亿元人民币，拥有全球第一的网络和客户规模，是北京 2008 年奥运会合作伙伴和 2010 年上海世博会全球合作伙伴（赵阳，2010）。

中国移动主要经营移动话音、数据、IP 电话、多媒体业务和固定专线接入等业务，并具有计算机互联网国际联网单位经营权和国际出入口局业务经营权。除提供基本话音业务外，还提供传真、数据、IP 电话等多种增值业务，拥有"全球通"、"神州行"、"动感地带"等著名品牌。在集团客户信息化服务上，拥有丰富的合作资源（系统集成商、平台提供商、终端厂商等）及高效的资源整合（产品、方案、服务等）能力，提供全方位专业化服务。

在国内市场，中国移动在保持传统语音话务的稳定增长外，大力发展无线数据业务。截至 2009 年 6 月，我国的移动电话普及率已达52.5%，在北京、上海等大城市，普及率已超过 100%。中国移动在保有现有客户总量的前提下，不断发展新的客户群体，包括农村地区移动电话用户、一人多机情况下的移动电话用户、机器到机器或手机到机器的新型移动电话用户。2011 年底，中国移动的基站总数超过 92 万个，客户总数接近 6.5 亿户，全年净增客户数达到 6 555 万户，3G 客户规模超过 5 100 万户，客户总数、全年净增户数量和 3G 市场份额均保持行业领先地位。

中国移动大力推进中国自有知识产权的 TD - SCDMA（简称 TD）3G 和 TD - LTE（Long Term Evolution）（4G）标准的应用和推广。2009 年，中国移动全力推动 TD 产业的健康快速发展。2010 年，启动 TD 四期建网，完成后将覆盖全国 330 多个地级市。同时，中国移动大力推进 TD 后续演进技术即 TD - LTE 技术及其产业化发展，使 TD - LTE 技术产业化进程与国际 LTE 产业基本同步，并成为重要的下一代移动通信发展平台。以我国提案为主的 TD - LTE 标准已被运营商广泛接受，成为 3GPP（第三代合作伙伴计划）中唯一的 TDD 标准，其增强型 TD - LTE 技术标准已成为 4G 候选标准。中国移动积极与国际组织、国外运营商开展深入合作，推动 TD - LTE 海外实验网建设，扩大 TD - LTE 的国际影响。中国移动 4G 技术已在深圳、杭州试运行。

目前，中国移动全资拥有中国移动（香港）集团有限公司，由其控股的中国移动有限公司（在不引起歧义的前提下下文也简称为"中国移动"）在国内 31 个省（自治区、直辖市）设有全资子公司，并在香港和纽约上市。目前，中国移动有限公司是中国在境外上市公司中市值最大的公司之一，也是全球市值最大的通信公司。2011年列《财富》杂志世界500强第87位，品牌价值位列全球电信品牌前列，成为全球最具创新力企业50强。中国移动连续七年在国资委考核中获得最高级别——A级，并获国资委授予的"业绩优秀企业"称号。连续四年进入《金融时报》全球最强势品牌排名。同时，中国移动积极投身社会公益事业，连续三年荣获慈善领域最高政府奖"中华慈善奖"。

2. 中国移动面临的宏观环境

2008年5月24日，工业和信息化部、国家发改委以及财政部联合发布《关于深化电信体制改革的通告》。通告指出，改革重组将与发放3G牌照相结合，重组完成后发放三张3G牌照。中国的电信改革使得中国通信市场形成了中国移动、中国电信和中国联通的三分天下，也使得中国移动面临的市场竞争格局发生了根本性的改变，主要表现在宏观政策措施和三大运营商的竞争优势对比上。

在电信行业重组文件中，特别强调要实施所谓"非对称管制"措施，其含义就是要促进弱势电信运营商的发展壮大。主要措施有：①资费政策：采取对中国联通、中国电信有利的电信资费政策，如规定中国移动最低资费不得低于中国联通和中国电信。②网间结算：国资委决定以网间结算的名义从中国移动拨款500亿元给中国联通，用于后者缓解收购C网的资金压力，以及支持后续GSM、CDMA、WCDMA等网络的建设。③携号转网："除TD专属号段157外，其他号段的用户均可实现跨网的携号转网。"此项措施被视为电信行业最为严厉的非对称管制措施之一，其目的是扶植弱势运营商或者新进运营商，限制强势运营商的快速发展，从而改善电信行业竞争失衡的局面。④中国联通单向网间携号漫游：在没有联通信号覆盖的地方，中国联通只需要向中国移动支付一定的漫游费，联通用户可以使用中国移动的网络，而中国移动则不能享有此特权。此项措施缓解了中国联通信号覆盖范围较小的问题，削弱了中国移动的网络优势。⑤基础设施共建共享：工业和信息化部联合国资委发布的《关于推进电信基础设施共建共享的紧急通知》，要求电信运营商实行基础设施共建共享，这不仅大大提升了中国联通、中国电信的网络质量，而且缓解了他们的投资压力。这些措施的实施严重威胁着中国移动的发展。

　　三大运营商的竞争力从以下方面展现：①从三家运营商的市场规模上看，重组后中国移动拥有4亿多用户，约占行业市场份额的45%；中国电信拥有2.2亿固网用户（含固话和宽带）和4千万CDMA移动用户，约占移动市场份额的6%；中国联通拥有1.1亿固网用户和1.3亿移动用户，分别占30%和22%的市场份额。另外，中国移动的营业厅数量远远高于中国电信和中国联通。②从资产规模看，重组后中国移动、中国电信资产总资产规模基本相当，都超过7 000亿元，中国联通的资产规模也超过5 000亿元。但是，中国移动近3 000亿美元的总市值远高于中国电信、中国联通约500亿美元的总市值，反映了其超强的市场地位、资金积累能力和资产盈利能力。③从网络资源看，三家运营商基本形成旗鼓相当的局面。中国移动经过多年建设积累，已经拥有完整的长途传输网络和丰富的本地传输资源；而其他两家运营商在本地传输资源的储备上有地域差别，其中中国电信、中国联通分别集中在南方21省和北方10省。从固网和移动网络资产分布上，中国联通比较均衡，中国移动和中国电信分别集中在移动网络和固网网络上。④从内部管理机制看，中国移动整体的管理水平较高，内部机制的适应能力较强，但中国铁通的并入对其内部机制产生了一定的影响。中国电信的内部管理机制较健全，中国联通的内部管理机制较灵活（中国产业竞争情报网，2009）。

二、浙江移动通信公司背景

　　浙江移动通信有限责任公司（以下简称"浙江移动"）隶属中国移动通信集团公司，是中国移动（香港）有限公司的全资内地运营子公司，在浙江全省拥有11个市分公司和62个县（市）分公司。

　　自1992年率先在杭州开通第一部移动电话以来，浙江移动通信一直是全省移动通信服务的主要提供者，并始终保持领先地位。浙江移动是中国电信企业中最早在海外上市的企业（1997年）。作为国企海外上市的成功典型，浙江移动根据国际资本市场要求，建立和不断完善符合国际惯例的企业治理结构，企业管理水平走在了同业前列，实现了跨越式发展，运营业绩持续快速提升。截至2010年底，浙江移动员工总数超过2.3万人，总资产规模达484亿元、年运营收入340亿元，在网客户超过5 000万户、通话客户超过4 400万户，规模位居集团内各省公司前列，也是浙江省最大的电信运营企业和主导运营商。自上市以来，浙江移动已累计上缴各类税收超过340亿元，是浙江省第二纳税大户。

浙江移动以客户服务为中心开展一切工作，注重服务创新，推行服务的人性化、人情化和人文化，努力为客户提供一体化的优质服务，包括良好的语音质量、多样化的品牌、丰富的业务种类和完善的客户服务等各个方面。目前公司已推出多种服务举措，如浙江全省范围内开通了客户服务热线，推出了话费账单寄送服务，建成了与全省各地金融机构的联网收费系统，提供短消息点播、公司网站查询等多种话费查询方式。

为满足不同层次客户的多样化需求，浙江移动以客户为导向，不断创新，形成了全球通、神州行、金卡神州行等品牌系列，率先推出了短消息、手机银行、手机证券、移动传真、虚拟专用网、亲情号码、自由呼、秘书服务、手机上网、移动OICQ、IP电话等增值业务，为客户提供多种选择和有价值服务。

面向未来，浙江移动致力于实施创新、转型两大战略驱动，巩固再造网络、业务、服务三大核心竞争能力，确保做移动通信领域的绝对领先者、全业务领域的有力竞争者、移动互联网领域的创新开拓者、企业综合价值的标杆领先者，实现面向未来的可持续发展。

第四节　移动通信资费套餐分析

一、移动通信资费套餐概述

"套餐"，是基于组合营销的一个概念，其基础是被组合在一起的产品/服务等因素，具有提升客户价值的互补效应或协同效应（谢萌，2007）。移动通信资费套餐是以移动通信业务为支撑，根据不同用户的需求，组合通话月租费、免费通话时间、优惠的数据业务以及增值业务而设计的，不同档次的、不同内容的资费服务模式，为顾客提供一揽子打包服务（伍晓曦、王丽芳，2004）。

资费套餐是在资费组合化和定制化的基础上实现的。张云华（2004）

首次提出资费的定制化概念。他认为资费的定制化模式是指运营商基于市场细分，针对同一品牌下不同目标用户的消费行为特征，制定多种资费方案，并由用户在各种资费方案的全排列组合中自行选择资费方案的定价模式。李靖华（2005）结合大规模定制的定义和移动通信服务，将移动通信服务大规模定制定义为：移动通信公司在坚持"以客户为中心"理念的基础上，运用现代化信息平台和手段，以标准化、多样化的产品，柔性化的资源和服务体系，为客户提供个性化的服务同时实现规模经济效益。这一概念可以表述为"大规模＋定制"。

这种组合化、定制化的资费套餐是在过去"月租费＋通话费"两部制资费模式基础上演变而来的，是运营商目前普遍采用的资费模式之一。资费模式的不断变化反映出从"以经营者为中心"向"以客户为中心"的运营策略演变（叶惠，2004），运营商不再严格区分月租费和使用费，而是将两者捆绑起来，以包月形式的套餐供用户选择。这种资费模式建立在市场细分的基础上，考虑了不同用户的特性和个性需要，给予用户选择权。

事实上，资费套餐是电信业市场化发展的产物，也是市场竞争的结果，是电信业市场化发展的标志。

二、移动通信资费套餐的发展历程

通过对中国移动资费套餐相关文献的跟踪和移动通信专业人士的访谈，总结出我国的资费套餐发展大致可以分为四个阶段，如图4.2所示。

第一阶段：开始阶段（2001年）。

中国移动公司于2001年3月21日开始在18个省、市移动通信公司陆续推出"全球通"移动通信资费套餐，该套餐计划提供月租费在30～788元的资费品种，可享受的免费通话时间从48分钟到2588分钟不等，对于超出购买的套餐话费，按照每日的繁忙时间及非繁忙时间以不同收费标准进行收费（海子，2001）。

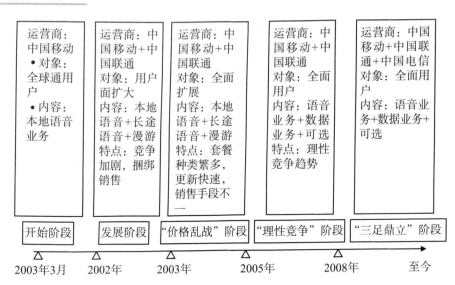

图4.2 移动通信市场资费套餐发展历程

2001年是资费套餐的引入期，中国移动在这个时期完全掌握了市场竞争的主动权，刺激用户更多地使用其产品。针对品牌"全球通"、"神州行"推出了多项优惠活动，除了总公司所推出的"全球通"资费套餐外，各地公司还推出了其他"休闲套餐"和"时尚套餐"等。

第二阶段：发展阶段（2002年）。

与开始阶段相比，由于中国联通的加入，运营商关于资费套餐设计的竞争加剧。这一阶段，中国联通不仅大力推广CDMA业务，还与中国移动争夺GSM存量市场，并且在2002年上半年中国联通的一些省份公司开始推广"如意卡"、"员工卡"、"区县通"等资费套餐方案。这一阶段中国联通主动挑起价格战，推出大量的资费套餐方案和促销活动。

中国移动面对联通的进攻，不得不采取积极的防御战略，全年共推出了上百种优惠的资费方案，以资费套餐、VPMN、优惠卡和分区分群卡居多。在资费套餐内容上，除了本地语音业务，还增加了长途语音业务和漫游业务；本阶段中国移动资费套餐的另一个特点是"预存话费、赠送手机"的捆绑业务销售，借此提高用户忠诚度和设立用户"离网"障碍。

第三阶段："价格乱战"阶段（2003～2005年）。

在此阶段，移动通信运营商的价格竞争仍在继续，但是运营商这一时期的资费套餐的制定更加理性化，套餐的制定与市场细分、消费者行为分析、品牌建设结合起来，并注重提高服务质量。本阶段的竞争的特点是，价格竞争成为资费竞争的主要手段，致使本地话费、长途话费大幅下降；其次，推出资费套餐种类繁多，且推出间隔短，更新较快；另外各运营商的资费套餐优惠政策也有所不同。

这个时期中国移动在高端用户市场用网络质量和品牌效应的方式来保留高端用户；在低端用户市场推出大量"被叫包月"资费方案，降低价格，减少用户流失；而在中端用户市场实施"跟随联通"策略，中端用户市场的资费水平总体变化不大。2003年3月，中国移动在全国范围内推出"动感地带"品牌，推出了10元、20元、30元的短信资费套餐方案，成为了青年人的最爱。在随后的几年，中国移动不断对市场上的三大品牌——"全球通"、"神州行"、"动感地带"进行资费套餐调整，以更好地与品牌进行结合，更加符合消费者的消费需求。而此阶段，中国联通由于"预付话费、赠送手机"的促销方式带来的财务包袱，以及小灵通和移动的竞争压力，中国联通在全国范围内推出了多种防御性资费方案，其中"被叫包月"居多，其他的套餐和卡类优惠方案减少。

第四阶段（2006～2008年）："理性竞争"阶段。

中国移动在这个阶段成为了市场的领跑者，资费套餐已形成体系，而且对套餐的设计更加注重科学性和经济性，推出的套餐也更加受到市场和消费者的认可，不再单纯的靠价格优势来占领市场，而是通过市场跟踪、市场调研、售后服务等多种方式，降低原有客户的流失率，使得已有客户忠于移动的资费套餐，降低离网率。同时也不断对已有的资费套餐进行调整，不断更新套餐的内容，对资费套餐进行升级改进，使得套餐组合中的业务更加适应用户的差异需求，比如在动感地带品牌下，推出"音乐套餐"、"彩信套餐"等。中国联通在2006年3月进行了品牌整合，并在整合后的品牌基础上推出资费套餐，使得套餐与品牌相联系，形成以"世界风"、"如意通"、"新势力"为基本框架的资费套餐结构，但是由于其通话质量和服务逊色于中国移动，所有到了2007年底中国联通的市场占有率只有30.49%。

另外，随着价格管制政策的变革和3G技术的发展，中国移动通信资费套餐进入了理性竞争时期。该时期具有几个新特点：首先，资费套餐对象从个人客户扩展到集团用户，定制化的思想被深度引入资费套餐设计；其次，资费套餐内容从单纯的语音业务扩展到数据业务，其基本业务形式为"语音业务＋数据业务"，有时还有长话资费套餐和免费接听资费套餐作为补充选择，增加了资费套餐设计的个性化。

第五阶段（2009 年至今）："三足鼎立"阶段。

2008 年 8 月以来，移动通信市场形成三足鼎立时代。在 3G 逐渐进入高速增长期、4G 来临的时代，无论是在传统的 2G 市场，还是在新兴的 3G、4G 市场上，运营商间的资费战将更加激烈。该阶段，移动通信资费持续下调，资费套餐体系不断简化，且趋于完善。

2009 年，中国移动调低整体资费的 10%，浙江移动也对手机上网套餐种类进行了资费和结构的调整。为了进一步适应市场变化，2011 年 5月，中国移动不仅在全国范围内统一下调全球通资费，还对全球通套餐进行了结构上的调整，首次根据用户应用方式的特点划分出上网套餐和商旅套餐两个不同的类别，其中上网套餐从 58 元到 128 元三档；在商旅套餐中，移动赠送了一定的上网流量，并同时大幅度延长了包月的免费通话时间。而且，相关负责人还表示，"下一步，中国移动会逐步推出面向神州行、动感地带等客户的统一资费套餐，以满足客户的需要；将推进全网统一资费套餐来减少全国资费套餐数量，简化资费套餐体系；将根据客户所使用的手机终端和客户通信需求情况，逐步在基础套餐上进一步设计完善的资费套餐体系；还将继续下调国际漫游资费。"不仅中国移动的资费套餐体系在不断完善，中国电信和中国联通的资费套餐体系经过适宜的资费管理模式和资费套餐的合理设计也逐渐合理化。

三、移动通信资费套餐的特点

通过对移动通信资费套餐的深入研究，本章总结出以下特点：

（1）区隔性。移动通信运营商根据消费者行为对市场进行细分，建立品牌、定价和消费行为的区隔。第一，目标用户群的品牌区隔。如中国移动的"全球通"、"动感地带"、"神州行"三大品牌，每个品牌内的用户都不能跨品牌选择套餐。每个品牌下面设置不同套餐种类，如"神州行"设有"畅听卡"、"家园卡"、"轻松卡"，"单向轻松卡"四类套餐，用户也不能跨套餐选择要素。第二，不同档次套餐的合理定价区隔。"高套餐档次多优惠"和"多组合元素多优惠"是目前套餐设计的普遍思路，但过于明显的政策倾斜会令中低端用户有"劫贫济富"之感，选择高档次套餐是资源浪费，而选择低档次套餐又觉得优惠幅度不大。因此，以"鼓励消费，让利顾客"的理念，不同的档次套餐定价满足了不同的顾客。第三，不同消费行为的隔离。用户消费行为的差异主要存在于：一是通话时间分布不均，有些用户的通话高峰在白天，有些则在晚上；二是话费结构存在差异，有些以漫游为主，有些则以本地通话为主；三是对数据业务的接受程度不同，有些用户较早地接受了 GPRS 等增值数据业务，有些用户则局限于基本话音和短信业务。

（2）可叠加性。虽然用户不能跨越品牌区隔和套餐间的区隔进行选择，但是可以在一定规则范围内进行套餐要素的叠加。比如在动感地带的"新天地"套餐内没有包含虚拟网服务以及长途话务，用户可以通过另外选择虚拟网包月以及"长话包"这类小套餐来满足需求。

（3）捆绑性。运营商为了推广新业务，往往会将新业务与主套餐进行捆绑，不管顾客是否需要都将此打包给用户。典型的现象是目前的彩铃业务，它作为固有的要素组合在"新天地"套餐中。目的是让用户体验新业务，并使其形成消费习惯。另外一种捆绑形式是把收费项目与终端捆绑在一起进行销售的方法。例如，上海移动于 2003 年曾向全球通用户推出的"预存话费送手机"活动，客户通过预缴一定量的话费，并承诺两年内不更换套餐，即可低价获得移动公司提供的某些品牌的手机。对于这项套餐，客户普遍认为在两年内的每月固定话费支出制定不够合理，失去了自由的同时也支付了大量的话费，因此风靡了一段时间后，逐渐淡出。但近年来又在低端和特定市场上出现。

总之，用户的差异化特征为套餐区隔提供了有力的支持。分类区隔是一个"总分总"的过程（即由总体到细分再到组合小分类），也为通信服务的大规模定制提供了依据和可能。套餐的区隔性使得套餐要素能够得到区分，形成大规模定制意义上的模块，为移动通信服务的大规模定制提供了可能。套餐的可叠加性也有利于用户满足个性化、多样化需求的实现。但是合理的区隔和叠加才能为用户套餐的定制带来利益。捆绑为用户提供了新业务体验，但是不利于用户的定制套餐方面的自主选择权。

第五节　中国移动资费套餐分析

一、中国移动通信资费套餐的设计

1. 中国移动通信资费套餐的设计流程

除却名目繁多、令人眼花缭乱的套餐名称，仔细分析一定数量的套餐后不难发现，套餐一般都是在细分市场需求分解的基础上，针对某一类目标消费群设计的。每一份套餐都有一个固定的包月费，在包月费的限额内，可以享受移动公司提供的关于话音、短信，以及其他诸如 GPRS 上网等增值服务等组合好的移动服务内容，而且包月费远低于所提供的单项移动服务资费之和。但由于单份套餐只能是"多合一"（more in one）而非"全合一"（all in one），加之选择套餐的某些禁则，一般套餐选用者都会为使用了超出套餐规定的服务项目而付费，因此套餐中也会给出这部分的资费标准。最后移动公司基于套餐的不同定位，结合差异化的营销策略，将套餐推向市场，全面展开。

在相关文献基础上（漆晨曦，2007），配合对浙江移动企业发展部管理人员、工作人员的多次访谈，了解到营业厅服务标准设计流程（如图4.3 所示）。

市场预测 ⇨ 目标界定 ⇨ 设计套餐 ⇨ 设计营销策略 ⇨ 收益预测 ⇨ 审核批准 ⇨ 投放市场 ⇨ 跟踪测评

| 发现市场机遇研究应对策略 | 制定营销目标锁定目标用户群分析消费特征明确套餐买点 | 设计套餐结构预定资费水平 | 设计营销渠道和销售方式制订宣传方案 | 套餐预评估预测收益成本确定资费 | 上市总公司审核批准 | 员工培训市场销售 | 用户跟踪效果评估 |

图 4.3　营业厅服务标准设计流程

主要包括以下步骤：

第一步：市场预测。通过市场调研，收集用户需求，并对其进行整理和分析，发现市场机遇；研究竞争对手的资费套餐策略，并结合自身经营情况，研究应对策略，决定是否需要进行相应的资费套餐设计。

第二步：目标界定。根据前期分析，锁定资费套餐的营销目标、目标客户群，并根据对用户群消费特征的分析，明确资费套餐卖点。

第三步：设计资费套餐。通过对目标用户群消费特征和数据库历史资料的分析，设计资费套餐产品结构；并根据产品的成本和用户价格敏感度，预定资费水平。

第四步：设计营销策略。根据资费套餐的产品特点和目标用户群的消费特征，选择营销渠道、销售方式，制定对外宣传策略。

第五步：收益预测。选取一定的用户样本进行试销，并评估试销结果，通过对套餐销售的预评估，预测套餐收益、成本，确定资费水平。

第六步：审核批准。将资费套餐设计情况、收益预测结果上报总公司审核批准。

第七步：投放市场。培训销售人员，使之熟悉新业务，选择适当的时机将经审核批准的资费套餐投放市场，进行市场销售。

第八步：跟踪测评。定期联系套餐用户、检查套餐销售情况，对投放市场的资费套餐进行效果评估。

第九步：反馈调整。根据对资费套餐的跟踪测评情况，对资费套餐进行调整优化。

以上九个步骤可以归纳为需求分解、针对性的设计、市场营销以及反馈改进四个环节。如图4.4所示。

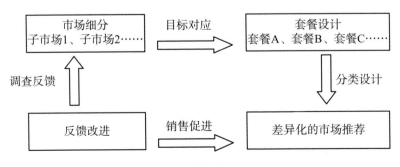

图4.4　资费套餐的实施流程

2. 中国移动通信资费套餐的设计机理

机理一：移动用户的需求分解。

套餐设计是基于对计费账务系统进行深入分析并结合用户差异性消费行为的产物。因此对目标消费者的需求分解是资费套餐设计的第一步。根据某一特定消费群的消费特征（如主叫比重高、无长途漫游、短信用量大等），运营商应该能提供有针对性的优惠（如主叫和短信低资费等），但通过对其他元素的高资费（如长途漫游高价等）来形成用户群隔离，避免整体用户群收入贡献降低的负面效应。因此，套餐设计首先应根据不同的消费行为展开，然后才提供不同ARPU的套餐选择。

目前，移动通信市场普遍面临ARPU值下降的问题，移动运营商也无不在寻找提升ARPU的对策。事实上，对于运营商来说，提高ARPU的关键是如何能够不断推出有真正吸引力的新服务。另外，为了更精确地判断ARPU现状，继而分析出影响ARPU提升的各种因素，细分ARPU势在必行。根据上述原理，中国移动在实际经营过程中，对市场进行深入分析、前瞻性预测，以差异性市场策略为导向，依据每一细分市场的特点和需求，逐渐形成了三款品牌资费套餐分别针对三块主市场（表4.2）。

表4.2 　　　　　　　　　中国移动基于需求分解的细分市场

细分子市场	目标细分市场特征
高端	语音需求量较大且稳定，注重网络品质，针对价格不太敏感的高端用户，如高级商务人士
中低端	每月通信业务量相对较小，追求价廉物美，针对资费敏感的中低端客户群，如普通工薪阶层
学生	语音、数据，以及其他SP新业务均有涉及，针对市场潜力无限的时尚年轻一族，如高校学生

机理二：移动通信资费的基本组合要素。

移动通信资费套餐的实现，则是通过服务产品要素组合。其主要组合要素有分时段区别资费、按距离差别收费、基于号码的资费、VPMN 业务、移动终端捆绑资费、奖励资费策略、免费接听资费等（李靖华，2005）。

第一，是分时段区别资费。移动通信业务量在不同时段分布是不均匀的，业务量较多的时段为高峰负荷阶段。由于通信产品不具有实物形态，无法储存，所以必须为高峰负荷阶段准备庞大的闲置设备，这成为企业的成本负担。设备扩充所需的费用应由高峰时段的用户所承担，而非高峰时段的用户只要负担提供业务的边际成本就可以了。高峰阶段的边际成本将大于非高峰阶段，因此有必要对高峰负荷阶段制定较高的资费。

第二，是按距离差别收费。移动通信业务的传输要通过覆盖全国的移动网络来实现，通信网的建设费用随着距离的增加而增加。虽然随着技术的发展，距离对通信成本的影响在日趋减小，但是在短期内，还不能完全忽视距离对成本的影响。在电信企业的实际应用中，对本地通话、长途通话、移动漫游收取不同的资费即是此种资费形式的体现。

第三，是基于号码的资费。这是一种根据用户事先在电话公司登记的被叫号码进行优惠资费的方式。其特点是通过资费方案来引导、影响用户的消费行为，增大通话量。1991 年由美国 MCI 公司发明，也就是我们现在所熟识的亲情号码。

第四，是 VPMN 业务。VPMN 资费是"虚拟移动专用网"的简称，也叫"集群网"，它属于移动智能网业务，利用公司移动通信网以及智能业务平台，向客户提供了专用网特性和功能的逻辑网络。集群网的主要功能和特点是：①为内部移动电话通信提供虚拟专用网；②集群网用户通话享受专门的通话费，通常按照集群网内移动电话数量收取网内功能费，而不再收取集群网移动电话群内通话费；③不受地域局限，可建立包括全省范围内分支机构和跨市集群网；④用户可以拥有一个另外分配的内部号码（4～6 位），实现手机缩位拨号；⑤可以给用户带来极大的通话费用的减支。

第五，是奖励资费策略。该策略又称"Premium line"，模仿航空公司对多次乘坐本公司航班乘客奖励免费里程的方式，让移动用户以移动电信消费量（通话分钟、话费）积累"点数"，然后根据不同的点数等级给用户不同的奖励。其特点是激励用户增大电信业务的使用量，而且有利于业务的捆绑销售。例如，中国移动旗下的全球通积分消费即为此策略的较好运用。

第六，是免费接听资费。一般该要素都是移动用户在原有套餐基础上，支付一定的月费，即可以享受在本地免费接听任何形式的来电。这其实是准单向收费的一种方式，只是更具隐蔽性。

机理三：禁则设置——可以逾越的"篱笆"。

所谓的禁则规则是指，一个给定的资费套餐仅提供某些优惠资费要素的组合，而不扩展到其他资费政策，比如仅仅包括本地通话优惠和短信包月的低资费，而长途漫游相对高价，那么顾客必定会为自己需要而套餐中又不包括的资费要素贡献 ARPU。如果说有效的区隔是运营商能够有针对性地给予用户优惠，那么禁则的设置就是运营商利用对其他元素的高资费来避免整体用户群收入贡献率降低的负面效应。然而事实上这道"篱笆"是可以逾越的，只要支付了额外的包月资费即可。禁则规则意味着移动运营商必须深入了解用户的差异化需求，只有这样才能开发出具备巩固用户和有利于自身盈利双重效果的套餐产品。

机理四：用户选择可能性以及收益的测算。

一个套餐推出后，要测算运营商的收入变化，分析盈亏情况，了解用户量的变化和每个用户每月带来的收入的变化。制定价格套餐时要注意套餐的连贯性，即要使每个消费层次的用户都有合适的套餐，使用户有往上选择的动力，而不是高层次的客户往低选，导致收入流失。而每次制订营销方案时，经过市场细分后，应给某一部分客户优惠，而不是全部的客户。这时必须注意，局部优惠不可与全部优惠矛盾。客户选择套餐是基于这种心理：选择省钱的；所选套餐是最优的（即如果客户产生不选另外的套餐就吃亏的想法，那所选套餐就不是最优的）。制订套餐时，要使紧邻的客户永远产生一种不选上面的就吃亏的感觉，才会使客户有向上选的动力。从客户的角度来看，在众多的套餐中只能选择一种。客户选 a 套餐时实际支出额为 X_1，享受的优惠额为 X_2；选 b 套餐需要支出额为 X_3，选 b 套餐享受的优惠额是 X_4。假设套餐是包月形式，那么客户因选择 a 而没有选择 b，从而不能享受更多的优惠，这个差额称为"机会成本"，为（$X_4 - X_2$）。但客户实际支出差额在选择不同的套餐时是不一样的，而这个差额是（$X_3 - X_1$）。当机会成本大于支出差额时，即（$X_4 - X_2$）>（$X_3 - X_1$）时，客户才有往上选择的动力。

机理五：资费弹性分析。

弹性是经济学中的重要概念，反映一种因素的变化对另一种因素变化量的影响。需求价格弹性是指某一商品的需求量对价格变动的反应程度：即价格的相对变动所引起的需求的相对变动，其计算公式表示为

$$Ed = \frac{\Delta Q}{\Delta Q\,^\circ} \Big/ \frac{\Delta P}{\Delta P\,^\circ}$$

其中：Ed 为需求价格弹性，由于 ΔQ 与 ΔP 总是反方向变化（即符号相反）的，所以 Ed 总是负数，一般取其绝对值。

$Ed > 1$，产品富有弹性，商品的销售量因价格的下降而上升的幅度要远比商品价格的下降幅度大，降价反而会给企业带来收益。因此作为移动通信企业可以通过降低套餐的资费迅速扩大销售量，实现增加市场占有率的目的。

$Ed < 1$，产品缺乏弹性，商品的销售量因价格的下降而上升的幅度要比商品价格的下降幅度小，降价会带来收益的减少。因此企业反而可以通过提高商品价格的途径增加企业收入。

价格弹性的有效利用能带来收益的理论也在实际运营中得到了佐证。中国移动曾公布的消费者价格弹性数据显示，移动此前的降价行为，尽管导致每分钟平均话音收入降低25%，但总的通话量上升了20%。两者相抵，移动实现利润目标并未受到实质影响。这证明，降价最终并没有损伤卖家，而是买家和卖家获得了"双赢"。在移动看来，虽然每位用户交的钱少了，但能够保卫自己的存量市场，还能依靠主动发起资费攻势唤回已经转入 CDMA 网的用户。

弹性分析对套餐设计具有很大意义。唯有对各个细分用户群的需求价格弹性能较准确地把握，才能使设计的套餐顺利推向市场，获得市场份额，并且真正给企业带来收益，否则既无法扩大销售量，又与企业的盈利目的背道而驰。

二、移动通信资费套餐的组合战略

移动通信服务大规模定制可以定义为移动通信公司在坚持"以客户为中心"理念的基础上，运用现代化信息平台和手段，以标准化、多样

化的产品，柔性化的资源和服务体系，为客户提供个性化的服务，同时实现规模经济效益。这一概念可以表述为"大规模＋定制"。定制就是在客户可接受的价格下，为其提供个性化服务，力争使其边际收益最大化。而大规模则是在定制的前提下，开发出多样化的服务，从而使"服务可以自动适应客户"。

移动通信套餐是用户根据自身需要定制的服务包，属于定制营销的范畴。定制营销的基础是用户个体，需要借助现代社会的制造和信息技术，进行大规模而不是个别的定制，使每个用户都能够自主选择最适合自己需要的移动通信产品。因此，用户的需求和参与将是实现移动通信产品大规模定制的关键因素。

本章基于顾客需求分类对移动用户需求的归并提出了一些见解。目前对顾客需求的分类有多种，马斯洛提出了需要五层次理论，即生存、安全、社会交往、尊重、自我实现的需要；而 Kano 模型将顾客需求归为基本需求、绩效需求和惊喜需求，基本需求是指顾客认为产品必须具备的功能；而绩效需求在产品中实现得越多，顾客越感到满意，绩效需求与满意度成 J 形关系，惊喜需求是指令顾客意想不到的产品特征。基于以上两种分类以及移动用户消费行为，本章对用户需求归纳为两类：基本通信需求，补充通信需求。基本通信需求是指对语音通话、短信功能的需要，附加通信需求是指对数据业务、增值业务等移动通信服务的需要。针对用户基本通信需求设计主套餐选项，针对补充通信需求设计补充套餐选项，以简化套餐结构。不同顾客对基本通信需求不同，补充通信需求也多种多样，接下来还需要对基本通信需求进行群体细分，对补充通信需求进行业务细分，建立足够容量的细分子市场，以获得规模生产率，然后在子市场内提供有限选择的组合服务，其思考哲学是寻求个性中的共性，进行顾客需求的适当归并，寻求复杂性中的简单性，以获得批量。

实现大规模定制的最好方法——最低成本、最高个性化水平——是建立能配置成多种最终产品和服务的模块化构件（Pine，2000）。定制并不是无限的选择，实现定制营销的最好办法是建立能配置成多种最终产品和服务的模块，再进行成千上万种搭配，以形成组合后的特殊性产品。针对模块化，存在五种模块化构件方式：共享构件模块化（同一构件被用于多个产品以实现范围经济），互换构件模块化（不同构件与相同基本产品进行组合），量体裁衣式模块化（在尺寸上非连续递增的构件），混合模块化（构件混合在一起形成了完全不同的产品），总线模块化（采用可以附加大量不同构件的标准结构），可组合模块化（允许任何数量的不同构件类型按任何方式进行配置）。

此外，但斌（2004）针对模块化产品族提出了通用件和定制件的概念。（1）通用件是在产品族中不同产品所具有通用的部分或元素，他们用于确定产品的基本性质和满足共同的功能需求。如移动通信中的语音通话、短信等套餐要素。（2）定制件是使得一件产品不同于其他产品的基本元素。它们是产品族中多样化的来源。定制件可以是不同结构关系或多样化的模块，用于满足附加功能。如各种数据业务、增值业务，以及长途、虚拟网通话等要素就属定制件内容。

另外，移动通信服务产品是面向用户的订购单位，它是在运营商提供的各类移动通信业务的基础上，通过对品牌下不同消费群体消费共性的细分研究，对一系列业务、服务、价格等属性进行的组合。移动通信服务的产品要素也分为显性服务、隐形服务和支持性设施等。显性服务为移动通信服务产品的内容设计及其合理性；隐性服务为移动服务大厅、短消息服务平台及移动公司网站提供的便利性服务，辅助物品为功能卡和其他纸介质；支持性设施包括前台移动服务大厅、后台运营支持部门、软硬件技术设备等。本章研究所关心的主要是服务产品内容方面的显性服务，以及服务产品过程复杂的隐性服务和支持性设施。

从用户需求、模块化思想和移动通信服务的产品要素出发，2012年浙江移动、浙江联通和电信所推出的主要移动通信业务（显性服务）如图4.5所示。结合图4.6的沃德（Ward，1998）通信服务七层模型，目前移动通信服务提供了基本服务、增强型服务（对现有服务的增强、改进，往往是在基本服务基础上派生的）、增值服务（通过为增加新的内容扩展基本业务和增强业务的功能，往往以可选项的形式出现），以及部分应用（为特定的用户群、企业等提供整体解决方案）几个层次的服务。

基本移动通信服务

月租：随意打浙江自由行套餐、沃派36元套餐等

非月租：神州行轻松卡、如意通轻松卡等

增强型服务

时段差别：长话包、神州行夜话卡、夜话畅聊等

被叫差别：两地虚拟本地、分时分区等

主叫差别：一卡双号等

网际差别：网内优惠、亲情网等

单向收费：神州行单向轻松卡、新时空畅听、沃·3G等

囤售打折：包月、积分兑换、预存话费优惠等

费用结算与订购账单：主叫付费、我来买单、全球通账单等

服务地域扩展：动感地带非常假期、神州行两城一家、神州行家园卡等

来电显示：

增值服务

网络连接：无线上网卡套餐、乐享3G上网套餐、飞Young套餐、动感地带上网套餐、上网伴侣等

信息服务：账户信息及时通、气象信息服务、手机邮箱、短信助手、短信手机报、短信包等

高级音频视频服务：国内语音拨打、国内可视电话拨打、炫铃、彩信、语音

短信、语音信箱、彩信包等

三方或交替会晤：呼叫等待、呼叫保持、呼叫转移、会议电话、三方通话等

秘书台服务：手机116114、12580、联通秘书台等

语音信箱：留言功能、留言提示功能、生日点歌服务等

部分应用

套餐（单独或追加购买和使用，包月或不包月）：乐享3G聊天版、天翼易通卡短信版套餐、畅听套餐、神州行幸福卡、彩信指上炫套餐等

虚拟网：校园畅聊包、短号短信、全国无线畅听业务等

图4.5　浙江（杭州）移动通信业务概况（2012年）

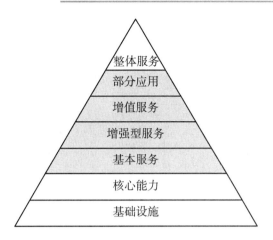

图4.6　基于 Ward 电信服务模型的浙江移动通信服务定位

三、移动通信资费套餐组合的两个产品

本部分具体以浙江省杭州市移动资费套餐为例，对中国通信资费套餐情况进行分析。

中国移动将移动用户划分为三个大的目标市场，分别以"全球通"、"神州行"、"动感地带"三大品牌及每个品牌的进一步细分来满足用户的通用需求和个性化需求。三大品牌的用户特点、品牌特点、下属套餐及另设的其他业务的可选包见表4.3。

表4.3　　　　中国移动三大品牌的特点和套餐（2012）

品牌名称	用户特点	品牌特点	下属套餐	业务可选包
全球通	用户范围最广、用户历史最久、数量最多且最稳定；多为商务人士、高端用户；号码、套餐等更换频率较低，对资费的敏感度也较低，个性化需求水平中等	套餐种类分级明显，服务水平很高，套餐在长途话费、漫游费方面有很大优惠	商旅（58、88、128、158、188、288、388、588）元套餐　上网（58、88、128、158、188、288、388、588）元套餐　本地（58、88、128）元套餐	移动数据流量可选包、WLAN可选包　短信包、彩信包、全球通尊享包、全球通阅读包、全球通音乐包、全球通凤凰咨询包及通用业务可选包

续表

品牌名称	用户特点	品牌特点	下属套餐	业务可选包
神州行	多为普通市民，占中国移动70%左右，多为本地通话	本地通话费比较优惠；有短信包月、长途漫游优惠资费套餐可供用户自由选择	神州行幸福卡、神州行其他资费（家园卡、长话卡、畅聊卡、轻松卡、大众卡）、神州行两城一家（省内、省际）	移动数据流量可选包、WLAN可选包 通用业务可选包
动感地带	多为在校学生、16～25岁的年轻人；消费能力有限，但对通信服务的需求量很大；价格需求弹性大；高水平的个性化需求；数据业务需求不断增加	在短信、通话费等方面都有很大优惠；一些附加套餐更具个性化	上网套餐（18、28、38元）、上网套餐校园版（18、28、38元）、音乐套餐、短信套餐、动感地带非常假期（省内、省际）	移动数据流量可选包、WLAN可选包 短信包、彩信包、无线音乐可选包、手机阅读和手机游戏可选包、手机报可选包、手机电视可选包、飞信和邮箱可选包及通用业务可选包

在对中国移动通信资费套餐进行区分的基础上，本部分选择两个产品结合沃德电信服务模型及彼得斯和桑丁提出的服务模块化的构件层次，对移动通信服务的模块化创新进行探讨。基于大规模定制的服务创新具体地就表现为模块化的服务创新（李靖华，2005）。模块化服务创新的实现涉及到上述提到的通信服务的产品要素和服务产品的构件划分以及模块化的适用问题。

服务模块化的构件层次包括原子、单元和分子，单项的服务提供（分子）可以分解为一些逻辑上的子群（单元），单元本身也可以是单独向顾客提供的服务，单元进一步可以分为更小的工作任务群（原子），这样服务任务就可以在不同的层次上实现组合（Peters & Saidin，2000）。一般来说，分子为单项的服务提供，单元为逻辑独立子服务，原子为非独立服务内容和要素。所以，按照这样的构件层次，移动通信服务可以划分和分解为若干服务产品构件。

模块化是大规模定制的低成本实现的关键。模块是产品功能和结构层层分解的结果，它能在减少产品成分变化程度的同时提供更大范围的终端产品。考虑到服务产品模块的结构与功能的一致性，本章仅采用乌尔里奇和特格提出的六种基本模块化中的可组合模块化和总线模块化（见图4.7）。其中可组合模块化在理论上允许任何数量的不同要素、不同层次的构件按任何需要的方式组合，只要要素融入的服务包是不冗余的。总线模块化有更高层次的构件即总线，其他的单元或分子可以附着在其上面，这有些类似产品平台。总线模块化是采用可以附加大量不同构件的标准结构，其标准化结构允许在插入其上的模块的数量、类型和位置等方面有所变化。图4.7展现的是两种模块化服务创新中的组合形式。

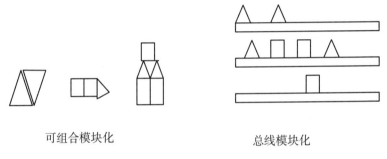

可组合模块化　　　　　　　　　总线模块化

图4.7　服务创新可组合模块化和总线模块化

服务产品是否能够实现可组合模块化或总线模块化，进而实现经济性与多样性的平衡，与下述服务产品的因素直接相关。一是服务产品的市场规模是否足够大；二是服务产品的个性与共性的同时存在性，特别是在显性服务及辅助物品方面；三是企业的服务传递系统能否满足服务产品模块化的要求，主要是隐性服务、支持性设施等方面。更具体地说，服务产品模块的接口设计，以及服务产品总线的存在，分别是具体两种策略的实现条件。

一般来说，基本服务和部分增强型服务不具有逻辑独立性，是服务产品的原子级构件；而增值服务可以单独提供给用户，又往往包含了一些增强型服务的内容，是移动通信服务产品的单元级或分子级构件，以及一些增强型服务也具有一定的独立性；基本服务与增强型服务或（及）增值服务的组合则构成可组合模块化通信服务产品的分子；从总线模块化的角度看，一些基本服务和部分服务可以成为服务通信服务产品的总线级构件。

首先从可组合模块化来看套餐，任何数量的不同移动通信服务构件可以按任何方式进行配置，不同构件间能够以一定的标准进行连接。但目前还主要是以不同的资费差别形式作为增强型服务的着眼点，因此同一产品内不同构件之间的接口非常统一，都归结于资费结算。而增值服务往往是单独提供的，基本没有被组合进套餐中。可组合模块化服务创新的发展应该是针对不同顾客群开发更多角度的增强型服务模块，以及将增值服务模块组合进服务套餐中（见表4.4）。

表4.4　　　　　　　　　　移动资费套餐的两个产品示例

套餐名称	套餐月使用费	套餐内容	套餐外资费
全球通88元上网套餐	88元	200分钟国内主叫，全国范围内被叫免费；300M流量，来电显示、139邮箱5元版。	长市漫一口价0.19元/分钟，数据流量0.0005元/KB
神州行百姓卡	15元	彩铃及话费信使，全国范围内被叫免费	制定县域范围内主叫：市话、长途：忙时：（08：00－22：00）：0.22元/分钟；闲时（22：00－08：00）：0.1元/分钟；县域外市话、长途：0.39元/分钟；漫游：主叫0.59元/分钟，被叫0.39元/分钟

以"全球通88上网"套餐为例，它包含了以下服务内容的组合：基本移动通信服务方面的全球通（月租费已含入88元）、增强型服务方面包括全国漫游接听免费和超值的上网流量、亲情号码的被叫差别、主叫付费的费用结算，以及呼叫转移、来电显示等增强型服务，还享有超出套餐后的流量0.0005元/KB、国内长途、漫游、市话一口价0.19元/分钟的优惠，以及赠送来电显示和139邮箱5元版等增值型业务。其中全球通为分子级构件，囤售打折为可单独提供的元素级构件，其他的均为一般不单

独提供的原子级构件，因此这是一个主要基于资费差别的可组合模块化移动通信服务创新。

其次从总线模块化的角度来看套餐，可以在总线不变的基础上为现存系列增加或调整构件，主要表现在虚拟网（套餐）上。从服务创新的策略来说，大多数的套餐都是基于某几种指定的基本通信服务附加的，移动通信服务创新更多表现为总线模块化的特征。从这个意义上说，总线构件的存在是没有问题的。但总线与附加于其上的构件之间的接口目前也存在过度集中于资费差别的问题，有待扩展。

以"神州行百姓卡"为例，它包含了以下服务内容的组合：总线为15元包彩铃和话费信使业务，内插区域网际话费差别、时段话费差别及主被叫漫游差别；可选构件（配餐）为长话包、流量包、短信包、彩信包等的囤售打折。除了总线，囤售打折、时段差别为可单独提供的单元级构件，网际差别则为原子级构件。从而该产品表现为可插拔的总线式服务创新。

第六节 讨论和结论

本章主要依托浙江移动通信行业，通过对移动通讯资费套餐的形成和发展历程的初步分析，以及对移动通信资费套餐定制的进一步分析，研究了服务业大规模定制理论在移动通信资费套餐中的实现。

通过对浙江移动通信行业的初步分析，我们发现：（1）移动通讯行业的激烈竞争以及移动用户对通信的个性化、多元化需要，促使各运营商使用大规模定制战略以获得新的竞争优势，移动通信资费套餐就是在这样的背景下形成的；（2）从资费套餐的发展历程我们发现：在市场需求不断变化、市场竞争和技术进步的推动下，资费套餐的选择逐渐多样化，资费套餐体系也在不断完善。

对移动通信资费套餐的深入研究，我们进一步发现：（1）运营商企业对顾客需求的识别、合理筛选和分解是设计移动通信资费套餐的前提条件。因为运营商和用户是需求的两端，只有运营商企业准确识别用户对移动通信服务以及定制的需求，并能对其合理筛选和分解，才能最大化满足用户的需求，还能使套餐的定制结构简单清晰。（2）模块化是实现移动通信资费套餐的核心指导思想和必要的战略选择。实现大规模定制的最好方法——最低成本、最高个性化水平——是建立能配置成多种最终产品和服务的模块化构件（Pine，2000）。定制并不是无限的选择，实现定制营销的最好办法是建立能配置成多种最终产品和服务的模块，再进行多种搭配，以形成组合后的特殊性产品。（3）根据套餐特点，选择合理的组合策略是合理定制资费套餐的关键环节。

基于以上研究的发现，本章对运营商企业提供以下建议：

第一，在识别顾客需求时，会有以下需要注意的细节：一方面，移动用户一般都不具有专业性，他们对移动服务、套餐、资费没有足够的知识，不能够清楚地用语言或文字来明确表达自身需求。对此运营商企业应该对用户的模糊语意表述（咨询、投诉、意见反馈等）予以倾听、客观记录，然后进行层层分解，获得用户的准确需求。另一方面，有些需求顾客已经意识到但出于各种原因未能提出，即所谓的隐性需求，运营商应该主动与顾客进行沟通以了解他们的生活方式、行为，分析和挖掘潜在需求。再者，对于未被发现的高层次和个性的需求运营商企业需要将焦点集中到用户的心理需求上，重视对心理需求的研究，发掘他们内心的渴望，找出有价值的服务开发亮点。

第二，一般来说，把需求中的产品功能需求和产品结构需求组合起来将会产生众多的产品选项。如果产品选项过多，这可能会使用户不知所措和感到疲劳（信息过载）；如果选项过少，用户的个性化需求不能被充分满足，这会降低用户的满意度。因此运营商企业在进行需求识别后，应该对需求进行筛选、分解以平衡产品复杂性、高成本和用户满意度之间的矛盾。对于用户需求的筛选可以通过质量功能展开（QFD）这种方法来分析各种需求的重要程度、优先程度，确保最重要的需求得到优先满足。对于用户需求的分解可以借鉴马斯洛的五层次需求理论和 Kano 模型对用户需求进行合理归纳并进一步对群体和业务进行细分，建立足够容量的细分子市场，以获得规模生产率，然后在子市场内提供有限选择的组合服务。对顾客需求的筛选、分解体现了模块化的思想，这种思想使套餐的基本服务和增强型服务间有足够的区分度，使套餐的选项内容更清晰，易于用户选择和决策。

第三，在选择组合策略时应做到：（1）套餐区隔最小化，叠加最大化。运营商企业应该根据用户的需求和顾客价值设置套餐区隔和叠加原则。比如上面采用模块化思想设计的套餐定制选项就能很好地体现这一点。在对需求进行细分归并的基础上对用户消费行为和消费特征的深入了解，然后对套餐及要素进行设计，为移动通信产品的定制提供足够合理的模块化基本产品单元，以便用户自行设计定制化的产品套餐。（2）去除业务捆绑，设置免费体验。业务捆绑策略虽然能挖掘用户潜在的需求，但是这种强加的服务有时候会造成用户的逆反心理。对于潜在需求的挖掘，可以利用冰山理论通过外力来实现，方法之一就是利用顾客体验。基于此，可以使用免费体验策略，即设置免费体验业务区域（清单），待用户选择体验后，再为用户生效他们所选择的免费业务，并且在免费体验到期时通知用户，询问用户是否定制/取消这些业务，增加用户自由选择范围，提高其对套餐定制的行为控制认知。

本章虽然获得了以上新发现，但是，一方面本研究只是从市场竞争和技术进步的角度探讨体现大规模定制服务思想的移动通信资费套餐的形成机制，并没有深入到移动运营商的企业内部。另一方面，虽然面向大规模定制的服务模块化是服务业实施大规模定制策略的关键，在移动通信资费套餐的定制中也体现出了组合式和总线式的创新模块，但是本研究并未结合资费套餐定制的特点给出创新模块的选择机制。所以，未来的研究应该进一步深入到运营商企业的内部以研究实现资费套餐定制的人员管理、组织设计等等；还应该进一步对创新模块的选择机制进行更全面的研究。

第五章 制造企业服务创新的集成解决方案能力（案例4）[*]

第一节 引言

20 世纪下半叶以来，国际上制造和服务的融合正在成为一种趋势，产业重心逐步由制造业向服务业转移。2009 年，世界高收入国家工业增加值占国内生产总值比重平均为 25.6%，服务业增加值占国内生产总值比重为 72.7%；而我国工业增加值占国内生产总值比重为 46.3%，服务业增加值占国内生产总值比重为 43.4%[①]。陈洁雄（2010）以 OSIRIS 数据库 2008 年中美上市制造业为样本，抽取 418 家中国企业和 600 家美国企业进行实证研究，发现中国企业的服务化程度及服务的资本、知识和技术强度均低于美国。

国际上大型制造业率先开始进入下游的高收益服务业，诸如产品设计、营销、品牌和融资等（Wise & Baumgartner，1999）。世界典型的大型制造企业纷纷由传统的产品生产商，转变为基于产品组合加全生命周期服务的集成解决方案提供商，如通用电气、可口可乐、诺基亚等（Davies，2004）。调查公司 AndyNeely（2008）对全球 13 000 家制造业上市公司提供的服务进行了研究，美国制造与服务融合型的企业占制造企业总数的 58%，芬兰的这一比值为 51%、马来西亚是 45%、荷兰是 40%、比利时是 37%，我国制造业服务化的进程远远落后，具备服务型制造能力的企

---

* 本案例部分内容将以以下形式正式发表：李靖华，朱文娟，毛俊杰，企业集成解决方案能力的构成因素分析：浙江中控案例，浙江树人大学学报，2014，14（1）.

① 世界银行 WDI 数据库，国内生产总值产业构成。

业仅占所有企业的 2.2%（张德存，2010）。

尽管整体发展水平与发达国家差距较大，但我国的大型制造商，也开始利用长期以来形成的供应合作关系和专业制造技能，转型为制造—服务集成解决方案提供商，以获取高额稳定的收益流。如华为、联想、中集、陕鼓等（蔺雷，吴贵生，2008；孙林岩，2009；李随成，沈洁，2009）。

制造—服务集成解决方案的实践和研究源于复杂产品和系统（CoPS，如飞机、船舶、通信系统），已经成为一种新的商业模式。与此前在计算机行业流行已久的系统集成等理念相比，集成解决方案特别强调了顾客价值导向和全生命周期服务。它是对服务企业客户的紧迫业务需要，做出从设计、制造到维护、更新、运作，甚至融资的全生命周期的定制，可以说是为顾客创造价值的新方法（Slywotsky，1996；Wise & Baumgartner，1999）。该概念首先出现在企业实践中，后来才为学者接受和采用。因此，关于集成解决方案的相关研究还不充分。

本章以浙江中控系统工程有限公司（以下简称中控系统）为代表案例，通过深度挖掘分析，试图探索我国制造商走向集成解决方案提供商的转型机制。首先，依据戴维斯（2004）提出的四种制造—服务集成解决方案提供商必备能力和戴维斯等（2006）建立的前—后台组织结构的能力发展路径，来判定中控走向集成解决方案提供商所处的阶段。然后，基于扎根理论方法，以正在转型的浙江中控为案例，探索了企业向集成解决方案提供商转型的驱动力和成长机制。

第二节　文献综述

一、生产性服务业、服务型制造与集成解决方案

生产性服务业是主要提供专业性、科学性和技术性服务的产业（Beyers & Lindahl，1996），是依靠制造部门并为其提供服务的产业（Juleff，1996），扮演中间连接的重要角色，用来生产其他的产品或服务，是一种中间性投入产业（Coffer，2000）。生产性服务业有两大特征：第一，它是一种中间需求性服务业；第二，它往往表现为知识密集型、技术密集型或

（和）资金密集型（魏江，周丹，2011）。

服务型制造是为了实现制造价值链中各利益相关者的价值增值，通过产品和服务的融合、客户全程参与、企业相互提供生产性服务和服务性生产，实现分散化制造资源的整合和各自核心竞争力的高度协同，达到高效创新的一种制造模式。它是基于制造的服务，是为服务的制造（孙林岩等，2007）。

集成解决方案是产品与服务的有机整合，使其综合价值大于产品和服务独立相加的价值，以解决复杂的客户问题（Lay et al.，2009；Nordin & Kowalkowski，2010；Windahl & Lakemond，2010；Evanschitzky et al.，2011）。它是一个纵向关系进程，通过逐步将商品、服务和知识整合为整体，以解决战略客户的具体问题，是对客户现有价值的补充（Storbacka & Nenonen，2011）。

由以上定义可以看出，服务型制造与解决解决方案更为相似。从本质上讲，服务型制造的模式就是要提供"整体解决方案"（周国华，王岩岩，2009）。以下将就集成解决方案的研究与服务型制造的研究进行统一论述。

二、集成解决方案的起源、内涵与竞争优势

客户的需求和竞争压力的加剧，促使了集成解决方案这一全新商业模式的产生。紧缩的利润和日益激烈的竞争压力，使得传统的产品销售模式不再能为企业提供足够的盈利，众多制造企业开始通过提供集成解决方案获得新的价值（Oliva & Kallenberg，2003；Phillips et al.，1999；Slywotzky，1996；Wise & Baumgartner，1999）。特定客户的需要，推动制造企业从提供功能性的产品，转向为客户运作提供一系列的产品和服务（Davies，2006），这是一种复杂和定制化的服务，超越了单纯的服务和产品，具有客户价值导向（Johansson et al.，2003）。消费者对产品个性化和便捷化的需求以及技术的快速进步，促使产品竞争趋于同质化，促进了企业战略转向增加产品差异性来获取新的发展（李刚等，2009）。

集成解决方案有以下几个主要特征：第一，强调产品和服务的融合。企业由传统的以产品制造为核心，向提供具有丰富服务内涵的"产品系统"转变，直至为客户提供"整体解决方案"（李刚等，2009）。进一步

增加服务所占比重，通过减少客户学习使用产品所消耗的时间和资源，提高客户对有效核心利益的关注（周静芳，俞安平，2011）。由以产品输出为导向的盈利模式，向以拥有更高附加值的服务输出为导向的盈利模式转变（何哲等，2009）。产品系统连续谱如图5.1所示。

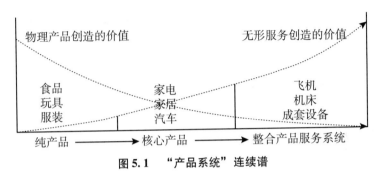

图5.1　"产品系统"连续谱

资料来源：李刚，孙林岩，李建，服务型制造的起源、概念和价值创造机理[J]，科技进步与对策，2009（13）：68 – 72.

第二，强调客户价值导向。服务型制造将客户引入到制造和服务的全过程，为客户提供包括方案设计、系统成套供货、设备状态管理以及备件零库存、金融融资等个性化的、完整的问题解决方案和系统服务（周静芳，俞安平，2011）。客户和企业能够在服务型制造模式下实现双赢。客户通过主动参与生产及消费过程，使得企业能够更好地感知客户的个性化需求；通过专业化分工和分散资源的集成，企业能够以更低的成本，更快的速度为客户提供个性化的产品服务系统，提高了客户价值（李刚等，2010）。

第三，强调全生命周期服务。面向产品的全生命周期服务，实现了以往制造企业一次性交易模式向多重交易模式的转变，延长了企业获利周期（何哲等，2008）。企业做出从设计、制造，到维护、更新、运作，甚至融资的全生命周期的定制（Slywotsky，1996；Wise & Baumgartner，1999）。面向产品全生命周期的服务，不仅包括产品服务系统的设计与实现维修、检修、监测诊断，而且包括升级改造、二手设备调剂、保姆式托管备品备件、融资租赁、培训咨询等能够给企业带来全方位增值的服务（赵益维等，2010）。

第四，强调生产性服务、服务性生产以及客户的全程参与三者协同创造企业价值和客户价值（周静芳，俞安平，2011）。在组织模式上，不追求纵向一体化，强调服务型制造网络中各企业的动态协作（李刚等，2009）。制造企业提供产品，生产性服务企业为制造企业和客户提供覆盖产品全生命周期的业务流程服务，共同为客户提供产品服务系统（何哲等，2008）。

提供集成解决方案，可以提升运营效率、资金效率、扩展市场，以及降低风险（Cornet et al.，2000）。集成解决方案提供商的竞争优势，来源于差异化。服务型制造企业，通过产品系统构建产品差异化，通过顾客参与构建过程差异化，差异优势成为企业的核心竞争力。其中面向效用的产品系统，突出以服务质量为主的，难以模仿的差异化竞争优势（周静芳，俞安平，2011）。

三、集成解决方案能力

企业向制造—服务集成解决方案提供商转型，需要具备以下四种能力：系统集成、运营服务、商业咨询和融资服务（Davies，2004）。沿着"生产制造→系统集成→运营服务→服务提供"的 CoPS 价值链，价值增值越来越高。此价值链的开端即传统制造业，终端即传统服务业。以及考虑到 CoPS 的资本密集性和复杂性，对四个价值链环节都有益的是商业咨询和融资服务。价值链中间的两项加外围的两项，共同构成了制造—服务集成解决方案能力（Davies，2004）。这一结果已得到普遍接受。

这是一个能力配置的学习过程。以 CoPS 系统集成商为例，一个常规的过程是：首个项目的尝试能对新能力进行扩展，然后将其经验应用于当前老能力项目或后续多能力项目，当经验积累到一定程度，新能力就从临时性的项目层面上升到长久性的职能层面，最后是新部门的分立，旨在扩展其发展空间（Davies & Brady，2000；Gebauer et al.，2005）。与此同时，客户对企业的要求也越来越高，迫切需要其"支持提供"的渗透性不断提高，从初期的"产品系统支持"，"产品生命周期系统支持"，向"职能系统支持"，"企业系统支持"等扩展（Kapletia & Probert，2010）。

这一顺应环境变化实现业务转型的过程，是一项复杂的系统工程，需要有效管理客户和能力之间的张力（tensions）（Miller et al.，2002；Windahl & Lakemond，2010）。其具体包括：选择客户、评估顾客化程度、决定集成解决方案的范围，以及管理客户关系。此外，由于企业整体服务导向的建立，主体组织结构也要向服务企业"前—后台"模式转变。前台强力承接客户的要求，后台业务单元释放相关多种能力，前后台间施以有效协调（Davies et al.，2006；李随成，沈洁，2009）。这一转型过程，需要以战略转变为重点，以先进制造系统和现代管理系统为基础，需求管理、能力管理、企业网络和风险管理四者缺一不可，领导支持是成功转型的支持因素，企业内各部门间的无缝衔接是转型的保障因素（孙林岩等，2011）。其实施体系如图5.2。

　　总之，企业制造—服务集成解决方案能力的建立，是一个跨产业边界的资源调整和整合的动态过程。

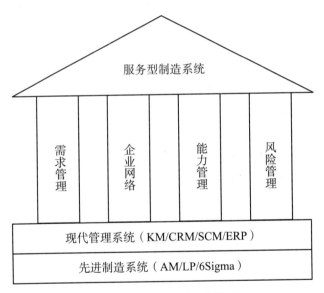

图5.2　服务型制造实施体系

　　资料来源：李刚，孙林岩，李建，服务型制造的起源、概念和价值创造机理[J]，科技进步与对策，2009（13）：68 – 72.

四、文献评述

　　综上所述，制造—服务集成解决方案作为一种新兴的商业模式，率先在商业上得以广泛应用，然后才是系统的研究。服务型制造与集成解决方案，在概念上存在重叠，研究内容可供共同参考。客户需求和竞争压力，促进了这一商业模式的产生。产品和服务的融合、顾客价值导向、全生命周期和企业在产业层面协作，是集成解决方案的四大主要特征。集成解决方案通过构建差异化，来培育企业的核心竞争优势。制造企业在向集成解决方案提供商转型时，应在战略层面以全生命周期客户价值下的资源整合为导向，在组织层面以前—后台服务运作组织结构为目标，沿着"生产制造→系统集成→运营服务→服务提供"价值链两端，逐步向集成解决方案提供商迈进。客户对企业的要求，也从初期的"产品系统支持"，"产品生命周期系统支持"，向"职能系统支持"、"企业系统支持"等扩展。企业在转型过程中，需求管理、能力管理、企业网络和风险管理四者缺一不可。

尽管研究成果丰富，但对于集成解决方案所聚焦的全生命周期服务和前后台的组织结构，尚缺乏在企业应用的考证。同时，制造企业向集成解决方案提供商转型的前提条件，以及转型过程中所面临的主要挑战及应对措施，也都需要进一步探索。

另外，集成解决方案在海尔和陕鼓的成功案例，初步突显了集成解决方案的前景和可行性（诸雪峰等，2011），本章以中控为案例的实证研究，将是对已有实证研究的进一步补充。而未来的研究方向，也将是在不断完善概念和深入运行模式的基础上不断地突出实践性，与具体的案例相结合，走出一条符合中国实际的制造—服务集成之路。

第三节　理论基础

戴维斯（2004）基于对 10 家企业的实证调研，提出了提供制造—服务集成解决方案的四个关键能力：系统集成、运营服务、商业咨询和融资服务，一个成熟的集成解决方案提供商，需具备三个以上的能力。系统集成，在于运用最优（best-in-class）制造商的设备供应来提供多卖主系统。运营服务，在于企业跨越边界进入服务业，维护、更新和运作系统。对服务运作的涉及确保了未来会有产品、升级、更换部件的订单。当供应商承担全生命周期的维护、更新和运作系统责任和风险时，他们发现一开始设计系统时，就应对可靠性和易于维护性有所考虑。商业咨询即企业对客户应如何规划、设计、建造、融资管理以及维护和运作 CoPS 提供建议，在项目生命周期早期和投标阶段，商业咨询服务特别重要。同时，企业提供卖主融资和资产管理服务。

戴维斯等（2006）在总结多家世界知名集成解决方案商的基础上，提出一个"三部组织结构"来抽象提炼制造—服务集成的一般架构，包括前台、后台和战略中心。前台部分，主要在于建立客户中心（Customer - Facing Units，CFUs），其目的是控制通向市场的渠道，主要手段有购买渠道、入侵客户领域，以及跟竞争对手形成战略约定；后台构建，在于建立产品中心（Product Units）和服务中心（Service Units），其目的是建立可随意组合的模块化的产品与服务，建立标准化的业务流程；战略中心的作用，在于建立前后台间的有效连接。其结构如图5.3所示。

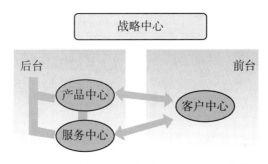

图5.3　集成解决方案提供商的三部组织结构

资料来源：Davies, A., Brady, T., Hobday, M., 2006, Charting a path toward integrated solutions［J］, Sloan Management Review, 47：39 – 48.

本章以戴维斯提出的四大能力和前—后台组织结构发展路径为依据，来判断企业所处的发展阶段，并分析我国实际应用与理论间的差距。之后，应用扎根理论方法，在重新对资料编码的基础上，得出适用于我国制造企业的，向集成解决方案提供商转型的成长机制。

成长机制将着眼于以下两个方面的探索。一方面，寻找我国企业走向集成解决方案提供商背后的驱动力。本章将驱动力分为内部驱动和外部驱动两类，内部驱动定义为企业主动对自身业务结构进行调整，外部驱动定义为市场需求及利益驱动。内部驱动为主时，企业自身首先认识到集成解决方案这一全新商业模式的存在，从自身开始，调整业务结构，让客户感受到全新业务结构所带来的便利，最终得到客户的认可。外部驱动为主时，由市场需求拉动，客户有了集成解决方案业务的需求，拉动企业自身变革，从而走上向制造—服务集成解决方案提供商转变的道路。由于国外企业对集成解决方案这一商业模式的应用，比我国企业要早得多，我们初步假设我国企业借鉴了国外企业的发展模式，其转型驱动力是内部驱动为主，外部驱动为辅。

另一方面，探讨我国制造企业向集成解决方案提供商转型过程中，对企业组织内部管理提出的一系列挑战。企业在应用一种全新的商业模式时，往往意味着业务流程的重新组合，绝不仅是简单的产品线调整，或服务内容的调整。应用全新的商业模式，带来的挑战可能涉及企业的各个层面，由于之前在与戴维斯的组织结构模型进行匹配的过程中，我们收集了大量的与组织内部管理有关的资料，所以本章的研究将主要从组织内部管理方面着手，对这些资料进行编码，着重探寻企业在转型过程中遭遇的来自组织内部管理方面的挑战。研究之初，我们将这些挑战归为了两类：原有的组织结构是否与新的商业模式相匹配，新的商业模式的应用是否会带来新的风险。其中，结构的调整可能涉及企业的多个方面，比如企业人力资源的重新分配，考核机制的调整，新的企业知识的存储积累等。

第四节　研究方法

一、扎根理论方法

扎根理论方法是一种质性研究方法，其主要宗旨是从经验资料的基础上建立理论（Strauss，1987）。运用扎根理论方法研究，并不要求研究者事先有理论假设，而是通过实际的观察入手，从原始资料中获取信息。通过挖掘一手资料，逐步认识问题的本质，建立自己的理论体系。扎根理论方法强调系统的收集资料，从原始资料中获取反映社会现象的核心概念，通过建立这些概念间的联系，构建理论。扎根理论方法一定要有经验证据的支持，但是它的主要特点不在其经验性，而在于它从经验事实中抽象出了新的概念和思想。在哲学思想上，扎根理论方法基于的是后实证主义的范式，强调对目前已经建构的理论进行证伪。

1. 历史背景

扎根理论方法，起源于两位社会学家——芝加哥大学的格拉泽（Barney Glaser）和哥伦比亚大学的施特劳斯（Anselm Strauss），他们共同发展出来了一种质性研究方法。

施特劳斯有相当长的质性研究历史，他强烈地受到互动论学者（interactionist）和实用主义学者（pragmatist）文章的影响，这一背景对于扎根理论方法的贡献主要有：需要实地考察，才能了解真实发生的事情；扎根于资料的理论，与学科发展和作为社会行动基础之间的关联性；了解意义可通过人们的行为互动来定义；对事件演进和发展历程具有充分的观察力；以及事件的前提条件、发展历程与结果之间的交互关系（Strauss & Corbin，1998）。

格拉泽对于研究的思考受到创新量化研究方法的拉扎斯菲尔德（Paul Lazarsfeld）的影响。在进行质性分析时，格拉泽特别关注在资料间进行比较的必要性，以确认、发展和使概念间产生关联。

质性研究，指的是不用统计程序或其他量化方法来获得研究发现的任何研究类型（Strauss & Corbin，1998）。是一种在社会科学及教育学领域常使用的研究方法，通常是相对量化研究而言。研究者参与到自然情境之中，而非人工控制的实验环境，充分地收集资料，对社会现象进行整体性的探究，采用归纳而非演绎的思路来分析资料和形成理论，通过与研究对象的实际互动来理解他们的行为。包含但不限于民族志研究、人类学研究、内容分析、访谈研究等。质性研究注重人与人之间的意义理解、交互影响、生活经历和现场情景，在自然状态中获得整体理解的研究态度和方式。

基本上，质性研究有三项主要的内涵。第一是资料，主要来源有访谈、文件、记录等。第二是研究者用来解释和组织资料的程序，通常包括概念化和缩减资料，即编码。第三是书面和口头报告，通常是指期刊论文、研讨会或书籍等（Strauss & Corbin，1998）。

2. 扎根理论方法的主要思想

扎根理论方法强调从资料中获取理论，以经验事实作为依据。研究者事先没有理论假设，只有通过对资料的深入分析，逐步形成理论框架。扎根理论方法特别强调研究者对理论的敏感性，研究者要想从大量的资料中抽象出理论概念，必须要熟知前人的理论。保持理论敏感性不仅可以帮助我们在收集资料时有一定的焦点和方向，而且在分析资料时注意寻找那些可以比较集中、浓缩地表达资料内容的概念，特别是当资料内容本身比较松散时（王锡苓，2004）。扎根理论方法是一个不断比较的方法，它要求研究者在资料与资料间、理论与理论间不断进行对比，包括资料与概念间的对比，概念与概念间的整合，不断将初步理论返回到资料进行验证，从而形成最终理论。

3. 扎根理论方法的操作程序

扎根理论方法的操作程序一般包括：（1）从资料中产生概念，对资料进行逐级编码；（2）不断地对资料和概念进行比较，系统地询问与概念有关的生成性理论问题；（3）发展理论性概念，建立概念和概念之间的联系；（4）理论性抽样，系统地对资料进行编码；（5）建构理论，力求获得理论概念的密度、变异度和高度的整合性。

一是收集资料。资料来源多种多样，可以是文字资料，即从各种途径获取的二手资料，也可以说口头资料，通过访谈获取的一手资料。在获取资料的同时，研究者进行反思所储存的备忘录等，也可作为资料的一部分。

二是资料分析。扎根理论方法研究中，资料分析是通过对资料的编码和归类来实现的，资料的逐级编码是最重要的一环。编码过程既是思考资料意义的过程，又是不断追问问题、指导后续资料收集及形成理论类属的过程（田霖，2012）。资料编码过程一般分为三步：

一级编码（开放式编码）。开放式编码阶段，一般采取逐行扫描的方式，对所收集的资料进行命名与类属化。在开放式编码阶段，不仅要将收集的资料打散，赋予概念，还要以新的方式重新组合并予以操作化。开放式编码主要包括若干步骤：赋予现象标签—发现类属—命名类属—概念化类属。这要求研究者以一种开放的心态，尽量悬置个人偏见和研究的定见，将所有资料按其本身所呈现的状态进行编码（田霖，2012）。在这个阶段研究者应该遵守的一个重要原则是：既什么都相信，又什么都不相信（Strauss，1987）

二级编码（又称关联式编码或主轴编码）。主轴编码的目的是发现和建立概念类属之间的联系。研究者对于类属的分析是逐个进行的，先围绕某一个类属寻找相关关系，然后通过分析的深入，将各类属间的联系明晰化、具体化。各类属间的关系明确后，还要区分主类属和次类属。因此，主轴编码是把零散的资料以类属和关系的形式组织起来（田霖，2012）。

三级编码（又称核心式编码或选择式编码）。核心编码在主轴编码的基础上，将主要类属进行分析，最终汇聚成核心类属。核心类属即解释某一现象的核心概念，这一核心概念能覆盖所有的类属，使所有类属都能通过关系联结起来。核心式编码的具体步骤：明确资料的故事线，对主类属、次类属及其属性和维度进行描述，检验已经建立的初步假设，填充需要补充或发展的概念类属，挑选出核心类属概念，在核心类属与其他类属之间建立起系统的联系（田霖，2012）。

三是理论抽样与理论饱和。通过三步编码后，基本的理论框架就形成了，然后最终的理论，仍然需要经历理论抽样的过程。通过不断比照初期理论与资料，反复来完善理论，不断将来自现实世界的资料转化成较高的抽象层次的类属、维度与概念，并建构概念之间的关系，直到理论性饱和为止。研究者需要不断反省资料是否完备以及理论上是否存在漏洞。新搜集的资料是否适用于现有理论，当新搜集的资料不能产生新的理论见解，则认为现有的理论是饱和了。此时，研究者的理论才能算是构建完成。

二、案例选择和背景

1. 案例选择

对于集成解决方案的研究，国内正处于起步阶段。由于企业从"生产制造→系统集成→运营服务→服务提供"价值链的两端甚至外围，都可以进入制造—服务集成解决方案商业模式。理论上，制造企业和服务企业，都可以作为研究对象。制造业向服务业转型是国际趋势，所以我们挑选制造业作为研究对象。我国制造业中机械和信息产业发展较为迅速，所以确定以机械和信息行业的企业作为主要研究对象。

在研究初期我们以"解决方案"为关键字，广泛搜索了大量企业。接下来，通过对照戴维斯对解决方案的定义，即"解决方案是对产品与服务的创新性结合，从而对顾客的紧迫业务需要，做出从设计、制造，到维护、更新、运作，甚至融资的全生命周期的定制，是为顾客创造价值的新方法"。进一步进行筛选。最终列出拟调研企业包括：中国国际海运集装箱（集团）股份有限公司（以下简称"中集"）、陕西鼓风机（集团）有限公司（以下简称"陕鼓"）、华为技术有限公司（以下简称"华为"）和中控科技集团有限公司（以下简称"中控"）。企业资料主要来源于中经专网、中国机械网以及企业官方网站，企业信息汇总见表 5.1。

表5.1　　　　　　　　　　拟调研企业资料

项目	中集	陕鼓	华为	中控
成立时间	1980 年 1 月	1999 年 6 月	1987 年	1993 年 3 月
规模	总资产 643.62 亿、净资产 186.28 亿元，遍布全球，150 余家全资及控股子公司，员工超过 6.4 万人	到 2011 年总资产 60.18 亿元，在岗人数 2 742 人，各类专业技术人员 1 000 余人	2011 年，销售收入 2 039 亿元，实现净利润 116 亿元。员工数 11 万。业务遍及全球 140 多个国家	8 家子公司、1 家研究院、17 家分公司、3 家海外分支机构。全球 6 000 余家客户，遍及国内 30 个省市
主营业务	为全球市场提供物流装备和能源装备的企业集团，主要经营集装箱、道路运输车辆、能源和化工装备、海洋工程、机场设备等装备的制造和服务	为冶金、石油、空分、化工、环保和国防等国民经济支柱产业提供透平机械系统问题解决方案及系统服务的制造商、集成商和服务商	为电信运营商、企业和消费者等提供有竞争力的 ICT 解决方案和服务	流程工业自动化、城市信息化、工程设计咨询、数字医疗、科教仪器、机器人、装备自动化、新能源与节能等领域
公司战略	中集致力于为全球客户提供卓越的产品和专业化的服务解决方案，以产品影响世界，以创新引领行业健康发展	通过"两个转变"，将公司打造成为国际一流的、以透平产业为核心的大型技术装备制造商、系统集成商和系统服务商	为适应信息行业正在发生的革命性变化，华为做出面向客户的战略调整，华为的创新将从电信运营商网络向企业业务、消费者领域延伸	研制、开发、生产具有国际竞争力的技术与产品，为用户提供全方位的综合自动化整体解决方案

项目	中集	陕鼓	华为	中控
行业新闻	中经专网，29条；中国机械网，2页	中经专网，6条；中国机械网，1页	中经专网，5条；中国机械网，1页	中国机械网，2条

资料来源：企业网站及相关新闻报道。

由表5.1可知，华为、中集成立时间早，规模庞大，公司简介及愿景中也多次提及"解决方案"等关键字，是我国向集成解决方案提供商转型最早最成功的一批企业，其业务结构商业模式已很成熟。陕鼓和中控成立于上世纪90年代，规模相对较小，陕鼓正处在转型阶段，中控紧随其后，是研究企业转型的最佳时机。一方面，考虑到以陕鼓为案例的研究成果已有很多，对其他企业进行研究，将会对以往研究成果有所补充；另一方面，出于地理优势、资料获取的便利程度及真实性，我们决定以中控作为研究案例。与此同时，我们了解到，中控集团于2011年刚刚成立了一家独立子公司，专门用于承接集成解决方案，作为公司对外的一个窗口，十分利于我们的研究，所以我们最终确定以中控作为案例研究对象，开始展开我们对集成解决方案的研究。

2. 中控

中控始创于1993年，是中国领先的自动化与信息化技术、产品与解决方案供应商，业务涉及流程工业自动化、公用工程信息化、装备工业自动化等领域，以及科教仪器、机器人、太阳能等新兴产业。成立近二十年来中控一直专注于自动化控制系统的开发和研究，规模也越来越大，至2012年集团下设16家子公司、1家研究院、17家分公司、3家海外分支机构。中控1993年开始推出自主研发的DCS产品，并建立了一支销售队伍推广DCS。从2002年起，公司开始涉足集成业务，将流程工业自动化需要的现场仪表和DCS集成在一起，设计一个能够满足客户要求的方案提供给客户。从2006年起，中控则不仅仅面向流程工业而是全面的工业自动化领域，提供方案咨询、设计、产品集成、工程实施、售后服务等全生命周期的服务，开始从产品提供商、集成商向服务的提供商转变，向提供综合解决方案的方向前进。图5.4简要描述了这一历程。

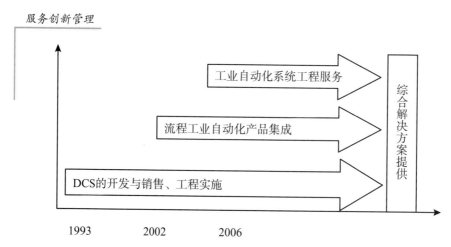

图 5.4　中控业务发展历程

3. 浙江中控系统工程有限公司

浙江中控系统工程有限公司（以下简称中控系统）是中控的核心子公司之一，成立于 2011 年 3 月 31 日。公司以总包形式提供自控系统技术改造和新项目的设计咨询、控制产品、电气仪表成套、自控现场安装与调试等全方位的工程服务，为工业企业提供 In－Plant 全面自动化整体解决方案。公司成立后迅速壮大，与 GE、EMERSON、横河施耐德、ABB、梅特勒－托利多、DELL、LENOVO、HONEYWELL、SIEMENS 均有着密切的合作。公司以仪控系统工程、整体方案和服务为业务方向，主营成套业务的拓展、技术支持、采购与项目实施，围绕集成能力提升的主旨，充分利用并发挥中控品牌、平台、人才、技术、产品等各方面优势，拓展MAC、MAV 等业务，实现中控工业自动化事业愿景，做中国最好的自动化系统集成商。

中控之所以成立中控系统，是因为现代商业的发展使得服务的外延越来越大，用户的需求和要求越来越高，制造型企业在运营尤其是仪控总包项目中无法满足客户的要求，需要一个适应市场的平台。市场和需求决定模式，模式需要平台支撑。正是在此背景下，中控系统作为中控集团制造—服务集成的第一平台应运而生。

为了提高集成业务的运作效率，避免之前项目交叉运作所带来的弊端，中控系统在项目的运作体制上也做出了新的尝试。公司不仅将项目制作为提供综合解决方案的主要运作模式，还通过建立独立的行业事业部在特定领域内开展"一条龙"式的集成解决方案。

4. SK 项目

SK 项目，全称 SK 黄酒项目自动化控制工程，为系统交钥匙工程；项目2011年10月开工，2012年2月竣工，总共历时约150天，实施地址位于某黄酒产业基地。项目由中控系统的食品饮料事业部承接。

项目拟通过自动化技术、计算机集成制造技术等信息化技术在酿造、压榨、发酵、煎酒、制曲等关键生产环节上的深度应用，来推动黄酒生产装备数字化和生产过程智能化，实现黄酒生产由传统制造向现代智能化和自动化制造的改造提升，打造全数字化的智能型黄酒酿造企业。项目集成内容包括：本系统的自动化设计；黄酒酿造/后酵/压榨/CIP 系统的自动控制；黄酒酿造关键工段的视频监控系统的设计；电气设备、仪表、自控系统及附属设施的采购、制作、安装和调试；其他与中国黄酒产业基地黄酒自动控制工程相关的部分设施的采购、制作、安装和调试；实现与过滤系统、制曲系统等采用单机控制的系统通讯，从而实现从原料预处理、浸米、放浆、米输送、蒸饭、米饭输送、发酵、压料倒罐、压榨、澄清勾兑、煎酒灌坛整个黄酒酿造过程的自动化控制。

三、资料收集和分析

1. 资料收集

案例研究中有六种证据来源，包括文献、档案记录、访谈、直接观察、参与性观察和实物证据。这样，就能相互印证，形成证据三角形（Yin，2004）。本研究主要采用访谈和档案记录收集研究需要的资料。根据事先设计的访谈提纲，我们对来自中控系统的管理人员和普通员工进行深入的访谈。每次访谈的时间基本持续1个小时。如果被访人员不反对，我们会对访谈过程进行录音。所有的访谈均在2012年4月左右进行，具体的访谈资料来源见表5.2。此外，我们还收集了60页的档案资料，来源包括企业网站、新闻报道、公开出版的研究报告以及访谈中索取的公司内部档案等。

表 5.2　　　　　　　　　　　　访谈资料来源

时间	地点	人物	被访者基本信息
2012 年 3 月 23 日 11：40～13：00	中控系统附近餐厅	Y 女士 S 先生	食品饮料事业部总经理 食品饮料事业部副总经理
2012 年 4 月 6 日 12：30～13：30	中控系统某办公室	A 先生	食品饮料事业部技术经理
2012 年 4 月 19 日 11：00～12：00	中控系统某会议室	C 先生	公司副总经理
2012 年 4 月 27 日 16：00～17：00	中控系统某办公室	W 先生	公司总经理
2012 年 4 月 27 日 17：40～19：00	中控系统附近餐厅	Z 先生	项目管理部项目经理

2. 资料分析

案例的证据分析有五种具体的分析技术：模式匹配、建构性解释、时序分析、使用逻辑模型和跨案例分析（Yin，2004）。在对所有的访谈数据都做了初步分析的基础上，作者选择了模式匹配方法对本章所选案例进行深入分析。模式匹配指建立在实证基础上的模式与建立在预测（或几种可能的预测）基础上的模式相匹配。如果这些模式相互之间达成一致，案例研究结论的内在效度会更理想（王毅，袁宇航，2003）。本章在研究之初就建立一个预测模式（Davies 提出的四种能力和前后台模型）；接着，通过实际访谈中的资料，进行模型匹配。

在模式匹配的基础上，进一步基于扎根理论方法，采用三步编码方法构建模型，获得最终研究成果。如上文所述，扎根理论方法操作程序包括三个级别的编码、分别是开放式编码、主轴编码（或关联编码），以及选择编码（或核心编码）。

开放式编码的目的，是从资料中发现概念类别，对类别加以命名，确定类别的属性和维度，然后对研究的现象加以命名及类别化。本章在开放式编码阶段，采取逐行扫描的方式，对资料进行编码，开放式编码示例如下：

"……做超大型项目，比方说我们现在拿到的某国那个项目，项目有个领导小组，领导小组从整个风险把握，包括大的方面，比如工作的指导方向这些方面做把控【领导小组】。其实具体实施的，还是项目组。但是这位项目经理，就是要有一定的权限，因为项目越大，需要的权限越大【权限要求】。这位项目经理就不是一般的人能去承担这个职责的。这也按照项目的大小来分的【能力要求】。"

主轴编码阶段，主要任务是发现和建立概念类别之间的各种联系，以表现资料中各个部分之间的有机关联。操作方法一般是，对开放式编码产生的一系列概念，进行归类整理，并试图寻找各类别间的联系。主轴编码示例如下：

"驱动力分析：市场拉动（用户需求，用户理解差距），组织结构不匹配（资源冲突，内部纠纷），业务特性（工程项目，大量外购，核心产品）。

必备条件：资金管理能力，信任（产品认可），风险监控（制度保障，人才培养，信息备份），权限要求，能力要求（全方位管理要求），渠道控制，业务规模要求。

优势所在：支持作用，研发回馈，总额做大，精力聚焦，灵活，避免内部界面纠纷，统一协调，投资回报高。

劣势：服务利润空间小，风险集中。

具体实施：项目经理责任制，重点照顾，组员借调，责任制，任务分配，协同工作（内部辅助工作，外部协同工作），请求式资源协调，关系管理（内部沟通，外部沟通，区别对待，用户个性管理），满意原则（项目满意，用户满意），去职能化，矩阵制优化，业务外包（外部采购，施工外包）……"

在主轴编码基础上，进行核心编码，核心类别必须在与其他类别的比较中一再被证明具有统领性，能够将最大多数的研究结果囊括在一个比较宽泛的理论范围之内。描述故事线是快速指认出核心类别的一种方法，重新检阅的重点不在资料中的细节，而在找到整个研究的一般意义及内涵（Strauss & Corbin，1998）。描述故事线示例如下：

"……在项目实施的过程中，中控渐渐感受到了组织结构不匹配带来的弊端。职能式的组织结构中，个人只需向本部门的业绩负责，对项目的进展并不关心，这样很容易导致内部界面纠纷，互相推卸责任。而且，按照传统的组织结构，项目的实施往往是销售签单的人员来负责项目跟进，直接导致了销售人员无法精力聚焦，去开拓新的市场。于是，中控决定成立一个独立的子公司，专门负责总包工程项目的实施，即浙大中控系统工程有限公司……"

基于故事线的基础，最终完成核心编码，示例如表 5.3。其间是理论抽样。理论抽样是累积性的，是根据先前的资料收集和分析而来。然而固执于某个特定的步骤，不仅会阻碍分析的历程，也会扼杀创造性（Strauss & Corbin，1998）。所以，理论抽样并不是在完成三步编码之后进行的，而是在编码过程中，逐渐累积的。

表 5.3　　　　　　　　　　核心编码示例

编码类别	示例
用户信任	至少竞争力比纯粹总包那个模式要加强一些，因为有自己的产品，用户对你的信任度会高很多。 用户不会相信阀门厂有那个做总包的能力，但做控制器的说我去帮你选配阀门，用户也知道选个阀门是相对容易的事，他更相信你有这个（总包）能力。
组织结构	公司组织分成几块，比如工程分公司、营销总部、采购总部等，这样条块之间容易扯皮，老是扯到领导那边去开协调会。 制造型企业有些职能上满足不了这个要求，特别是做仪控总包的项目，确确实实需要一个适应市场的平台来做这件事情。

第五节　分析结果

一、集成解决方案在中控的应用阶段

由于中控系统是中控专门成立且面向集成解决方案市场的核心子公

司，中控系统在独立核算的同时，大量依托中控的资源。所以可以认定，中控系统的企业状况，能很大程度上代表中控在提供集成解决方案服务上的发展现状。以下我们将对中控系统的实际状况与戴维斯（2006）的企业四大能力和前后台组织结构模型进行模型匹配，以此判断中控制造服务的发展现状。

模型匹配的关键，在于解读业内的专有名词——总包工程。注意到，被访者并不会经常提到"集成解决方案"，但"总包工程"几乎贯穿访谈始终。总包工程包含提供方案咨询、设计、产品集成、工程实施、售后服务等。一个完整的控制系统总包工程，由自动化控制系统与成套设备构成，其中10%是系统，90%是成套设备。而中控集团的核心产品是控制系统，虽然自己也生产配套设备，但并没有产品优势，在具体的项目实施过程中，常常需要向其他企业采购。

作为控制系统总包工程的负责商，需要整合自身资源与外部资源来完成项目。以SK项目为例，具体实施流程如表5.4所示。

表5.4　　　　　　　　　SK项目流程分解及责任人工作明细

项目阶段	责任人	主要工作	关键事件
项目跟踪	销售经理	关注项目，提供资质	进入竞标
投标	事业部高层	与业主高层交涉	拿到中标书
	销售经理	主持投标工作	
	技术支持	配合报价，了解需求	
前期设计	项目经理	调配资源，统筹项目	签订合同/设计联络会
	工程经理	分解工程方案	
	技术支持	配合工程，明确设计	
项目实施1	项目经理	调配资源，进度控制	开箱验收/进场安装
	工程人员	指导监督	
	采购经理	主持采购工作	
	技术支持	配合实施	
项目实施2	项目经理	调配资源，进度控制	试车
	工程人员	回路测试、联调	
	销售经理	特殊情况处理	

续表

项目阶段	责任人	主要工作	关键事件
项目跟踪	销售经理	关注项目，提供资质	进入竞标
项目实施3	项目经理	主持工作开展	验收和回款
	工程人员	主持项目开车	
工程维保	项目经理	主持项目总结	续签维保合同
	工程人员	负责维保	
	销售经理	质保金回款	

从项目流程可以看出，一个总包工程，主要涉及的内容包括：（1）商业咨询。如项目跟踪阶段，销售经理根据客户的项目需求，制定竞标书；前期设计阶段，项目经理联合工程经理和销售经理，通过设计联络会，确定工程实施方案。（2）系统集成。如项目实施阶段是需要采购人员主持采购工作的。根据戴维斯（2004）对系统集成的定义，即有机整合各种软件和设备，组成一个系统。可以认定，中控系统有系统集成的能力，它有机地整合了自身的核心产品与外购设备，以10%的核心产品撬动了整套工程项目。（3）运营服务。戴维斯（2006）认为，运营服务是指在产品运营的全生命周期里，提供运营、维护和升级服务。而中控系统，仍然实施的是传统的质保服务期，以及项目验收交接过程，所以认为其实施的是非完全运营服务。中控系统的能力分布如表5.5所示。

表5.5　　　　　　　　　中控系统的四大能力分布

四大能力	应用现状
系统集成	核心产品是DCS产品，占项目的10%，剩下的90%是成套设备。成套设备部分来自自有产品，部分来自外购。中控系通过有机整合自身优势与外部资源，为客户提供一整套解决方案。
运营服务	实施限期售后服务。质保期内免费维修，质保期外有偿服务，由客户自报需求。
商业咨询	项目跟踪阶段，根据客户需求制定竞标书。竞标成功，项目经理联合工程经理和销售经理，通过设计联络会，根据客户需求，制订工程实施方案。
融资服务	暂无

　　根据戴维斯的三部组织模型，我们分别从前台、后台和战略中心来考察中控系统的发展现状。前台部分，我们考察市场控制程度，主要手段有购买渠道，进入客户领域，以及跟竞争对手形成战略约定。后台部分，考察产品和服务模块化的程度，考察标准有：是否建立标准化流程和可重复利用度。战略中心，在于建立前后台之间的有效连接，考察标准为是否有独立的战略中心。

　　通过分析发现，中控系统依托中控，有稳定的市场渠道，同时存在一个主要竞争对手，并且比其发展好。通过 SK 项目流程分解，可以看出中控系统已建立标准化的流程，其核心产品是 DCS 控制系统，可重复利用。

　　同时，中控系统的组织结构与理论模型仍存在差异。主要表现在：结构化较模糊，过程性更明显，以及战略中心弱化。据经验丰富的项目经理介绍，这也是这种制造—服务集成业务开展模式的一般特点，即前后台有一定的界限，但随着项目进度会有所变化。

　　战略中心弱化，则主要体现在，组织中并没有明显的战略中心存在，沟通前后台的任务主要落在具体的项目负责人身上。对于大的项目，公司往往会成立一个临时领导小组，来协调各方面的资源。而对于小的项目，项目经理更像是一个战略中心。

表5.6　　　　　　　　　中控系统的组织结构模型匹配结果

组织结构	模型指标	应用现状
前台 （控制市场渠道）	购买渠道	自有渠道，依托中控集团遍布全国的销售网络，共分布有二十多家子公司。
	入侵客户领域	无
	与竞争对手合作	有一个主要竞争对手——和利时。由于化工行业的良好发展，目前比其发展好。纵向上，与浙大网新有业务合作。
后台 （产品和服务模块化）	建立标准化流程	项目实施流程标准化。
	可重复利用度	有核心产品 DCS 控制系统，工程项目定制化，但是产品构成基本不变。
战略中心 （有效连接前后台）	是否存在独立的战略中心	不存在。大的项目，战略中心的作用由临时领导小组承担；小项目由项目经理承担。

　　通过以上分析，可发现中控系统具备成为制造—服务解决方案提供商

所必须的至少三大能力：商业咨询、系统集成和运营服务，同时前后台和战略中心都具备。但是，其提供运营服务的能力还不完善，主要体现在所提供服务不覆盖全生命周期；前后台组织界限模糊，前后台会随着项目进程发生变化；不存在实质的战略中心，且功能被弱化。根据"生产制造→系统集成→运营服务→服务提供"的 CoPS 价值链，中控系统目前已完成生产制造和系统集成，进入到第三阶段。根据戴维斯等（2006）的前—后台组织结构的能力发展路径：前台成长、后台构建以及重新聚焦，中控系统还处于前后台模糊发展阶段。综上所述，在自动化控制领域，作为领先企业的中控，目前仍处于向集成解决方案提供商转变的初级阶段。接下来，将对中控系统做更为深入的探索，以此总结企业转型的驱动力，以及转型过程中面临的挑战与解决对策，并最终形成制造企业向制造—服务集成解决方案提供商转型成长机制的分析结果。

二、转型驱动力

良好的行业发展，将极大地促进企业的成长，是企业走向集成解决方案提供商的前提条件。用户信任度和投资回报率，是企业转型的根本驱动力。而管理层支持则是企业转型的必要条件。

1. 行业环境

虽然在提供控制系统集成解决方案上，中控存在实力相当的对手，但近年来化工行业的良好发展，为中控提供了良好的市场支持。同时，中控集团作为自动化行业的领军企业，拥有最高的系统产品市场占有率，为企业率先进军集成解决方案领域提供了前提条件。国内其他优秀企业，如华为的集成解决方案运作模式，则为中控集团提供了表率作用。

2. 客户信任度

信任是一方基于对另一方的意图或行为的积极期望，而将自己的脆弱性置于另一方控制下的一种心理状态（Rousseau，1998）。信任分为人际信任和组织间信任（Zaheer，1998）。组织间信任有两种基本类型：委托人对团体行为期望的信心或预测能力；对团体善意的信心（Doney & Cannon，1997）。对第一种类型，一般与可信性维度相联系的是团体的预测能力、可靠性、专长和能力。这种类型被视为团体将以可预测方式表现以及能够依赖履行契约义务的期望。第二种类型通常与善行维度有关，指的是即使有机会，团体也将公正地行动，不会不公正地利用委托人（Anderson & Narus，1990）。本章所指的用户信任度，则主要是指第一种类型的组织间信任。

我们发现，客户信任度主要来自于两个方面：客户的认知差距和企业产品的科技含量。企业产品的科技含量越高，客户自身能力越无法达成，则客户感知的认知差距越大。就像人们会对学识渊博经验丰富的人产生信任一样，客户对企业也是如此。客户感知的认知差距越大，越希望企业去承揽整个工程项目。一个完整的控制系统，由自控系统与配套设备构成。由于客户对企业足够信任，所以尽管自控系统可能只占整个工程的10%左右，客户却乐意授权给中控这样的企业，去负责整个工程项目的实施。

3. 投资回报率

投资回报率则是最终驱动企业转型的因素。负责一个完整的集成项目，往往意味着资金总额十分庞大。以10%～20%的系统产品来撬动100%的工程项目，对于追求利润增长的企业来说，是非常有吸引力的，所以企业自身也倾向于承揽这样的集成工程项目。当企业由单一的产品供应商转变为工程总负责商时，也就意味着企业向制造—服务集成商转型的过程开始了。

4. 管理层支持

管理层支持是成功转型的支持因素。任何组织变革都会遇到各方面的阻力，此时管理层的作用就显得尤为重要（孙林岩等，2011）。本次访谈的两位领导分别是中控系统的总经理W先生和分管项目部的副总经理C先生，能代表与集成解决方案相关的管理层。其中W先生来自母公司，C先生外聘，对管理层的构成也有一定的代表性。

高层支持。中控系统的成立，是经中控高层领导决策，成立的一个工程领域对外的窗口，从而树立中控服务的品牌。它是由母公司投资成立的独立子公司，在能获取母公司资源支持的同时，也有很大的决策自主权。

主要管理者拥有集成解决方案理念与工作经验。总经理W先生，自中控成立之初就曾在这里工作过，在被任命为系统公司总经理之前，是母公司分管集成业务的领导，有丰富的集成解决方案相关经验。C 先生来自于与中控背景类似的浙大网新，有相似的工程项目经验。C 先生提到，浙大网新与中控存在同行合作关系，两者之间主要是业务领域存在差异，其中浙大网新在提供集成解决方案这方面更有经验。可以推断，公司引进外部人才的目的，是希望能将其以往的成功经验进行转移。

综上所述，行业发展是企业良好发展的前提条件，企业产品的科技含量和客户对产品的认知差距，决定了客户对企业能力的信任度。企业产品的科技水平越高，客户越难以独立使用其产品，客户对企业能力的信任度越高。客户的信任度，决定了客户是否会授权给企业，让企业来充当集成项目的负责商。作为集成项目负责商，可以以 10% 的核心产品撬动 100% 的集成项目，这对企业来说，是极其巨大的利益。市场需求的拉动是企业转型的根本驱动力，巨大的利益驱动了企业向制造—服务集成解决方案提供商的转型，要想无障碍地开始转型，管理层支持必不可少。客户信任度、投资回报和管理层支持，共同构成了企业转型的驱动力。如图 5.5 所示。

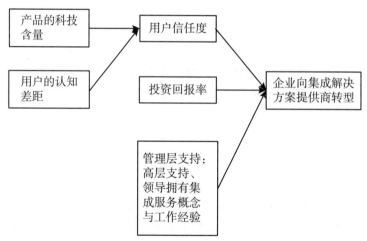

图 5.5　企业向集成解决方案提供商转型的驱动力模型

三、组织结构转变

能力管理是企业实施服务型制造的主要内容之一，组织制度建立、组织结构和业务流程再造、生产线改造等是能力管理的部分手段（李刚，2010）。企业在转型为集成解决方案提供商的过程中，具体会遇到哪些组织结构方面的问题，又应该如何改造，是本部分的研究重点。

转型过程中，传统的职能型企业会遭遇组织结构不匹配这一困境，主要表现在两个方面：界面失调与精力分散。它们都会极大地影响集成解决方案的工作绩效，增加了项目实施的成本，并最终影响用户满意度，长此以往将十分不利于企业的发展。对此，中控成立中控系统，中控系统逐渐实现组织结构变革，在业务规模足够大的前提下，进行事业部改制，实施项目经理责任制。中控系统运营一年以来，为集团公司遍布全国的销售网络提供了后台支持，同时也为集团公司的核心系统产品的研发起到了反馈作用。

1. 组织结构不匹配的弊端之一：界面失调

界面的概念来源于工程技术领域，主要是用来描述各种仪器、设备、部件及其他组件之间的接口（吴秋明，2004）。由于其能形象的反映不同单元要素间的结合状态，人们将其引入到管理领域，用以说明管理系统中要素与要素之间的交互状态和联结关系。界面管理就是对为完成某一任务或解决某一问题的各企业之间、各职能部门之间、各成员之间，或各种程序、流程、结构之间信息、物质、能量等要素的交流、沟通的交互状态进行管理，以保持一种良好的界面环境，使得跨界面的交流、协调、合作能够有效进行（徐磊，2002）。一般认为，创新界面主要有两个：一是企业内的界面，其中 R&D、营销与制造之间的界面最受关注；二是企业外的界面，如供应商、制造商和顾客之间的界面（朱祖平，2001）。本章所提到的界面管理问题，主要是指企业内的界面管理。

企业内部界面问题的形成可能来自多方面，如社会文化因素、组织因素、思维定式和偏好等（盛亚，2005）。中控集团出现的企业内部界面管理问题，主要成因在于组织因素。组织因素包含组织的方式因素和组织的结构因素（盛亚，2005）。本章把这种由于组织结构因素所导致的企业内部界面管理问题，定义为界面失调。界面失调，指不同职能部门、流程间的目标差异，导致界面衔接不顺畅，互相推卸责任。

中控系统的母公司是典型的职能式的组织结构，在公司逐渐壮大后，出现了一些问题。一方面，由于公司规模庞大，本职能模块内互相之间都有可能不认识。而项目的实施通常都需要跨职能间的合作，由于各职能间的相对独立，信息的无缝对接很难实现，容易导致信息失真和沟通困难。另一方面，响应度与灵活度不够。个人只需向本部门的业绩负责，对项目的进展并不关心，导致项目质量不易控制，影响项目响应度与灵活度，而这恰恰是项目成功实施的重要指标。

2. 组织结构不匹配的弊端之二：精力分散

以往的工程项目，只需要提供客户要求的产品即可，而集成解决方案往往意味着客户只提出了大体上的需求，具体的项目实施要求，则需要企业与客户的反复沟通确认。按照职能型的组织结构，项目跟进是销售人员的工作，而一个集成解决方案的实施，是一个需要多方面资源协调、长期与客户和供应商互动的过程，由销售人员来负责项目跟进，十分分散销售人员的精力，导致其无法全力开拓新的市场。

3. 组织结构转变：逐步向事业部制转型

为避免出现组织界面失调的情况，需合理安排组织结构，尽量将组织界面内化，以减少组织界面的数量，降低组织协调难度（张悦颖等，2010）。界面失调的原因，主要来自于各职能部门间各自为政，考核标准也不一致。中控系统的成立，是中控实现工程项目统一协调控制的第一步。

接下来，是中控系统内部的组织结构变革，组织结构变革是逐步实现的，业务规模足够大是成立事业部的前提。中控系统成立初期，仍沿用母公司的职能式结构，只有当某一行业的业务规模已经足够庞大时，才从各职能部门抽调人员，组建新的行业事业部，专门负责这一行业的工程项目。由于已达到一定规模，业务量相对稳定了，独立成一个事业部，也不会造成太多的人力资源闲置浪费。最终公司组织结构完全转换为事业部制，只留下基础后勤部门。

4. 组织结构转变：项目经理责任制

中控系统实行项目经理责任制，是指销售人员签单后，将项目移交给项目经理，由项目经理全权负责工程实施，制订进度计划、采购计划与实施计划，统一安排协调。从项目移交开始，项目经理成为新的公司代表，负责与客户和供应商沟通。公司可以尝试以销售与项目经理双人负责制为过渡，之后再逐步转向以项目经理为主的单人负责制。

公司赋予项目经理足够的权限，直接向公司副总汇报，项目越大，权限越大。项目经理通过任务分配的形式，将项目责任落实到每一位项目组成员身上。当资源不足时，项目经理直接提交请求给中高层领导，来满足项目需求。绩效考核方面，个人绩效不再与职能部门绩效挂钩，而是通过考核项目绩效来考核，从而避免了部门间互相推卸责任。同时销售人员在项目初期已将项目工作全部移交，能全力投入开拓新业务的工作中，精力更聚焦。

但需要注意的是，项目经理并不是唯一的沟通渠道。当项目规模小的时候，这样做是可行的。但集成解决方案一般是规模庞大的项目，它由很多模块构成，每个模块都有相应的负责人，客户方同样如此。具体的细节问题，由相应模块的负责人跟客户对口交流，项目经理需要从宏观上把握项目的总体进展。

四、全生命周期服务

全生命周期服务，在以往的案例研究中，往往被误读和忽视，并经常和售后服务体系混为一谈。在企业实践中，企业也常常号称自己提供全方位的集成解决方案，而实际上往往只包含了设计、制造、维护，而忽视了后续的更新、运作，甚至融资的全生命周期的定制，这一现象在中控系统同样得到体现。一方面，由于中控系统才成立一年，项目基本都没完工，还未涉及售后服务的工作。另一方面，以其母公司为例，由于目前存在无项目问责制、激励不匹配和服务利润低等因素，决定了全生命周期服务在中控系统尚难以实现。

中控系统目前暂定提供限期售后服务，项目完工一年内出现质量问题，免费维修或更换，一年后，提供有偿维修服务。其中有偿服务是单次计费，而不是包年服务。在提供全生命周期服务上，中控系统并不完善[1]。注意到，许多公司都在提供全生命周期服务，大多集中在IT、通信行业，比如

---

[1]　初步分析，主要存在以下三个方面的原因：（1）无项目问责制。以中控系统母公司中控为例，当售后服务热线接到客户方的维修请求，维修任务会随机分配给某一项目团队，并不会由原先的项目团队去负责维修。这是因为职能型的组织结构，会导致项目职责不清。项目团队是临时性的，当项目结束后就会解散，而专业的售后维修部门又不存在，任务只能随机分配。（2）激励不匹配。被分配到维护任务的团队，往往不能为客户提供优质的服务。因为售后维护并不计入考核范畴，导致维护服务动力不足。（3）服务利润低。一方面，中控人力成本低，导致了服务利润低；另一方面，服务内容同质化，竞争激烈，导致服务价格定得低。服务被看做物品的依附和营销手段，服务层次偏低，难以直接成为企业的价值源泉（陈洁雄，2010）。

前两项障碍可以通过调整组织结构与考核措施，加以解决。最后一项则不应该成为全生命周期服务的障碍，因为服务利润并不是全生命周期服务的主要利润来源，后续的系统升级才是企业的关键利润点。

服务创新管理

华为等。不过中控系统才成立一年，将来有可能也会提供全生命周期服务。

五、结果模型

综上所述，以中控系统为例，企业向集成解决方案提供商转型，需要市场拉动与内部推动相结合，转型过程中需要有效调整组织结构。同时企业应转变思想，重新认识全生命周期服务，向集成解决方案提供商更迈进一步。具体模型如图5.6所示。

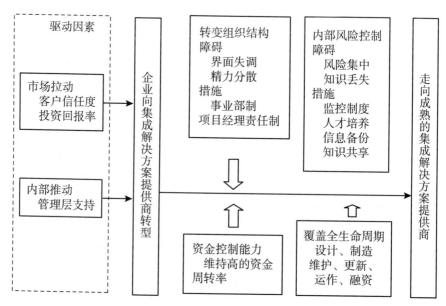

图5.6 企业走向集成解决方案提供商的转型机制

注：限于篇幅，本章并未对图中的内部风险控制障碍和资金控制能力展开分析。

图5.6中，市场拉动和内部推动同时驱动企业向集成解决方案提供商转型。客户信任度和投资回报率是主要的市场拉动因素。客户信任，指的是组织间的信任，即客户企业对制造企业的信任，是对企业将以可预测方式表现以及能够信赖履行契约义务的期望。获取客户信任，不仅仅来自与客户良好的沟通和关系管理，企业产品的科技含量和用户的认知差距，才是决定用户信任度的关键因素。企业拥有科技含量高的核心产品，用户难以独立上手操作，客户就更信任企业有独立承担全套工程的能力。承接一

整套的集成解决方案项目，意味着企业能以占比较少的核心产品，撬动百分之百的市场，这将为企业带来较高投资回报率。企业是盈利性组织，追求利润是企业的目标，高的投资回报率才是推动企业转型的关键。

管理层支持是主要的内部推动因素。管理层支持包含企业高层领导的支持，以及中层领导对集成解决方案概念上的认识和与之高度相关的工作经历。高层领导支持，能为企业转型扫清大部分障碍，比如本章案例中控成立独立的子公司。中层领导的工作经历，推动了企业顺利转型，政策的落实需要制定具体有效的执行措施，中层领导高度相关的工作经历，则保证了具体措施的有效性。

覆盖驱动因素的虚线框，代表了企业外部的宏观环境，比如国家政策、行业发展等。各行各业面临的外部环境可能都不一样，但归根结底，只有外部环境良好，才能保证企业得以良好运转。组织结构、全生命周期服务，是企业走向成熟的集成解决方案提供商将要面临的主要挑战。

制造业是我国的传统行业，组织结构大多是职能型结构，而集成解决方案需要各职能部门间的无缝衔接，所以组织结构上的挑战，是企业转型面临的最主要的障碍。其中，界面失调和精力分散，是企业面临的主要的组织结构上的挑战。界面失调，指的是由组织结构因素引起的企业界面问题，即不同职能部门、流程间的目标差异，导致界面衔接不顺畅，互相推卸责任。精力分散，主要是指销售人员的精力无法聚焦。由于传统的考核机制，销售人员在合同签约后，仍然得不断跟进项目的实施进展，十分阻碍销售人员全力开展新业务。通过实证研究发现，企业向事业部制转型，以及实施项目经理责任制，是比较有效的应对措施。事业部制即项目制，具体措施是抽调各职能部门的人员，组成新的部门，专门负责某一个行业的业务。向事业部制转型的前提，是某一行业业务规模足够庞大，不会造成企业人力资源的浪费。项目经理责任制，则是在销售人员签单后，转由项目经理负责项目的实施，销售人员退居二线，将销售与实施的工作分开，各行其责。

无项目问责制、激励不匹配和服务利润低，导致了大多数企业不愿提供全生命周期服务。企业应该认识到，服务利润并不是全生命周期服务的主要利润来源，后续的系统升级才是企业的关键利润点。企业应跳出传统的售后服务的概念，从设计、制造、维护，延伸到更新、运作甚至融资服务，真正覆盖项目的全生命周期。

第六节　讨论和结论

一、讨论

通过上文扎根理论方法研究发现，市场的拉动是企业向集成解决方案提供商转型的主要动力，其中市场驱动力分为用户信任和投资回报率两部分，这与之前的文献研究成果是吻合的。学者们普遍认为，是客户需求和市场竞争压力，促进了企业转型。本章在以往研究的基础上，解答了客户是以什么标准来选择集成服务商的问题，即客户对企业的信任程度，决定了客户最终选择谁来做集成解决方案提供商。另一方面，市场竞争的压力，也迫使制造企业开始提供定制化服务，集成解决方案为企业带来了高的投资回报率，是制造企业愿意转型的关键。

企业在向集成解决方案提供商转型的道路上，将要遭遇来自组织结构的挑战。戴维斯（2006）建立了前—后台组织结构的能力发展路径：前台成长、后台构建以及重新聚焦，这与我国的实际情况并不完全吻合。研究发现，前后台分离在企业实际运作中并不明显，集成解决方案强调顾客价值导向，必然要求企业各部门都参与到与客户的交流沟通之中，目前只能做到前后台大概分离，实际界限并不明显。同时，组织结构的调整需要平稳过渡，研究发现，通过采取事业部形式，由职能型组织结构逐步向项目型组织结构转变，是目前我国企业比较可行的方法。

目前对于全生命周期的认识，还局限在设计、制造、维护阶段，认为覆盖项目实施全过程的服务，就是全生命周期服务，而忽视了后续的更新、运作甚至融资。一方面，服务内容的同质性以及我国人力成本低，决定了我国整体上的服务利润不高；另一方面，企业并没有认识到后续的更新升级，也是一大利润来源。这两方面决定了企业对提供全生命周期服务的不重视，从而出现激励不匹配、无项目问责制等一系列后续服务问题。企业应认识到全生命周期服务的利润所在，真正提供覆盖全生命周期的服务，成为成熟的集成解决方案提供商。

二、结论

中控作为我国自动化行业的龙头企业，能基本代表我国制造业的整体发展水平。通过对其子公司中控系统的实证研究，我们得出以下几点结论：

第一，中控目前仍处于向集成解决方案提供商转变的初级阶段。尽管中控系统具备成为制造—服务解决方案提供商所必需的至少三大能力：商业咨询、系统集成和运营服务，同时前后台和战略中心都具备，但是，其提供运营服务的能力还不完善，主要体现在所提供服务不覆盖全生命周期；前后台组织界限模糊，前后台会随着项目进程发生变化；实质的战略中心不存在，且功能被弱化。

第二，尽管与客户的关系至关重要，但企业拥有科技含量高的核心产品，才是企业获取用户信任的关键因素。获得了用户信任，用户才会授权给企业，让企业负责整体集成解决方案的实施。集成解决方案往往意味着高的投资回报率，这是企业转型的根本驱动力。总之，市场拉动是企业转型的核心驱动力，制造企业要想寻求新的发展，打造自己的核心产品，获取用户的认可是关键。

第三，传统的职能型组织结构，将不利于企业向集成解决方案提供商的转型。职能部门的互相推诿、考核机制的不配套，将极大地阻碍工程项目的高效实施。销售人员负责项目跟进，又阻碍了新业务的开展。向事业部制改革以及实施项目经理责任制，是良好的应对措施。

第四，企业应跳出传统的认识误区，提供真正覆盖全生命周期的服务。由于激励难以匹配、无项目问责制以及服务同质化带来的低服务利润，国内制造企业大部分仍局限于售后保修的思维定式中，设计、制造、维护是其对全生命周期服务的理解。企业应认识到设备更新，运营服务带来的新的利润点，将服务进一步扩展到更新、运作等融资服务范围，真正做到提供全生命周期服务。

三、管理启示

制造商突破发展瓶颈，向服务商转型是主流趋势，是制造业获取新发展的创新性选择。然而盲目的转型并不可取，企业应当认识到，市场的拉动才是根本的转型驱动力。制造企业要想向集成解决方案提供商转型，要有自己的核心产品，以获取用户的信任，而高新技术企业则更容易获得用户信任，从而被授权成为集成解决方案提供商。

向集成解决方案提供商转型，组织结构变革是企业转型所面临的主要挑战，变革的同时，又会带来一系列的管理问题。典型的职能型企业需要调整组织结构，向项目型组织结构过渡，才能更好地适应集成解决方案提供商的角色。对全生命周期服务的不完全解读，是大多数企业的现状，企业应认识提供全生命周期服务的障碍，认识其利润所在，扩大现有服务范围。

制造—服务集成解决方案，要求企业把握自身的核心产品，同时与众多的外部供应商合作。在保证自身产品优势的同时，也要注重提升自己提供工程服务的能力，当有能力为客户提供一整套的定制服务时，是企业转型的真正时机。为了避免造成人力资源的浪费，企业可以职能型组织结构为主，随着业务规模的扩大，逐渐向项目型组织结构转变。工程项目具有短暂性与相互独立性，企业应特别注重对提供售后服务的项目团队的激励，要建立项目问责制，深度挖掘售后服务的利润点，从维护提升到设备升级换代等一系列的更新服务、运作服务，为企业创造新的利润点。

四、展望

关系管理是调研中被访者多次提到的概念，也是自始至终贯穿于项目始终的关键控制因素。关系管理不仅包含与客户的关系，也包含与供应商的关系管理，甚至企业部门间的关系也应纳入其中。用户信任度是企业向集成解决方案提供商转型的驱动力之一；项目实施过程中，企业各部门间和项目团队成员间的互相配合，企业与客户、与供应商的关系，都是决定项目成功实施的关键；后续的客户关系，则是为企业提供升级换代等利润点的关键。因此，后续的研究可将关系管理纳入集成解决方案提供商的成长机制。

同时，本章只从服务提供商的角度，研究了集成解决方案提供商转型驱动力及成长机制的研究。没有从需求方角度，进行集成解决方案研究，后续可研究需求方对制造商转型的影响，双方的共同成长，以及供需的变化如何促进市场的成长与重新分配。

　　本章只对中控系统这一家企业进行了深入挖掘，尽管有一定代表性，毕竟还不完善。所得出的结论，是否适用于其他行业，仍有待进一步验证。制造业仍是我国经济的主动脉，期待本章的研究成果，能给制造业发展带来新的思路。

第六章 网络零售企业的商业模式创新（案例5）[*]

第一节 引言

网络零售业（Business to Consumer，B2C），是指企业与消费者之间的电子商务模式。相比个体交易（Consumer to Consumer，C2C）模式，网络零售业发展与成熟更早，更具规模化、专业化、规范化。在美国和英国电子商务市场，网络零售已形成完善的产业格局，中国网络零售产业起步较早，由于缺乏成熟商业模式前期发展缓慢。近几年随着电子商务产业环境和消费者网络消费观念提升，网络零售成为电子商务领域的焦点，进入了一个高速发展的阶段。但是，中国网络零售产业总体上仍未建立合理的商业模式，大多数网络零售企业处于盲目扩张网络零售业务、开展大规模价格战、进而企业经营亏损的状况。

对于网络零售企业商业模式创新的研究，目前没有得到充分深入。网络零售企业商业模式的界定、组成要素、绩效决定机理一直没有得到清晰的解释。虽然，近几年来关于电子商务领域的商业模式创新研究逐渐发展，但研究者大多根据现有商业模式的成功案例，总结商业模式创新的某一方面的成功因素，研究缺乏系统性的理论指导。另外，传统的对于其他成熟行业商业模式创新的研究成果，并未引入网络零售业的研究当中，导致现有该行业商业模式研究方法和视角的束缚。

---

[*] 本章主要依据以下硕士学位论文改写得到：乔浩，网络零售企业商业模式创新研究［D］，浙江工商大学，2012。

本章运用扎根理论方法编码进行案例分析，基于国内大型网络零售企业淘宝商城（现名天猫）的创新实践，考察网络零售产业中企业在商业模式上的具体创新行为、创新过程，揭示网络零售企业在商业模式创新上的共性和规律性，提炼出一个网络零售企业商业模式创新的基本范式，揭示其在创新环境、业态模式、治理结构、运营系统等维度方面的特征。

第二节 理论背景

商业模式的概念最早可以追溯到 20 世纪 90 年代，彼得·F·德鲁克（Drucker，1994）提出的经营理论（Bussiness Theory），明兹伯格（Mintzberg，1994）提出的"战略思想"都是商业模式的理论雏形。哈默尔和普拉哈拉德（Hamel & Prahalad，1989）则提出"战略意图"（Strategic Intent）的概念。他们认为，战略意图变革是企业取得绝对竞争力的重要方向，在对国际知名企业调研后发现，企业会在自身现有资源和现状之上寻求一种战略意图，这一意图不是企业的发展规划，而是成功的企业往往会发挥其创造力和企业家战略眼光，实现完整和精确的战略意图。从这个意义上说，现代企业存在的实质是创新，而不是简单的守旧和模仿，企业商业模式创新要求要比竞争企业更能把握战略变革的前景，"要根据企业现有优势来创建未来的竞争优势"（曾涛，2006）。

文卡特拉曼和亨德森（Venkatraman & Henderson，1998）把知识管理和商业模式结合，将商业模式分为以下方面：①顾客交互（Customer Interaction）；②资源配置（Asset Configuration）；③知识管理（Knowledge Leverage）。欧洲政府信息化研究委员会主席蒂莫斯（Timmers，1998）将商业模式定义为：①产品、服务和信息的体系结构，包括各种商业组织及其各自角色的定义；②各种商业角色的潜在利益的描述；③收入来源的描述。商业模式并不能完全解释商业运作系统，商业模式的生命力体现在商业运营活动当中，包括构建竞争优势，找准市场定位，设计营销策略及产品策略。

奥斯特维尔德（Osterwalder，2004）在综合了各种概念的共性的基础上，提出了一个包含九个要素的商业模式参考模型。这些要素包括：价值主张（Value Proposition）、消费者目标群体（Target Customer Segments）、分销渠道（Distribution Channels）、客户关系（Customer Relationships）、价值配置（Value Configurations）、核心能力（Core Capabilities）、合作伙伴网络（Partner Network）、成本结构（Cost Structure），以及收入模型（Revenue Model）。

阿福亚赫和图西（Afuah & Tucci，2000）研究互联网商业模式后，提出了商业模式的分类学，他们认为商业模式即企业运营的内在逻辑，公司基于此使用其资源、超越竞争者和为顾客、合作者创造最大价值，并以此获得利润。因此，商业模式是公司为自身、供应商、合作伙伴及顾客创造价值的方式。

哈默尔（2000）首次提出了"核心竞争力（Core Competence）"的概念，他认为企业摆脱过度竞争困境的唯一方式，就是创造与竞争对手完全不同的经营方式。创新运营方式的成功使市场中的竞争者处于两难境地：如果放弃原有经营模式，将可能失去现有市场优势，但如果坚持现有经营模式，将可能失去未来的市场。哈默尔认为，商业模式应分为四大要素：①核心战略（Core Strategy）。包括商业使命（Business Mission）、产品及市场范围（Product/Market Scope）和差异化基础（Basis for Differentiation）；②战略性资源（Strategic Resources）。包括核心竞争力（Core Competencies）、战略性资产（Strategic Assets）和核心流程（Core Processes）；③顾客界面（Customer Interface）。包括履行与支持（Fulfillment and Support）、信息与洞察力（Information and Insight）、关系动态（Relationship Dynamics）和价格结构（Pricing Structure）；④价值网络（Value Network）。包括供货商（Suppliers）、合伙人（Partners）和联盟（Coalitions）。在四大要素间，由于彼此相互配合的不同，可以产生出三种不同的连接：①连接核心战略与战略性资源的配置（Configuration）；②构成核心战略与顾客界面之间桥梁的顾客利益（Customer Benefits）；③构成公司的战略性资源与价值网络之间的公司疆界（Company Boundaries），这些连接的重点就是公司如何赚得应有的利润。

博西迪等（Bossidy et, al.，2002）认为，商业模式实际上展示了企业获得收益的各种方式，如市场形态、竞争格局和行业趋势，以及企业的战略和组织能力。它是一种系统性的方法，用以展示企业对于复杂关系的处理结果。商业模式是企业不断寻找保持企业各个部分之间平衡状态的可行设计框架。它同时还是现实世界变化对企业带来的威胁或机会的一种预警系统。商业模式的系统视角有助于外界和企业内部理解其所经历的纷繁复杂的周期性变化关系。最后,商业模式是采取行动所依据的蓝图。运用商业模式检验企业的一系列行动计划和战略,企业能更好地判别其效度和影响。

切斯布鲁和罗森布鲁姆 (Chesbrough & Rosenbloom, 2002) 提出商业模式的认知结构。他们提出,商业模式是反映企业商业活动的价值创造 (Value Creation)、价值提供 (Value Offering) 和价值分配 (Value Distribution) 等概念的框架。因此,商业模式应该具有 6 个功能:分别是明晰价值主张、确定市场分割、定义内部价值链、评估成本收益、描述企业的产业链定位,以及制定竞争策略。

哈默尔 (2003) 进一步拓展了创新的观念,并认为商业模式的创新是产品的延伸,只有彻底创新才能引领明显的进步。然后,汉默 (Hammer, 2004) 将商业模式创新称为 "运营创新" (Operational Innovation)。汉默强调,运营创新可能并非一个被直接感知的概念,但它却是实现显著创新业绩的唯一持久基础。它不同于运营改良和优化,运营创新意味着要用全新的方法来开发产品,提供客户服务,或者完成企业运作的其他活动。今天的商业市场充斥着多种多样的营销手段,而顾客从未像现在这样成为市场的主宰,运营创新在这种情况下就成为企业最强大的战略武器。只有理解运营创新如何产生,以及理解其障碍来自何处,企业家才能娴熟地运用这一利器,使企业在竞争中处于优势地位。

国内学者对商业模式的研究相对落后于国外,罗珉在 2003 年出版的专著《组织管理学》中专门研究了 "商业模式" 的理论架构。罗珉认为,企业的商业模式是指一个企业建立以及运作的基础假设条件和经营行为手段和措施。企业组织的商业模式至少要满足两个必要条件:第一,企业的商业模式必须是一个由各种要素组成的整体,而不仅是分散的元素;第二,企业商业模式的组成部分之间必须有内在联系,这个内在联系把各组成部分有机地结合在一起,互相依靠,共同作用。

翁君奕在其专著《商务模式创新》一书中首次提出了介观(介于微观与宏观之间的层面)分析视角的商务模式概念。他将商务模式原型比喻为类似 "魔方" 的三维空间,是由价值主张、价值支撑、价值保持构成的价值分析体系。他认为,现有企业管理研究主要集中于企业管理的微观和宏观方面。在微观方面,组织管理、市场营销、运作研究、人力资源管理、财务管理等领域各种职能活动的研究方向，详尽地搜索优化做法和利弊因素。在宏观方面，战略管理帮助企业认识企业所处环境因素和自身优劣势，根据价值链、资源观以及核心能力等原则提出相应的业务战略和公司战略。由于分析视野的局限，企业的成本领先或者差异化等宏观战略与各种微观职能活动之间不能全面周密的衔接整合，从而形成宏观战略和微观之间的空白或薄弱地带。而商业模式研究以企业经营中的各具体活动为基本要素，通过对这些活动进行有效的组合，最终将企业宏观战略与微观运作衔接和整合起来。

翁君奕将企业所处的内外部经营环境细分为五个子环境即平台环境、客户环境、伙伴环境、顶板环境、内部环境①。在此基础上，他发现"现实中企业经营的各个相关环境之间总是通过各种经营活动进行着复杂和密切的物质、资金和信息等各种资源的互换和交流"。

第三节　研　究　方　法

一、研究方法选择

本章研究所采用的是定性方法中"扎根理论方法"的研究范式②。20世纪60年代末以来，社会科学家越来越意识到：要研究复杂的社会现象，仅仅使用定量的方法有一定的局限性，定量研究适合在宏观层面上大规模地进行社会调查，但是不适合在微观层面进行细致深入的动态研究。定量的方法不仅将复杂流动的社会现象简单化、数量化和凝固化，而且忽略研究者对研究过程和结果的影响。本章扎根理论研究的目的，不是验证或修订某一个既存理论，而是着重对网络零售企业商业模式创新的行为与机理进行深入细致的描述和分析，从微观的角度去了解其历程以及创新行为的意义解释，揭示网络零售企业商业模式创新的中国本土化理论模型。

---

① 顶板环境是由竞争对手、潜在进入者和替代品提供商构成的竞争环境。称为顶板环境，是为了与平台环境相对应，以突出"顶板越低，企业的生存空间越窄"。
② 虽然第五章已经对扎根理论方法做了一定程度的介绍，基于 Nvivo 软件和案例完整的需要，本章仍会有一些简要的介绍。

扎根理论方法的一个基本原则，是在原始材料的基础上发展理论，避免"先入之见"（Avoiding Preconception）。扎根理论方法强调理论的特殊性和情景性，通过理论取样、数据收集和数据分析等一整套系统的操作程序，来建立并完善关于某种现象的实质理论（Substantive Theory）。扎根理论方法鼓励研究者保持开放思想，发现和看待从数据中得到的概念和概念之间的关系；而非带着"先入之见"在数据中验证应该出现的理论假设。研究路线是从下往上，而不是从上往下。研究者是从自己收集的原始资料出发，进行分析整理后，在原有材料的基础上建构"扎根理论"。前面进行理论回顾和分析的目的，不是为了给本研究提供一些理论假设，而是为了给研究提供一个背景框架。表示本研究在所涉及的领域中的位置，帮助研究者增强理论敏感性，深入地对原始资料进行解读，为在抽象层面建立"扎根理论"提供参考。

二、样本及数据收集

桌面研究数据收集。本章对最近三年内发生的网络零售企业的主要战略决策、营销事件、组织及资源信息进行了收集和分析，主要渠道包括官方网站对外披露的内部事件、上市公司季度和年度财报。同时，通过互联网搜索，内部员工联系等方式，我们获取了部分公司内部邮件、高管战略讲话和访谈视频。另外，也在行业研究机构、投资公司和业界交流会议中获取了大量网络零售企业研究的第一手资料，对行业核心事件的各方分析观点和反应。同时，收集了来自摩根士丹利、麦肯锡、艾瑞咨询等行业权威咨询机构的权威研究报告、分析师发布会资料，访谈内容，以及对行业资深分析专家的采访稿件。对于分析整体行业发展趋势，选择样本企业和企业的关注点都有很大的帮助。

相关事件人访谈。针对样本企业发生的核心事件，我们联系到了部分事件当事人进行简单的采访，通过开放式访谈方式，我们与包括快递员、客服人员、商务经理、技术工程师和部门经理在内的数十名当事企业人员进行了访谈。访谈中主要了解不同当事人对企业在核心事件中行为的自身视角判断，并深入发掘这一判断的内在原因，从而深入分析各公司内部的人员结构和利益关系，并通过当事人对企业的情感态度判断公司内部运营氛围和未来发展态势。访谈结束后，对核心当事人的主要信息点进行了记录并整理进入事件分析片段当中。

数据整理分析。将访谈录音和视频资料进行转录整理后，进行事件拆分。按照扎根理论方法中对于事件元素的最小分析元数据，将资料分解成大量的分析片段，并按照时间顺序对片段进行标注。对于访谈者的语气、动作、表情变化和特殊时间进行括号标注。同时，本研究采取计算机辅助的分析方法。采用 QSR 公司研发的 Nvivo8 作为分析辅助软件。该软件极大方便了扎根理论方法的数据整理和分析，包括文档整理、引文管理、编码管理、关系网络管理和备忘录管理。该软件系统化地帮助研究者对文本数据进行编码、建立和修改编码间的关系以及撰写分析备忘录等复杂的工作。

三、编码分析

扎根理论方法最大的贡献还在于为资料的分析提供了一套比较普遍适用的操作性程序。它提出了从开放式编码、关联式编码、选择式编码到理论建立的四个循序渐进的步骤。

开放式编码是将原始资料打散，赋予概念，用新的方式（概念）重新组合起来的操作过程。研究者"悬挂"个人偏见和理论假设，以开放的心态，从数据中发现概念，以及概念的属性和维度的分析过程。开放式编码的第一步是用概念的形式来表达访谈数据（Flick，2002）。数据被分解为具体的事件、观念、行为，并用命名来表征它们。命名可以借用已有文献里的概念或者使用当事人的原话，也可以由分析者用自己的语言进行命名。在前期的数据分析阶段，强调对访谈文本逐字逐句进行仔细的密集分析，以挖掘概念属性。

得到一些概念后，一些基本的编码可以根据其属性被归在一个更高更抽象水平的概念之下，形成范畴。我们通常利用分析软件中的建立编码网络（Network）或编码家庭（Family）功能来进行类属分析。把概念进行类属分析能够减少分析的工作单元、从众多纷繁的基本编码中解放出来，以思考理论的建构。每一个概念是构建理论的"砖"或"石块"，多少都有它自己的不同维度和特征，这些维度和特征便是扎根理论的构成成分。在编码过程中，撰写分析备忘录是发现理论及概念的重要手段，所用的技巧主要是提问与比较，刺激分析者思考，帮助提出关于概念的特质、维度或关系的假设。备忘录的构成是一个归纳、演绎贯穿其中的过程。可以回溯研究的过程，以发现所分析的资料在理论上具有的意义，显示思考中的不足，提升所搜集资料的层次或缩减资料以丰富其内涵，为后续的理论建构奠定基础。关联式编码（Axial Coding）也叫轴向编码，其任务在于进一步合并前面业已形成的概念类属，并发现和建立概念类属之间的相互关系，如因果关系、情景关系、功能关系、过程关系、时序关系等等。在关联式编码中，每次只对一个概念类属作分析，发现它与其他概念的关联。通过对每个概念类属的渐次分析，最后可以形成一张所有概念类属的关系网。在关联式编码中，与研究问题最为相关的类属被挑选出来，以分析类属和子类属之间的关系。图6.1为扎根理论方法的数据编码过程模型。

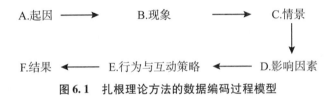

图6.1　扎根理论方法的数据编码过程模型

选择式编码（Selective Coding）指在关联式编码所形成的众多概念类属中，发现其中起着关键性作用的一个或几个核心概念类属。这些核心概念具有较强的概括能力和较强的关联能力，能够将许多相关的概念类属集中在比较宽泛的理论范围之内。选择式编码就是通过不断地比较与理论抽样，逐渐提高抽象层次，发展出一个包含性高、抽象度高的名词作为核心类属，成为扎根理论方法核心概念的过程。这些核心概念便成为研究结果中所要报告的主题。

扎根理论方法归纳与演绎并用的科学原则，同时运用了推理、比较、理论建立。从翔实的访谈资料中进行理论探索的归纳、演绎、对比、分析，螺旋式循环地逐渐提升概念及其关系的抽象层次，并最终发展出所研究现象的理论模型。

四、理论取样及研究可靠性

本章研究所用的取样方法是定性研究中的理论取样。理论取样是扎根理论方法的本质特征之一，也叫目的性取样，即按照研究的目的和研究设计的理论指导，抽取能够为研究问题提供最大信息量的研究对象（Glasser & Strauss，1967，1998）。理论取样与定量分析中的统计抽样或随机抽样有本质的不同：理论取样是研究者根据发展出新观点或扩展和完善已有观点的可能性，有意识地选择更多的案例来进行研究；研究者在研究初期带着"谁应被采访"的基本构思，并随着访谈的进行逐步确定哪些人是下一步取样的对象。理论抽样的过程随着访谈的进行持续下去，直至理论饱和，即追加的数据已经不能增加新的范畴或检验已有的范畴。定性研究注重对研究对象获得比较深入细致的解释性理解，因此研究对象不可能（也不必要）采取概率抽样的方法。

一个架构严谨的扎根理论，能否适用于它所代表的社会现象，依赖于它能否达到以下研究可靠性标准：适切性（Fit）、了解（Understanding）、推广性（Generality）以及控制（Control）。假若理论忠实地反映了某项实质领域的日常生活，而且很小心地从各种资料中归纳出这一理论，那么这个理论应该能很贴切地说明这一领域（适切性）。而且，为构建这个理论而从事研究的人，或是在该项领域服务工作的人，都应该觉得这一理论十分眼熟，而能了然于心（了解）。假如这一理论是由充裕而完备的资料所构成，据此发展出的诠释也是十分概念化的，而且指涉多种社会情境，那么此一理论应是十分抽象化而且内部包含许多变异性，才能涵盖并适用理论本身所指涉的现象，以及与之有关的情境（推广性）。最后，扎根理论应能对与所研究的现象有关的行动提供控制（Strauss & Corbin，1990）。

第四节　分析结果

一、开放性编码

本章扎根理论方法研究对象是淘宝商城（现称天猫）。淘宝商城是阿里巴巴集团于 2008 年 4 月在淘宝网集市基础之上建立的 B2C 商城，目前拥有 3 万多品牌和数万商铺。商城采取第三方平台模式，涵盖了 3C 家电、服装、鞋帽、化妆品、家具、超市等各大行业。根据权威数据机构艾瑞咨询发布的调查报告，2011 年一季度淘宝商城占中国网络零售 B2C 交易市场份额的 46.9%，居第一位，相比第二位京东商城高出 31.9%，成为了绝对的市场主体企业。日最高交易额已达 9.36 亿元人民币。

本章对于通过文献收集、信息提炼、核心当事者访谈等方式收集的数据，进行了编辑整理，形成了主要事件和事件各层次的文本分解，以保证开放性编码的分析力度和时间登录的客观准确性（部分开放编码见附录6.1）。

二、关联式编码与选择性编码

通过开放性编码对基本概念的抽象，以及范畴化各个概念间的简单层次，该案例基本形成了一些主要的概念重心。通过关联式编码和选择式编码，梳理出重要概念之间的分散结构，并且结构图随着分析的深入和印证进行不断的修正与重组。

在关联性编码阶段，为了更好的深入发展概念的主要范畴，更深入、准确理解概念和范畴，本章将经典模型：起因（Causal Condition）、现象（Phenomenon）、情景（Context）、中介条件（Intervening Condition）、行为及互动策略（Action/Interaction）、结果（Consequence）分解为如下主要关系：因果关系（编码为 R）、情景关系（编码为 C）、功能关系（编码为 F）、过程关系（编码为 P）、时序关系（编码为 T）、策略关系（编码为 S）。因果关系指概念或现象之间具有先后相继、彼此制约的关系；情景关系指现象或概念的发生需要依赖的中介因素；功能关系指概念或概念系统在运行过程中产生的输入/输出关系。过程关系指在事件实施的不同层次和范畴的节点之间的前后逻辑依赖关系。时序关系即按照时间先后对概念或事件的顺序安排。策略关系指在系统化任务流实施过程中的行为与互动策略双方关系。

（一）主要结构一：运营系统内部结构关系（图6.2）

1. 运营系统主要概念元素的范畴化

与传统 B2C 网络零售企业不同，定位于网络零售平台的淘宝商城在零售活动的操作上是以单个商城商户为单元，而非每个商品。因此，淘宝商城对扩充商品类目，提升供货效率或速度等与顾客直接接触的界面上的

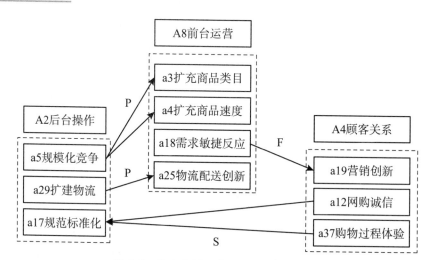

图 6.2　淘宝商城运营系统内部结构关系

运营行为，更多依托于与商户单元的互动来实现。

　　淘宝商城作为平台服务提供商的基本功能。首先，是为合作商户提供基础服务及专业化服务项目，为商户的经营和前后台操作提供良好的环境和系统，使商户的网店零售价值和基本功能得到实现。

　　其次，淘宝商城作为一个庞大而统一的零售商，统一为平台上的商家和顾客提供规范化服务。利用淘宝 C2C 庞大的网购高黏度用户资源和营销运营团队，淘宝商城对不同类别下垂直商品进行统一推广，并以淘宝商城的品牌信誉度和知名度作为保障，吸引网购用户的关注。同时，淘宝商城对入驻商家的较高标准和规范化管理要求，以及数以千计的规模化商户群体，为淘宝商城的运营提供了规模化竞争优势。为了进一步完善规范化服务系统，淘宝商城正在构建统一的物流配送系统，以保证入驻商户货物和资金流转的高效率，以及顾客物流服务体验的高质量。

　　最后，淘宝商城通过对商户前台运营的零售运营行为的管理和分析，以及对顾客关系维护过程中需求与问题的反馈，对平台标准进行规范和完善，以协调商户之间的关系。通过后台操作行为的规范管理活动，在保证用户体验和服务质量不受损失的前提下，实现商城总体利益的最大化。

2. 运营系统内部范畴间关系

　　淘宝商城形成了较为完整的零售运营系统内部结构，后台操作范畴的各个概念是将商户作为实施单位，以实现商城整体层面运营计划的实施，商城运营系统通过外部驱动力或系统内部驱动力，实现内部后台运作行为的实施。商城商户作为商城的零售活动实现单元直接与网购用户接触。在具体的服务活动中，商户通过前台运营范畴下的运营行为，实现后台操作中的运作概念的价值实现。此时，商城作为平台服务商也会部分参与到与网购用户服务相关的活动中，但这并不涉及直接的交易行为，而是通过促销优惠、以旧换新、有奖互动等活动提升用户忠诚度和购物黏度，以实现顾客锁定。

在顾客关系维护范畴中，包括了顾客的购物体验、支付体验、物流配送体验和售后服务体验等环节，这直接与平台服务商的后台操作中规范化服务体系，以及商户的前台运营服务界面相关，所以用户的服务反馈也更容易通过在商户层面及服务商层面获得。淘宝商城通过这一渠道的信息获取，对之前提到的三点功能进行修正和评价。

尽管如此，运营系统的三个核心元素之间依然存在着较强的依赖关系和中介影响，且存在运营状态的平衡关系。任意两者之间的良好互动都依赖于其与第三个元素之间的关系是否稳定，盲目对其中一个元素的变动都会影响到整合运营系统的正常运转。例如，在后台运作系统和顾客关系元素形成充分承受能力的基础上，盲目扩大前台运营规模导致的是物流功能能力不足，对用户物流配送体验造成严重影响，或者大量符合商城平台标准的商铺入驻，销售假货，造成用户和品牌商家投诉等案例，严重影响用户购物体验和平台声誉。

除了平台服务商，大多数 B2C 直营或品牌零售商在运营当中也存在各元素相互制约影响的现象。网络零售经验证明，增加商品类目可以有效提高用户黏性、增加交叉销量和总体营业额，同时也会导致运营效率下降的问题。

从国内最大的图书音像类 B2C 网络零售商当当网的经营财报中可以发现：从 2007 年开始，当当网便尝试突破图书音像这一品类限制，逐步倾向百货化与平台开放，然而在当当网 2007～2009 年以及 2010 年第三季度财报数据中显示：当当网存货分别为 1.69 亿元、3 亿元、5.4 亿元和9.3 亿元，总存货占同期总资产比例分别是 44.69%、64.86%、67.52%和 67.79%。2008 年到 2010 年前三季度三阶段的存货周转率分别为 2.72、2.69 和 1.65。库存量、库存比例的上升和存货周转率的下降这一现象，正说明企业在提高前台运营效用时，造成的运营效率下降的问题。

(二) 主要结构二：运营系统的外部系统（图6.3）

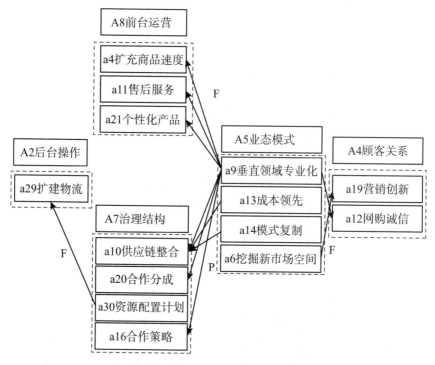

图6.3 淘宝商城运营系统的外部系统

1. 业态模式概念范畴化

业态作为零售理论研究中最重要的理论之一，被广泛应用在零售产业和企业的学术研究中，意指零售企业为满足不同的消费需求进行相应的要素组合而形成的不同经营形态。目前根据国家标准《零售业态分类》（GB/T18106－2000），学界普遍将零售业态根据经营方式、商品结构、服务功能，以及选址、商圈、规模、店堂设施、目标顾客和有无固定经营场所等因素分为17种业态，例如超级市场、便利店、百货店、专卖店、家具建材商店、购物中心等。网络零售最初作为零售业态的无店铺零售业态的一种形式，是一种面向互联网购物用户的快捷消费方式。随着近年来网络零售行业突飞猛进的发展，网络零售行业已经不再局限于之前的目标顾客和商品结构，或者已逐步与传统实体零售业态相结合，或者创新性的发明新的零售业态，成为网络零售产业创新最丰富、最活跃的元素。团购、闪购等新兴购物模式则是完全根据互联网快速便捷、规模化的特征产生的本地化网络零售业态。

淘宝商城业态模式创新路径，根据现有主营商品结构实现范围不同，分为针对现有垂直零售领域的专业化创新（a9）和通过业态模式创新挖掘新市场空间（a6）。垂直领域专业化创新是在统一的网络零售服务平台基础上，根据垂直分类下商品属性、顾客特定体验和购买习惯差异，而对即有零售形式的变革。最近淘宝商城出现的针对家居市场的 F2C 线下体验线上购买模式，以及网上超市模式都是受传统零售业态启发产生的垂直领域专业化创新。挖掘新市场空间，往往是网络零售企业对与主营业务经营范围相关或互补的新市场空间扩展，而这往往需要企业家进行深入细致的行业分析和用户研究。

另外，企业家亦往往根据网络零售行业的发展趋势，适时的引入国外或者其他行业先进的概念模式，实现零售业态的模式复制（a14）。这一路径往往是大企业在实现规模化竞争中经常采取的战略，即通过对市场现有创新模式的学习借鉴，结合自身优势特点和发展规划，创新业态模式。成本领先（a13）路径主要来源于互联网商业实现的快捷便利、成本低的先天特性。相比传统零售企业需要雇佣店员，租用昂贵的街边店铺，建构庞大的仓储基地和一定量的货物库存，缴纳各种企业税和个人税的高成本环境，网络零售更容易在较低成本下高效运作。这一特性也决定了网络零售企业敢于以低成本为优势，尝试大量新型业态模式，以创造更高盈利率、更好购物体验以及更满足顾客需求的业态模式。

2. 治理结构概念范畴化

本章所指治理结构是广义上的概念，即包括狭义上的治理结构（内部治理）和外部治理，指企业内部人员结构设置、资源配置和外部合作中的利益与资源分配方式。零售业态模式和运营系统的有效运作都是在企业治理结构基础上实现的，而企业商业模式的创新，也需要企业在内部治理和外部治理结构上发生相应变革，例如2010年6月淘宝网被分拆成三个公司，作为阿里巴巴集团重点发展的B2C领域，淘宝网将物流资源分配给对物流要求最高的淘宝商城，以着重提高商城运营系统的运营效率。通过内部治理结构的变化，对原有资源进行重点分配和结构优化，以明确其资源聚焦（a15）和资源配置计划（a30），以期实现淘宝商城在网络零售领域的领先地位。

在企业创新实施过程中往往需要外部合作者的参与，包括上游渠道供应商、制造商、同行业企业以及顾客。在合作模式创新过程中，如何实现与各外部主体的合作以激励合作者参与到共同创新中，是企业外部治理需要解决的核心问题。治理结构中包括了合作策略（a16）、合作分成（a20）以及供应链整合等与内外部治理结构的概念，这些活动通过与业态、运营系统相结合，发挥其在创新实施中的重要作用。

3. 运营系统外部范畴间关系

网络零售业态模式通过规划经营方式、商品结构、服务功能等方式基本描述了商业模式的价值实现方式，所以企业的业态模式直接影响到其内部和外部治理结构，以及运营系统的功能实现。

在淘宝商城的案例中，垂直领域的专业化是重点发展的业态模式，从线上线下结合的家居体验馆、B2B2C模式的良无限到医药馆①、网上超市，淘宝商城通过对已有大批品牌商户的聚集，与潜在品牌商户的招商合作，以及对合作策略和合作构建方式的确定，实现产业链整合与新型业态模式。与此相对应的是，业态模式实现的过程需要在企业内部进行资源和人员的重新配置，以配合外部治理结构的变化。在进入新市场时，企业家对目标市场的潜在竞争者实力，已有业态模式是否成型或还具有发展潜力，自身资源是否适合实现创新业态模式等问题进行考虑。面对现有的不具备竞争实力但其业态模式值得移植的竞争者，企业往往通过模式复制方式以更低的成本或更高的效率抢占目标市场。这一目标的实现方式往往是通过合作，或者产业链整合的外部治理方式，改变已有环境下的商业模式。综上，业态模式和治理结构之间，存在着单向的过程关系，企业家通过对业态模式的构建和实现，完成对内部和外部治理结构的变革，而治理结构一旦完成变革在短期内会保持相对稳定状态，新的治理结构通过与运营系统的互动实现创新商业模式的价值最大化。

商业模式的实现主要依托于运营系统，业态模式的实现直接与客户接

---

① 良无限是阿里巴巴集团下属的全供应链管理平台，面向阿里巴巴诚信通会员原名无名良品。

触界面相关。业态模式最终的实现效果需要通过与顾客的接触过程得以实现及获得反馈。在实现垂直领域专业化过程中，淘宝商城对各个家居企业、医药厂商、OEM 代工厂等分类目传达其业态模式框架，通过以商户服务为主导，以商城服务为基础的形式，实现了产品和服务个性化、快速扩充商品类目等前台运营的目标。

（三）结构三：商业模式外部系统结构（图6.4）

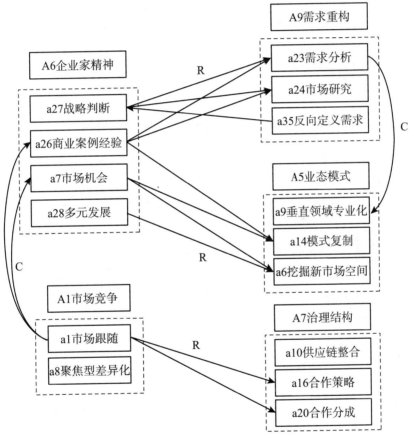

图6.4　商业模式外部系统结构

1. 企业家精神、市场竞争和需求重构的内在逻辑

互联网在过去的十年间得到极速发展，互联网应用渗透到社会生活的各个领域。网络零售业态作为其中的应用之一，自出现到现在不到十年时

间；真正在中国得到市场化、规模化发展仅仅是在最近的五年间。这也说明了网络零售行业没有成熟的经验可以借鉴，大量的创业企业需要在无数的未知中寻找自己的发展道路。这一阶段的企业成功发展很大程度上取决于企业家的能力。在淘宝商城的发展案例中，我们重点关注了商城 CEO 张勇、商城董事长曾鸣、集团董事长马云等公司核心企业家，通过对基层管理者和员工的访谈，行业研究者对于高管的采访以及同行业高管对于淘宝商城发展战略的判断和分析，基本理清了企业家在公司战略决策、商业模式变革、战略实施等关键事件中的作用，获得了企业家精神这一概念下的范畴化内涵，其中包括商业案例经验、战略判断能力、市场机会发现能力。

与此同时，企业家对顾客需求的发现是企业运营的出发点，企业根据目标顾客的需求提出对顾客的价值主张，通过针对性的产品或服务满足顾客需求。研究顾客需求是企业在形成商业模式以及模式变革需要持续性坚持的工作。从企业家、企业管理者到各层级的员工，在工作和与顾客的接触当中，都会逐渐积累对于用户使用场景、使用习惯和使用频率的认识。同时，多数零售企业员工作为自己产品的用户，也往往会从自身的使用体会中获得对消费者需求的理解。实践表明，顾客的需求不断发生变化，可能是变更、扩张、缩小，企业根据这种变化重新定义顾客，选择新的细分顾客，提出相应的顾客价值主张。在金融服务行业，美国的资本一号（Capital One）公司成功创造了"从产品到客户知识"（From Product to Customer Knowledge）的商业模式，改造了信用卡行业，成为了金融服务业的伟大企业。美国班 & 奥鲁弗森（Bang & Olufsen）公司基于对市场竞争环境的重新假设，提出了"从产品到品牌（From Product to Brand）"和"客户重新定义（Customer Redefinition）"的商业模式，并在竞争中获利。

在进行早期决策时，对于客户需求的重新定义和细分，需要详细了解用户的使用需求。在一项新的商业模式产生之前，这些调研渠道或许来源于同行业零售企业用户或潜在用户的需求分析研究，通过企业家或调研人员的分析，从顾客需求、商业价值和实现成本等角度挖掘有效的用户需求点。与此不同的是，对于已经具备一定规模的网络零售企业，企业商业模式的变革将很大程度上取决于已有顾客的需求变化。由于互联网可控制性强、数据易于获取、方便的用户反馈和评价系统等特点，顾客更容易反馈自身需求，网络零售企业对于需求的收集和处理能力也逐渐变强，顾客

"反向定义需求"（a35）的实现性和价值实现能力逐渐增强。充分挖掘用户需求的核心，设计恰当的业态模式和运营方式，满足用户在需求上的变更，成为了大型网络零售企业实现商业模式变革的重要驱动力。

从8848、当当网到2003年京东商城的创办，B2C电子商务经历了两次大的浪潮：图书、3C家电。随着新一轮资本浪潮的推波助澜，国内B2C也迎来了第三次浪潮，且这一次的浪潮更加"汹涌澎湃"，突出的特征是前两次浪潮中脱颖而出的大型零售企业的品类扩张和百货化。

在电子商务早期，B2C市场处于倍增市场，企业彼此间边界清晰，品类差异性定位明显，有图书、服饰或3C家电。随着市场中企业的增多以及核心企业的发展，垂直渠道增长遇到瓶颈，在消费者一站式购物需求及其他生存逻辑的推动下，通过市场跟随（a1）等手段，品类边界势必被打破，进入整合阶段。

随着传统零售商、制造商（如苏宁、国美、联想、李宁）逐步杀入B2C电子商务，京东商城、当当网等传统B2C企业的市场空间必定受到一定程度的挤压。在这种环境下，中小电子商务企业获得发展的机会，大多专注于潜在新市场的差异化竞争，如专注于户外运动装备和服饰的垂直B2C商城，专注于化妆品市场的团购网站等。

企业家精神在商业模式和企业战略形成过程中起到决定性作用，突出表现在对早期决策过程中的直接驱动。企业家在商业模式创新的判断过程中，除了考虑到企业自身的盈利方法和自身优势的充分发挥，还需要考虑到用户需求和合作伙伴的需求。从这个角度看，淘宝商城的产生就是需求重构和企业家精神推动业态模式创新的证明。淘宝商城在2009年上线初期，内部仅仅得到淘宝网CEO孙彤宇等两位的支持，而集团董事长马云根据自己对于国外B2C网站发展和国内电子商务市场的判断，认为亚马逊模式的B2C电子商务在中国并没有发展潜力。然而，市场的发展出乎了企业家对于B2C市场的判断，网络零售领域在随后的数年间以超过200%的速度高速发展，以京东商城、当当网为代表的国内B2C企业获得顾客和投资者的高度关注，并先后开启了海外上市计划。市场竞争的态势表明，B2C业态能够找到在中国市场的合理定位。与此同时，淘宝网在C2C集市的运营当中假货泛滥的现象愈加严重，顾客反映强烈但淘宝又无法实现有效的监管机制，用户为了产品和服务质量的保障，纷纷转向一些信誉度较好的垂直B2C网站。同时，随着C2C市场规模的逐步增大，内部竞争愈加激烈，大卖家的冲击使得中小卖家的生存压力越来越大。普通商家不得不花费大量资金投入到营销和运营当中，也会为随时可能出现的淘宝规则变化而担心不已。在2009年下半年，大量淘宝卖家选择建立自己独立的零售网站。

顾客和合作商家的共同诉求，以及市场发展的结果推动了企业家在思维方式和战略决策上的变化，阿里巴巴集团决定将商城独立并重点发展B2C业务，以实现网络零售业态的规模化发展。从这一案例中，我们发现企业家在不断更新的需求和竞争态势反馈中，改变自身对于企业发展战略的判断，在形成确定的判断后，通过创新业态的方式实现外在边界的变化，同时通过变革内部治理结构和外部治理机构影响到企业运营系统的变革。在这一过程中，市场竞争和需求重构是推动企业家明确战略的环境变量。

在商业模式基本框架建立完成后，市场环境和用户需求情况也会随时发生变化。但为了实现企业战略的深化，竞争驱动和用户需求往往会直接反映到治理结构和运营系统中，对相对应的元素产生影响。

三、结果模型

通过采用扎根理论方法的个案研究，本章提供了关于商业模式的运营系统、业态模式、治理结构、控制环境等内在结构和相互关系之间的分析基础，形成更为系统化的商业模式关系概念及其关系结构的命题。

经过开放式编码、主轴编码和选择式编码的分析流程，并随着对数据的不断挖掘，发现、比较、修正和升华概念及其关系，我们按照商业模式的价值对象、价值主张、价值实现三个基本层面，最终得到了网络零售商业模式创新模型的整体系统。

商业模式创新的很多研究方向都提供了关于这一分类体系的基础。首先，网络零售商业模式创新的最重要特征是它是否能够提升价值创造，创新价值主张。事实上，从很多商业模式创新案例都能够发现其对价值创造和价值主张的影响。因此，我们的分类不仅反映商业模式创新的主导目标，而且不以任何方式弱化第二个目标。毕竟，将价值创造作为最重要目标的商业模式创新的发展，也需要依赖于价值主张的潜力及其他因素。网络零售商业模式创新模型的框架包含控制环境、业态模式、治理结构和运营系统四方面主要元素。

1. 运营系统

运营系统是商业模式实现价值创造的主要载体，企业家通过一定的信息、人力和组织资源，建构有效的商业运行体系，实现资金流、物流和信息流的有效、高效运转。商业模式的创新很大程度上是为了变革原有运营系统的效用度和效率，一方面提高运作的边际收益，降低运营成本，另一方面提高运营体系的运作效率，使整个系统在单位时间内的产出更高，库存更低，流转更快，对外部接口的反应更为迅速。

商业模式的运营系统涉及到三个具体层面：后台操作、前台运营和顾客关系。

第一，后台操作主要指网络零售企业与其合作者或供应商的接口相关活动。包括货物输入、资金结算、信息共享及合作模式实现等业务。其主要指标包括：运营效率、运营效用度。

运营效率。概括地说，效率意指流程的运行速度更快，成本更低，运行机制更顺畅。这就需要对资源更加有效、合理的利用。有关零售的文献提出了多种提高运营效率的方法。首先，网络零售商可以通过建立流水化的后端操作来提高后台处理效率[①]。其次，网络零售企业一直在寻找更优化的方式提升仓储物流环境以降低运转成本，提高利润率。相关零售企业的研究也大多集中于优化仓储布局、商品购买体验、商品品类安排对用户的购物决策的影响（Dreze et al.，1994；Murray et al.，2010）。最后，网络零售企业通过新技术的引进，将之前通过人工方式完成的货物流程自动化，极大地降低了成本。这些新技术手段（如手持 POS 机、RFID 技术等）极大程度提高了仓储空间利用率和后端运行效率。

进一步，一些网络零售企业通过深度重整整个操作模式的方法提高运行效率，触及到了商业模式中的每个元素及结构。这是网络零售企业提供给消费者的一种全新的呈现方式、包括商品的分类方式、价格策略甚至是用户并不熟悉的新经营形式，而这给在线零售企业带来了巨大的风险和挑战。

运营效用度。相比运营效率，效用度是指流程操作的正确性。运营效

---

① 例如，提供高效率信息化的供应商管理渠道，或者优化库存运转周期等。

用度和运营效率是两个完全不同的概念：例如，满足 80% 的目标市场需求是一种高效用度的表现；以更低的成本，自动化、流水线化的方式实现这一目标，是一种运营高效率的表现。换句话说，运营效用度是最大化组织目标的运营方式（例如长期盈利或者目标市场规模），以产出期望的结果。在网络零售企业中运营高效用度的例子包括根据需求调整产品组合，或者灵活的价格策略，从不同的市场划分中获取最大利润。为了准确地把握用户需求，企业的传统模式是投资于市场研究和数据管理，这是零售业运营效用度的一种传统表现。

为了使运营效用度显著提升，一些网络零售企业不仅仅是使供应和需求进行完美对接，零售企业相对制造商具有的突出优势在于，零售企业不会囿于特定的产品组合，而是有更加灵活的产品类别，相比制造商更灵活地对消费者需求进行改变。这种设计模式划分下的商业模式的创新不仅可以优化需求，也可以拓展需求，甚至可以有效地利用互补市场的需求拓展零售运营的目标。拓展需求的一个主要指标是零售服务过程中的平衡互补性（市场机会）。另一个拓展需求的方式是零售服务过程中的毗邻性。

第二，前台运营是指网络零售企业与顾客购物过程相关的商业运营活动。包括商品展示、货品交易、物流配送等业务。其主要指标包括：服务效率、服务效用度。

服务效率。服务效率表征为用户获取产品的容易程度。无法实现高标准的服务效率不仅无法拉近零售企业和顾客之间的距离，也使零售企业在制造商和渠道商眼中失去了吸引力。传统零售商往往通过在多地点布局产品，提高产品展示的便利性或者提供更多售后服务来提高服务效率。自从互联网介入到零售行业，特别是以 B2C 模式为代表的网络零售服务迅速发展，并受到整个互联网和零售产业关注时，提高服务效率，完善用户的购物体验变得尤为重要。用户在购买目标商品时再不会因为地理位置差异造成困难，互联网提供了多种渠道销售产品和服务的机会。

很多零售企业认识到在已有零售业态无法显著提升顾客服务效率，因此开始寻求新的零售业态。这些创新是诠释网络零售商业模式各元素之间互相依赖关系的重要体现，如在零售业态上的变化会影响到零售企业治理结构，而新的治理结构很大程度上是基于新顾客的零售运营活动而产生的。

服务效用度。服务效用度表征为网络零售企业为顾客实现消费目标的服务程度。传统模式下提高服务效用度意味着尽可能提供顾客真正想要的货品。这一矛盾通过提高产品组合深度获得解决，但通常会以牺牲服务效率为代价。由于满足长尾需求往往很少考虑到成本，所以很多顾客需求无法在传统零售业中得到满足。

网络零售的迅猛发展使很多零售商开始关注垂直市场和长尾需求。很多零售商仅考虑到了网络的货品搜索成本低和仓储集中化的便利，但也有一些零售商看到了通过改变企业治理机制来创新商业模式的机会。更值得注意的是，互联网更容易使零售企业的决策者把握顾客和供应商对于商品类目和顾客服务的最佳程度。例如，Netflix 提供了产品推荐系统使顾客能够获得更多的产品类目信息，使得商业模式各元素之间的联系更加紧密。Netflix 通过顾客对影片进行的点评和其他顾客的交流评价，提高顾客服务效用度。同时，由于 Netflix 商业模式的各方面互相依赖，成本效度有效提升（由于更好的仓储管理），并且顾客锁定程度也显著提升。

互联网引入零售产业也使商品类目得到更大范围的扩展，形成了新的网络销售模式，即客户共同创造，很多互联网创业公司和已有网络零售的企业已经开始采用顾客共同创造的方式拓宽产品类目。如果得到合理的业态及运营方式支撑，该模式形成的治理机制会为顾客创造重要的价值，而零售商也可以从中获得更多盈利。

第三，顾客关系是指网络零售企业在维护顾客关系过程中，以顾客为中心的相关商业运营活动。包括营销体验、顾客参与、共同运作等业务。其主要指标包括：顾客锁定、顾客参与度。

顾客锁定。零售锁定的设计意图在于，如果用户完成一个初始的购物投入后，尽可能降低用户寻找和转换其他购物渠道的意愿。锁定模式的设计核心在于最小化即时成本以及最大化未来转换成本（Zauberman，2003）。在传统零售行业中，锁定通常通过一种强力的刺激机制实现，如会员制或订阅服务。锁定策略尽管在重复性消费领域非常有效，但可能会使顾客满意度降低。包括网络零售商在内的现代零售企业正寻找更加微妙的方式建立顾客锁定机制，比如通过品牌的心理植入维系锁定关系，而不是通过获取联系方式等方法得到重复购买机会。

能够灵活的影响锁定机制的网络零售商业模式中的一个因素是产品组合。由于网络零售企业的销售特性，商品组合似乎很难成为竞争优势的来源。尽管如此，21 世纪前后的零售企业正在挑战这一观念，并且构建其独特的、不可模仿的产品组合，将一个清晰的价值主张传递给用户。

顾客参与度。顾客参与度意指顾客参与到购物体验中产生的"超越购物本身"的情感投入程度（van Doorn et al.，2010）。顾客在购物过程中会对网络零售品牌进行感知，经常传播这一品牌感知甚至产生品牌认同（van Doorn et al.，2010）。如之前提到的，零售企业可以通过提供独特的商品类目提升顾客参与度。不过，产品类目的变化也会高度可见，且易于被模仿。一种不同的、更好地提高顾客参与度的方式正在悄然出现：在购物结算后增加一些实物或非实物的增值搭售，以刺激顾客多方面的购物情感体验，拉近与零售者之间的联系。很多网络零售企业正在重新定义运营方式以重新树立品牌形象和品牌在顾客心中的含义。零售商相比制造商的优势恰在于其能够直接接触终端用户而创新用户参与方式。

另一种提升顾客参与度的方式是销售以产品为中心的全方位新购物体验。美国品牌零售商 American Girl Place 为顾客提供了包括社交化情景、共同创造和品牌观念植入等一系列复杂的购物体验，以营造其品牌意识（Borghini et al.，2009；Kozinets et al.，2008）。可靠的品牌意识使用户对该品牌的选择优先级提升，甚至成为其生活中必不可少的一部分。将零售运营活动与品牌意识形态结合可能需要网络零售商业模式产生巨大改变，不过这一改变使企业在价值创造中获得巨大潜力。这一例子同样表明服务效用度和顾客参与度是相关的。高水平的服务效用度往往使得顾客参与度也相应提升。例如，很多文献中将共同创造作为用户参与度的一个标准（如 van Doorn et al.，2010）。本章认为让顾客参与到产品设计当中无法带动顾客对品牌和产品的展示，而是需要新产品设计更能代表顾客的心理预期。高满意度并不代表高参与度；高参与度代表一种更主动的产品及零售互动参与。然而，我们需要注意到顾客参与度是企业的长期目标，也是这一目标实现程度的直接的度量。

2. 治理结构

商业模式创新在治理结构上的体现是企业利用治理活动将外部资源内部化的过程。企业通过各种内部化行为实现合作者和内部资源的相对稳定，以降低他们发生流动或转变的风险。科斯认为，市场缺陷的存在是企业内部化优势存在的前提，企业可能通过内部化交易安排来节约交易费用，从而为企业带来竞争优势。在实现治理结构活动中可以将其分为外部治理和内部治理（Coase，1937）。例如，外部治理方面，企业采用供应链内部化以便获得核心组织效应，保持整个供应链的竞争优势。该内部化打破了原有企业与供应商的关系格局，将传统的交易性的企业界面转化为企业与供应商一体化的界面。其主要指标包括：内部治理效用和外部治理效用。

内部治理效用是指企业在特定商业模式下，其内部治理结构符合模式运行的内在需求，即企业内部治理对商业模式创新活动和价值创造的有用性。将企业内部人力资源内部化强调的是企业通过内部培养获取所需人力资源，即通过内部晋升、职业发展、长期雇佣、员工参与等建立较高忠诚度的内在契约关系。

外部治理效用是指企业在特定商业模式下，与合作者、供应商及其他利益相关者形成的合作模式，对企业商业模式创新活动和价值创造的效用。合作性商业模式就是一种在企业家即顾客的观念上形成的公司治理结构。该模式不再是将目标定在为企业家创造最大利润，合作组织提供给各成员企业家一种改进的产品组合，更好的服务，或者更低廉的价格，将自己作为该种商业循环的一个接口（如 Kazuhiko，2003）。尽管顾客共享在银行业（中国银联）、航空业（星空联盟）等比较常见，但在零售业还较为鲜见。最为显著的代表是美国最大户外用品连锁组织 REI，由于该商业模式依赖于会员用户，REI 的零售运营具有独特的市场空间，例如组织线上的滑雪课程培训，集体户外活动，或者团队志愿者组织的远行。独特的治理系统使得顾客忠诚度非常高，这使得其非常了解客户服务。REI 通过创新方法设计或连接其商业模式的业态、运营和治理，造就了一定程度的用户情感依附和忠诚度。

3. 业态模式

业态模式描述了关键商业活动的程序及执行方式。零售业态代表了特定层次的零售商业模式元素的结合，包括商品结构、服务功能、用户界面等。麦克奈尔提出的"零售之轮"假说认为，"低成本、低毛利、低价格"的竞争优势始终驱动着零售业态不断替代旧的零售业态。而我国的零售业态创新始终受困于形式导入，从而定位空心化，陷入进退维谷的境地，业态创新始终缺乏制度环境保障（李怀政等，2001）。网络零售业态模式的创新在很大程度上适应了互联网自由、公开的竞争和需求环境，且整个发展过程中主要吸纳民营资本和国外资本进行创新，在创新效度和效率上较之传统业态变革高出许多。

业态变革效用是衡量网络零售企业在业态模式创新中表现出的效用度的程度化指标。业态模式的变革是企业商业模式变革的出发点和落脚点，并以此推动治理结构和运营系统的变革，因此该指标的校验与通过商业模式创新活动整体的绩效相关。这不仅通过企业商业利益的高速提升，也可以通过业态变革的外部性效用来表现。例如，淘宝商城的平台型网络零售业态模式的形成，不但适合于自身的资源特征和发展规划，获得了巨大的经济收益，同时带动了国内多家大型网络零售企业的开放性平台化发展的业态创新，例如京东商城的"品牌直销"、凡客诚品的 V + 商城、当当网的"商店街"等。

以上的讨论和案例表明，网络零售企业商业模式创新不仅影响到一个或多个商业模式元素（如业态、运营和治理），而且通过零售商在不同元素间相互依赖性的构建，使这一商业模式无法被复制（见图6.5）。因此，对业态、运营和治理元素的系统性、整合性变化，形成了网络零售企业商业模式创新的重要竞争优势。

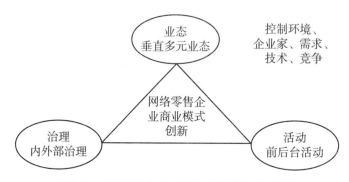

图6.5　网络零售企业商业模式创新的理论模型

4. 控制环境

（1）企业家精神。

企业家精神来源于熊彼特创新理论中对于"破坏性创新"思想的阐释（Schumpeter，1942）。在工业经济时代，亚当·斯密提出的市场经济环境下"看不见的手"的思想，较好地解释了在完全市场竞争前提下的企业和市场的理想运行规则。然而在新知识经济的当代市场环境下，知识的外部性、知识的垄断及知识的信息不完全等问题，都会影响整个市场发展的现有准则。新时代的现实已经偏离了亚当·斯密的理想，而熊彼特的"破坏性创新"思想对创造性活动及其所产生利益的分析，更适合于当今及未来知识经济发展的趋向。竞争性虽然已是推动企业创新和市场变革的重要力量，但熊彼特提出的"创造性破坏"已成为新知识经济发展的主要动力。哈默尔（2003）认为，最高管理层的角色（即最高管理人员）从战略制造者的角色发生转换，变成在最革新的公司里不断涌现的思潮中寻找新商业模式的人。本章的企业家意指能对企业的战略起到决定性作用的企业主或高级管理者。

风险决策能力。企业家在新经济的非均衡状态下，为了消除市场的不确定性，必须对风险进行评估和规避。作为一个企业，应对非均衡市场状态的唯一武器就是创新。奈特根据经济学中"不确定性"概念，定义"企业家"为那些"在极不确定的环境中做出决策"并"必须自己承担决策的全部后果"的人（Knight，1921）。此后，熊彼特进一步明确了这一定义："企业家"就是"经济发展的带头人"，或者，能够"实现新的组合"的创新者。

机会敏感性。柯兹纳（Kirzner，1973）将企业家看作经纪人（Agent），他们不但能够觉察机会，而且能抓住机会获得经济租金。企业如果能够成功抓住机会，就可能获得独占市场的高额经济租金或者取得先发优势。在不确定的市场中，存在一批视角敏锐的企业家，他们善于抓住机会进行创新，以弥补各种不确定性，使市场协调这一问题得到解决。

（2）信息技术驱动。

知识经济时代之前，技术是指企业在生产过程中使用的工具、技术知识和工序；数百年来，企业主和工艺技师将技术代代相传，技术在交流和实践中不断改进。知识经济时代，技术的内涵得到空前拓展，按照协同论的观点，技术是企业组织系统演变的最重要的有序参量，它具备临界状态，即企业组织处于剧烈变化阶段时能够支配组织系统的行为，引导组织系统的演化（沈红群等，1999）；特别是新技术出现时，相比其他维度，技术对商业组织系统的影响程度最大，可能带来的是一场深刻的技术革命，这对商业模式带来了更多、更大的创新空间。

网络零售企业进行商业模式创新时，会首先考虑到与所采用的技术手段的相关性。一般而言，企业采用的技术完备性程度越高，组织系统的标准化程度就越高，商业模式的程序化、标准化程度也越高。相反，如商业模式的创新程度越高，所需要的组织管理技术和生产服务技术整体水平也越高，即技术与模式是相互影响的关系。

由于网络零售企业在进行商业模式创新和资源战略转移时，必然考虑到线上运营的技术是否能够被技术相关系统中的其他成员接受，并进行高效的，甚至创新性的工作，信息技术的有效和易用性成为网络零售企业进行商业模式创新的重要参考。在应用信息技术变革网络零售商业模式的著名企业案例是亚马逊（Amazon.com）。亚马逊的商业模式对信息技术，特别是互联网具有空前的依赖。

（3）顾客定位驱动。

发现和理解顾客需求是企业经营的出发点，企业根据目标顾客的需求提出顾客的价值主张，通过针对性的产品和服务模式满足顾客需求。不断地研究顾客，深入挖掘各种市场环境和渠道下的顾客需求和习惯，是企业实现自身价值和顾客价值，以及商业模式成功的重要保证。网络零售业态在发展迄今的十余年来，仍然没有形成成熟明确的商业模式、用户和细分市场。这不仅源于网络零售企业商品经营范围的差异，也是不同业态、不同行业实体或线上企业不断进入网络零售行业导致的。针对各种希望通过互联网实现业务市场拓展的企业来说，如何寻找到新的目标用户，深入挖掘该细分市场和目标用户的需求是最重要的问题。

需求价值性反映了企业在重新定义顾客需求过程中，对于动态变化的用户需求的潜在价值评估。在分析顾客需求过程中，企业经常会犯一些错误，可能的原因在于企业对自己的顾客认知存在偏差。如部分企业将开发更多更完备功能作为顾客需求的首要目标，但顾客真正需要的是更加简单便宜的商品，现有产品已经可以满足顾客的这一需求。企业的换位思考能力在商业模式创新中显得尤为突出。

需求影响力是在企业形成明确的目标顾客及顾客需求前，对服务范围和边界及优先级的明确判断。在同质化竞争日益严重的细分市场，发现并明确定义顾客需求的企业，往往能够迅速打破领先者制胜的格局，成为细分市场的领跑者。然而，顾客需求往往受社会、文化、经济、个人习惯及竞争对手干扰等因素影响，甚至这些变化相互影响以至于无法清晰识别，导致企业在明确顾客需求方面存在较大失败风险，但这正是企业实现价值创造的机会所在。

（4）争取竞争优势。

哈默尔（2000）认为，企业摆脱过度竞争困境的唯一方式就是创造一种与从前完全不同的经营模式，让传统的竞争者手足无措，当这种创新的经营模式最有效率时，就会让竞争者处于痛苦的两难的境地：如果他们放弃现行的经营模式，他们将冒牺牲核心业务的风险，因为他们进入到一个并非由自己首创，且不熟悉规则的游戏中，最好的结果也只是屈居第二；然而如果他们不采纳新的经营模式，就面临着更大的风险。

竞争范围及策略。企业在产业竞争中，会根据竞争对手和市场情况明确努力目标以获得竞争优势。为了能以更短路径和更低代价形成竞争优势，零售企业往往采取低成本或差异化策略，在此基础上对企业的竞争范围进行确定。

基本竞争策略有三种：成本领先战略、差异化战略、集中化战略。企业必须从中选择一种作为主导策略。波特认为，企业必须在竞争策略决策时，决定不做哪些事情，不进入哪些市场，这一策略在企业商业模式稳定时应当被始终贯彻执行。否则，企业往往因为资源有限、组织安排混乱、激励机制冲突、企业文化混乱而遭受更大的损失。

竞争激烈程度。熊彼特认为创新是一种"创造性破坏"，企业的经营行为就是不断实施创造性破坏——在打破旧有市场格局中建立新的市场格局，新的格局又被看作是下一轮将要被打破的旧格局。而企业在创新过程中必然会考虑到旧格局中的竞争情况，以及新格局中的市场变化、价值范围和竞争激烈程度。设计新阶段商业目标时，权衡各个市场的竞争激烈程度，寻找更容易取得利润的市场空间，是商业模式创新的重要驱动力。

第五节　结论和展望

对商业模式创新的各部分详细编码分析后，本章提出了商业模式创新的整体概念结构，由控制环境、业态模式、治理结构、运营系统组成。根据本案例的分析，结合其他国内外成功网络零售企业发展的时间顺序、内部业务逻辑和资源配置顺序，商业模式创新从控制环境的驱动开始，再以业态模式变革正式开启，以治理结构确立新模式下的平衡架构，最终依靠运营系统实现该商业模式的价值（见图6.5）。

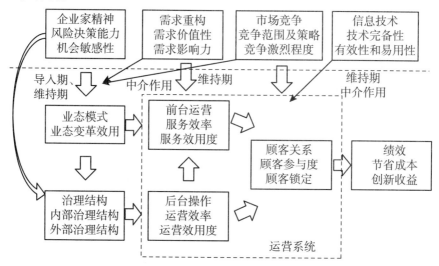

图6.6　商业模式创新的整体概念结构

　　本章的不足之处主要有以下几点：（1）在运用扎根理论方法的过程中，很多资料来源于桌面研究和总结的结果。由于地理位置和人力限制，本章选取的案例资料部分来自于网络、业界访谈和专业咨询机构。尽管笔者对研究资料的来源和信度进行了严格把关，但仍会有些未能明确识别的错误，对研究结果的效度会产生一定影响。（2）由于网络零售还处于蓬勃发展阶段，整个产业还没有经历一次完整的生命周期，在企业商业模式实践中存在的大量问题未能充分体现。尽管学术研究时效性对实践的影响最为直接，但同时也导致了在长期的产业思考和审视过程中暴露出大量的概念和视角缺失、认知错误。因此，在后续的研究中，重点将对该模型进行进一步的验证和修正，以保持其对于网络零售产业充分的解释力和指导作用。

附录6.1 淘宝商城数据的开放编码（部分）

原始片段号	淘宝商城事件分析片段	概念化	范畴化	范畴性质	关系分析
1.1	继腾讯旗下拍拍网上线 B2C 医药产品后，淘宝商城在 2011 年 6 月 20 日正式宣布涉足医药销售，推出 B2C 产品"医药馆"。	a1 市场跟随	A1 竞争驱动	AR1 竞争范围及策略	
1.2	经淘宝商城后，原本各自为政的持牌（即互联网药品交易服务资格证）的网上药店，其药品的价格被放入了同一平台，竞争变得更加直接。云南白药大药房网上药店在卖的避孕药金毓婷，促销价仅为原价的五分之二。	a2 低价策略；	A2 后台操作	AR2 运营效用度	
1.3	依照淘宝商城统计，在短短几天内，在其 B2C 平台"叫卖"的医药及保健类商品已接近 1 万种。	a3 扩充商品类目；	A8 前台运营	AR12 服务效用度	
		a4 扩充商品速度；	前台运营	AR10 扩充商品速度	
		a5 规模化竞争；	后台操作	AR4 运营效用度	
1.4	来自中国医药商业协会和连锁药店分会发布的数据显示，2009 年中国药品零售市场规模约 1 500 亿元，但其中网络销售仅 7 000 万元左右，只占零售市场销售 0.046%。	a6 挖掘新市场空间；	A5 业态	AR5 业态模式	
		a7 市场机会；	A6 企业家精神	AR6 机会敏感性	
1.5	来自加盟商开心人大药房、金象大药房等五家网上药店的数据则称，他们第一天从淘宝商城获得的订单就有几百个，营业额达几万元。这一数据会让与淘宝业务雷同的医药 B2C 小公司倍感压力。为此，一家公司的负责人称，鉴于淘宝在药品方面还存在短板，公司今后将进一步在专业化上做功夫。	a8 聚焦型差异化；	竞争驱动	AR7 竞争激烈程度	

原始片段号	淘宝商城事件分析片段	概念化	范畴化	范畴性质	关系分析
2.1	2011 年 5 月 27 日淘宝商城爱蜂潮家居体验馆正式开业，创新 F2C 模式（从生产商到消费者），用户可在爱蜂巢体验家具，并可当场完成线上交易。	a9 垂直领域专业化；	业态	业态模式	
		a10 供应链整合；	A7 治理	AR8 外部治理	
2.2	爱蜂潮建立了"同城物流＋专业安装＋售后服务"的社会化服务体系，有专业的物流公司和安装人员进行服务，消费者可对每个环节进行全程监督并在线对服务进行评价，完善了家居建材的售后服务环节。	垂直领域专业化；			
		a11 售后服务；	A8 前台运营	AR9 服务效率	
		a12 网购诚信；	A4 顾客关系	AR10 顾客锁定	
2.3	爱蜂巢聚集了淘宝商城的数百家高品质外包类非品牌家居厂商。	供应链整合；			家居供应链整合 a10 对形成成本领先 a13 和可复制 a14 的业态模式产生强作用
2.4	该体验馆的成本为传统家居卖场的 1/10，未来还会陆续在全国复制这一模式。	a13 成本领先；	业态	业态模式	
		a14 模式复制；	业态	业态模式	
2.5	2011 第二季度，商城家装主材、床上用品、住宅家具三类产品增速分别为 4.3 倍、5.3 倍和 5.6 倍	a36 创新绩效；	A11 绩效	AR20 创新收益	
2.6	张勇："淘宝不做自营，而是为零售商、制造商、渠道商提供发展的平台。为重构家具新生态链，可以建设四大体系，即共赢的合作伙伴关系、产品展示和交易体系、配送和安装服务体系、设计和施工服务体系。"	a15 资源聚焦；	治理	AR11 内部治理	根据合作策略 a16 搭建与之对应的生态链，确定资源聚焦 a15
		a16 合作策略；	治理	外部治理	
3.	规则声称所有入驻商城的店铺都需通过严格审核，号称提供正品保障、规范的物流服务，7 天无理由退换货。但 2011 年 3 月 7 日，广州市芳奈服饰有限公司因淘宝未审核第一被告资质便允许其开设旗舰店并销售芳奈尔产品，而起诉淘宝 C 店及商城售假一案，在广州市天河区法院一审开庭，最终胜诉。	网购诚信；			
		a17 规范标准化；	后台操作	运营效率	
		a37 购物过程体验	顾客关系	顾客锁定 AR3	

原始片段号	淘宝商城事件分析片段	概念化	范畴化	范畴性质	关系分析
4.	2011年8月18日到24日，数百家知名实体服装品牌在淘宝商城进行新品首发，价格与线下商品价格保持一致。数家知名服装品牌在商城发售网上特许款式。	a18 需求敏捷反应；	前台运营	服务效率	
		a19 营销创新；	顾客关系	顾客锁定	
		合作策略；			
		低价策略；	后台操作	运营效用度	
5.	3周年庆举行为期8天的大规模消费者回馈活动，宣称派发7 000万元的礼品。	营销创新；			
6.	2011年3月杭州丝绸与女装产业发展领导小组和淘宝商城联手打造设计师平台。优秀设计师将直接通过这一平台展示自己的创意作品。	a20 合作分成；	治理	外部治理	
		a21 个性化产品；	前台运营	服务效用度 AR12	
		垂直领域专业化；			
7.	2011年春节期间，几乎所有商家全部停止发货。	网购诚信；			
8.1	2011年初网上超市上线，首选上海试运营。已入驻商家超过200家。	市场跟随；			
		规模化竞争；			
8.2	淘宝商城网上超市项目总经理："选择上海作为网上超市的首发站，是因为这里商业氛围比较浓厚，消费需求也比较明确，同时也有着成熟稳定的淘宝用户群"。目标群体主要有两类：一种是白领上班族，一种则是"买汰烧"家庭主夫/主妇，对前者主要提供便利，包括夜间送货等；对于后者，丰富的产品和低廉的价格将是网上超市的最大优势。	a22 目标顾客；	业态模式	业态变革效用	
		a23 需求分析；	A9 需求重构	需求价值性 AR13	
		a24 市场研究；	需求重构	需求价值性 AR14	
8.3	网上超市与多家物流公司和配送公司合作，与合作伙伴建立仓库，常规商品承诺24小时送货上门。	a25 物流配送创新；	前台运营	服务效率	
		合作策略；			

原始片段号	淘宝商城事件分析片段	概念化	范畴化	范畴性质	关系分析
9	淘宝商城董事长曾鸣认为,严格意义上淘宝从来不是 C2C,淘宝的最大特色是小 B2C,淘宝上的 C 其实都是小 B。淘宝从所谓的 C2C 走向 B2C,不是一个根本的模式转变,其实是小 B 走向大 B 的过程,旨在给产业提供可靠的规模的标准化服务,准确说是升级。	a26 商业案例经验;	企业家精神	风险决策能力 AR15	
		a27 战略判断;	企业家精神	风险决策能力	
		市场研究;			
		规范标准化;			
10.	2010 年 11 月 11 日光棍节全场半价促销,淘宝商城交易额达到 19.5 亿元,这一数据已经超过北京、上海、广州国内三个一线城市的单日社会消费品零售总额。	营销创新;			
		创新绩效;			
11.	2011 年 1 月增加"无名良品"频道,为没有品牌、长期外销 A 货的诚信通淘宝厂家搭建平台。	供应链整合;			
		a28 多元发展;	企业家精神	机会敏感性	
12.	2011 年 7 月初,淘宝商城一批店铺因投诉率高而被关闭数日整顿。这被外界理解为,淘宝商城从淘宝独立出来后,正在大刀阔斧地进行改革。	规范标准化;			
		网购诚信;			
13.1	2011 年 6 月淘宝分拆为三个独立公司:原 C2C 淘宝网、平台型 B2C 淘宝商城和购物搜索—淘网。2010 年 11 月淘宝商城独立域名正式启用,投入 2 亿推广品牌。	多元发展;			
		挖掘新市场空间;			
13.2	"淘宝网分拆后,把物流项目划分给淘宝商城重点发展,业务量扩展,而在运营上的独立还需要时间。"	a29 扩建物流;	后台操作	运营效率	
		a30 资源配置计划;	治理	内部治理 AR16	

原始片段号	淘宝商城事件分析片段	概念化	范畴化	范畴性质	关系分析
13.3	淘宝分拆后，成立专门的支持部门，负责淘宝 B2C \ C2C 海量数据的后台分析工作，并具有强大的数据可视化能力。	a31 数据可视化技术；	A10 技术驱动	有效和易用性 AR17	
14.	2008 年 10 月，商城事业部解散并入淘宝。2009 年 8 月，商城事业部恢复，再次尝试独立运营。淘宝商城的一波三折，缘于马云的反对。马云在内部曾经挂在嘴边的一句话是"亚马逊已经死掉了"。京东、红孩子和凡客等 B2C 的崛起彻底说服了马云。	市场跟随；模式复制；市场机会；商业案例经验；			
15.	CEO 张勇："淘宝商城垂直市场战略是整个大淘宝战略的延伸。它的使命不仅是完成交易，更重要的是根据各垂直市场的特点对电子商务的价值链条进行重新架构。"	垂直领域专业化；供应链整合；			
16.	CEO 张勇："实际上从消费者购物习惯来讲，他们更倾向于到专业市场购买商品。……作为淘宝商城全新战略里重要一步，B2C 垂直市场诞生。垂直市场将把同行业商家聚合起来，形成专业市场，消费者在这个市场里可快速挑选到自己需要的商品。"	垂直领域专业化；合作策略；需求分析；扩充商品速度；			
17.	张勇表示，目前淘宝商城一直在寻找一家可以提供专业仓储服务的第三方物流公司。还透露说，淘宝商城在考虑要建立专业化的仓储，要将货物分门别类存放。	扩建物流；物流配送创新；资源配置计划；			
18.	2011 年 8 月董事长曾鸣表示，希望年底或明年，每天光顾商城的用户"至少是千万级的，而且是淘宝网那边原来拿不到的外部客户"。CEO 张勇："我今年会忘记交易额，今年最大的目标是增强品牌影响力"	营销创新；挖掘新市场空间；			

原始片段号	淘宝商城事件分析片段	概念化	范畴化	范畴性质	关系分析
19.	2011年8月CEO张勇："当市场规模超过1000亿元时，越往上走，平台B2C会比自营B2C更具优势，运营更顺畅。"	战略判断； 市场研究；			
20.	2011年8月CEO张勇在北京建国门与国内B2C洽谈，欲邀请国内B2C到商城开店，条件优厚：一是降低淘宝商城佣金比例，二是提高其在淘宝网搜索排名。京东、当当、亚马逊并未参加。	合作策略； 合作分成 抢占市场			
21.	2010年3月31日，淘宝数据产品部面向B2C\C2C商家发布了专门的业务数据分析工具——数据魔方，此后发布另一网站流量统计工具——量子恒道。	a32 海量数据分析系统；	技术驱动	技术完备性AR18	
22.	淘宝数据产品部贾超："淘宝商城后台运维部门针对2010年11月11日光棍节活动的海量数据处理做了充分准备。"	a33 海量数据处理水平；	技术驱动	技术完备性	
23.	2009年4月淘宝启动SNS平台——淘江湖，买家可以分享购物心得，获得促销信息，卖家可以进行推广活动。	a34 社交购物	顾客关系	顾客参与度AR19	
24.	马云在2011年初的淘宝年会上表示："淘宝今年的第一件大事就是必须SNS化"。CEO陆兆禧进一步强调淘宝SNS化是为了更加贴近用户，并为用户搭起一张网，强化用户之间的关系。	战略判断；			
25.	淘宝卖家林又立："这几天真是太忙了，一边要照顾淘宝店，一边又要为新的独立网站东奔西走！"	a35 反向定义需求	需求重构	需求影响力	

参 考 文 献

1. Afuah, A., Tucci, C. L., 2000, Intemet Business Models and Strategies: Text and Cases [M], New York: Irwin/McGraw-Hill Higher Education.

2. Al-Alawi, A. I., Al-Marzooqi, N. Y., Mohammed Y. F., 2007, Organizational culture and knowledge sharing: Critical success factors [J], Journal of Knowledge Management, 11 (2): 22 – 42.

3. Alam, I., 2002, An exploratory investigation of user involvement in new service development [J], Journal of the Academy of Marketing Science, 30 (3): 250 – 261.

4. Alam, I., Perry, C. A., 2002, Customer-oriented new service develoment process [J], Journal of Services Marketing, 16 (6): 515 – 534.

5. Alavi, M., Leidner, D. E., 2001, Knowledge management and knowledge management systems: Conceptual foundations and research issues [J], MIS Quartely, 25 (1): 107 – 136.

6. Anderson, E., Narus, J. A., 1990, A model of distributor firm and manufacturer firm working partnership [J], Journal of Marketing, 54 (1): 124 – 145.

7. Argote, L., Ingram, P., 2000, Knowledge transfer: A basis for competitive advantage in firms [J], Organizational Behavior and Human Decision Processes, 82 (1): 150 – 169.

8. Baldwin, C. Y., Clark, K. B., 2000, Design Rules: The Power of Modularity [M], Vol. 1, MIT Press.

9. Barcet, A., Bonamy, J., Mayère, A., 1987, Modernisation et innovation dans les services aux enterprises [R], Report for Commissariat Général du Plan, Paris, October.

10. Barras, R. , 1990, Interactive innovation in financial and business services: The vanguard of the service revolution [J], Research Policy, 19 (3): 215 – 237.

11. Barney, J. B. , 1991, Firm resource and sustained competitive advantage [J], Journal of Management, 17 (1): 99 – 120.

12. Beyers, W. B. , Lindahl, D. P. , 1996, Explaining the demand for producer services: Is cost-driven externalization the major factor? [J], Papers in Regional Science, 75 (3): 351 – 374.

13. Bilderbeek, R. , Hertog, P. D. , Marklund, G. , Miles, I. , 1998, Service in innovation: Knowledge intensive business services (KIBS) as co-producers of innovation [R]. Working paper.

14. Bonner, J. M. , Ruekert, R. W. , Walker, J. O. C. , 2002, Upper management control of new product development projects and project performance [J], Journal of Product Innovation Management, 19 (3): 233 – 245.

15. Bonner, J. M. , Walker, J. O. C. , 2004, Selecting influential Business-to-Business customers in new product development: Relational embeddedness and knowledge heterogeneity considerations [J], Journal of Product Innovation Management, 21 (3): 268 – 276.

16. Borghini, S. , Diamond, N. , Kozinets, R. V. , McGrath, M. A. , Muniz, A. M. , Sherry, J. F. , 2009, Why are themed brandstores so powerful retail brand ideology at American girl place [J], Journal of Retailing, 85 (3): 363 – 375.

17. Boonstra, A. , Jan de Vries, 2008, Managing stakeholders around inter-organizational systems: A diagnostic approach [J], Journal of Strategic Information Systems, 17 (3): 190 – 201.

18. Bowers, M. 1989, Developing new services: Improving the process makes it better [J], Journal of Services Marketing, 3 (1): 15 – 20.

19. Bullinger, H. -J. , Fahnrich, K. -P. , Meiren, T. , 2003, Service engineering: Methodical development of new service products [J], International Journal of Production Economics, 85 (3): 275 – 287.

20. Cameron, K. S. , Quinn, R. E. , 2005, Diagnosing and Changing Organizational Culture: Based on the Competing Values Framework [M], San

Francisco: Jossey Bass.

21. Carr, J. Z. , Schmidt, A. M. , Ford, K. , et al. , 2003, Climate perceptions matter: A meta-analytic path analysis relating molar climate, cognitive and affective states, and individual level work outcomes [J], Journal of Applied Psychology, 88 (4): 605 – 619.

22. Cavusgil, S. T. , Calantone, R. J. , Zhao, Y. S. , 2003, Tacit knowledge transfer and firm innovation capability [J], Journal of Business & Industrial Marketing, 18 (1): 6 – 21.

23. Chesbrough, H. W. , 2003, Open Innovation: The New Imperative for Creating and Profiting from Technology [M], Boston: Harvard Business School Press.

24. Chesbrough, H. , Rosenbloom, R. S. , 2002, The role of the business model in capturing value from innovation: Evidence from Xerox corporation's technology spin-off companies [J], Industrial and Corporate Change, 2002, 11 (3): 529 – 555.

25. Chung, S. , Kim, G. M. , 2003, Performance effects of partnership between manufacturers and suppliers for new product development: The supplier's standpoint [J], Research Policy, 32 (4): 587 – 603.

26. Clarkson, M. B. E. , 1995, A stakeholder framework for analyzing and evaluating corporate social performance [J], Academy of Management Review, 20 (1): 92 – 117.

27. Coffer, W. J. , 2000, The geographies of producer services [J], Urban Geography, 2 (2): 170 – 183.

28. Cohen, W. M. , Levinthal, D. A. , 1990, Absorptive capacity: A new perspective on learning and innovation [J], Administrative Science Quarterly, 35 (1): 128 – 152.

29. Coleman, J. S. , 1990, Foundation of Social Theory [M], The Belknap Press of Harvard University Press.

30. Coombs, R. , Miles, I. , 2000, Innovation, measurement and services: The new problematic [A]. In Metcalfe, J. S. , Miles, I. (eds.) Innovation System in the Service Economy: Measurement and Case Study Analysis [C], Boston: Kluwer Academic Publishers, 85 – 103.

31. Cooper, R. G. , Easingwood, C. J. , Edgett, S. , et al. , 1994, What distinguishes the top performing new products in financial services [J], Journal of Product Innovation Management, 11: 281 – 299.

32. Cooper, R. G. , Kleinschmidt, E. J. , 1995, Benchmarking firms' new product performance and practices [J], IEEE Engineering Management Review, 23 (3): 374 – 391.

33. Croom, R. C. , 2001, The dyadic capabilities concept: Examining the processes of key supplier involvement in collaborative product development [J], European Journal of Purchasing & Supply Management, 7 (1): 29 – 37.

34. Cummings, J. L. , Teng, B. S. , 2003, Transferring R&D knowledge: The key factors affecting knowledge transfer success [J], Journal of Engineering and Technology Management, 20 (1): 39 – 68.

35. Davies, A. C. , 2003, Are firms moving "downstream" into high-value services? [A] in Tidd, J. , Hull, F. M. (eds.) Service Innovation: Organizational Responses to Technological Opportunities and Market Imperatives [C], London: Imperial College Press, 321 – 340.

36. Davies, A. C. , 2004, Moving base into high-value integrated solutions: A value stream approach [J], Industrial and Corporate Change, 13 (5): 727 – 756.

37. Davies, A. , Brady, T. , 2000, Organizational capabilities and learning in complex product systems: Towards repeatable solutions [J], Research Policy, 297/8: 931 – 953.

38. Davies, A. , Brady, T. , Hobday, M. , 2006, Charting a path toward integrated solutions [J], Sloan Management Review, 47 (1): 39 – 48.

39. de Jong, J. P. J. , Vemeulen, P. A. M. , 2003, Organizing successful new service development: A literature review [J], Management Decision, 41 (9): 844 – 858.

40. de Vries, E. J. , 2004, Innovation in services: Towards a synthesis approach [R], PrimaVera working paper 2004 – 2020, Department of Business Studies Universiteit van Amsterdam, Available at: http: //imwww. fee. uva. nl/_pv/PDFdocs/2004 – 20. pdf.

41. Deal, T. E. , Kennedy, A. , 1982, Corporate Cultures: The Rites and Rituals of Organizational Life [M], Reading, Addison – Wesley.

42. Dell, C. O. , Grayson, C. J. , 1998, If only we knew what we know: Identification and transfer of internal best practice [J], California Management Review, 40 (3): 154 – 176.

43. Denison, D. R. , Haaland, S. , Goelzer, P. , 2004, Corporate culture and organizational effectiveness: Is there a similar pattern around the world? [J], Organizational Dynamics, 33 (1): 98 – 109.

44. Doney, P. M. , Cannon, J. P. , 1997, An examination of the nature of trust in buyer-seller relationships [J], Journal of Marketing, 61 (1): 35 – 51.

45. Drejer, I. , 2004, Identifying innovation in surveys of services: A Shumpeterian perspective [J], Research Policy, 33 (3): 551 – 562.

46. Dreze, X. , Hoch, S. J. , Purk, M. E. , 1994, Shelf management and space elasticity [J], Journal of Retailing, 70 (4): 301 – 326.

47. Duray, R. , Milligan, G. W. , 1999, Improving customer satisfaction through mass customization [J], Quality Progress, 32 (8): 60 – 65.

48. Easingwood, C. J. , Storey, C. , 1991, Success factors for new consumer financial services [J], International Journal of Bank Marketing, 91 (1): 3 – 10.

49. Edvardsson, B. , Gustavsson, A. , Johnson, M. D. , Sandén, B. , 2000, New Service Development and Innovation in the New Economy [M]. Student litteratur.

50. Edvardsson, B. , 1997, Quality in new service development: Key concepts and a frame of reference [J], International Journal of Production Economics, 52 (1/2): 31 – 46.

51. Edvardsson, B. , Haglund, L. , Mattsson, J. 1995, Analysis, planning, improvisation and control in the development of new services [J], International Journal of Service Industry Management, 6 (2): 24 – 35.

52. Evanschitzky, H. , Wangenheim, F. , Woisetschlger, D. , 2011, Service & solution innovation: Overview and research agenda [J], Industrial Marketing Management, 40 (5): 657 – 660.

53. Fahnrich, K.-P., Meiren, T., Barth, T., Hertweck, A., Baumeister, M., Demu, X. L., Gaiser, B., Zerr, K., 1999, Service engineering: Ergebnisse einer empirischen studie zum Stand der Dienstleistungsentwicklung in Deutschland [R], IRB, Stuttgart.

54. Fey, C. F., Denison, D. R., 2003, Organizational culture and effectiveness: Can American theory be applied in Russia? [J] Organization Science, 14 (6): 686 – 706.

55. Flick, U., 2002, An Introduction to Qualitative Research [M], 2nd ed. London: Sage Publications.

56. Freeman, R. E., 1984, Strategy Management: A Stakeholder Approach [M], Pitman Publishing Inc.

57. Gallouj, F., Weinstein, O., 1997, Innovation in services [J], Research Policy, 26 (4): 537 – 556.

58. Garcia, R., Calantone, R., 2002, A critical look at technological innovation typology and innovativeness terminology: A literature review [J], Journal of Product Innovation Management, 19 (2): 110 – 132.

59. Gebauer, H., Fleisch, E., Friedli, T., 2005, Overcoming the service paradox in manufacturing companies [J], European Management Journal, 23 (1): 14 – 26.

60. Goll, I., Sambharya, R. B., 1995, Corporate ideology, diversification and firm performance [J], Organization Studies, 16 (5): 823 – 846.

61. Gupta, A. K., Govindarajan, V., 2000, Knowledge flows within multinational corporations [J], Strategic Management Journal, 21 (4): 473 – 496.

62. Gupta, A. K., Raj, S. P., Wilemon, D., 1986, A model for studing R&D marketing interface in the product innovation process [J], Journal of Marketing, 50 (4): 7 – 17.

63. Hamel, G., 2000, Leading the Revolution: How to Thrive in Turbulent Times by Making Innovation a Way of Life [M], Boston, Massachusetts: Harvard Business School Press.

64. Hamel, G., Prahalad, C. K., 1989, Strategic intent [J], Har-

vard Business Review, 67 (3): 63 – 76.

65. Hammer, M. , 2004, Deep change: How operational innovation can transform your company [J], Harvard Business Review, 82 (4): 84 – 93.

66. Harem, T. , Krogh, G. V. , Roos, J. , 1996, Managing Knowledge: Perspective on Cooperation and Competition [M], London: SAGE Publications.

67. Hart, C. , 1995, Mass customization: Conceptual underpinnings, opportunities and limits [J], International Journal of Service Industry Management, 6 (1): 36 – 45.

68. Hendriks, P. H. , 1999, The organizational impact of knowledge-based systerms: A knowledge perspective [J], Knowledge – Based Systerm, 12 (1): 159 – 169.

69. Heuer, M. , 2001, Firm stakeholder connectedness in the deregulated electric utility business: Exchange relationships in a network context [D], Washington: George Washington University.

70. Holzmuller, H. H. , Kasper, H. , 1991, On a theory of export performance: Personal and organizational determinants of report trade activities observed in small and medium-sized firms [J], Management International Review, 31 (Special): 45 – 70.

71. Hoopes, D. G. , Postrel, S. , 1999, Shared knowledge, "Glitches," and product performance [J], Strategic Management Journal, 20 (9): 837 – 865.

72. Jacobs, D. , 1974, Dependency and vulnerability: An exchange approach to the control of organizations [J], Administrative Science Quarterly, 19 (1): 45 – 59.

73. Jasimuddin, S. M. , 2008, A holisitic view of knowledge management strategy [J], Journal of Knowledge Management, 12 (1): 57 – 66.

74. Jaw, C. , Lo, J. -Y. , Lin, Y. -H. , 2010, The determinants of new service development: Service characteristics, market orientation, and actualizing innovation effort [J], Technovation, 30 (4): 265 – 277.

75. Jiao, J-X. , Ma, Q. -H. , Tseng, M. M. , 2003, Towards high value-added products and services: Mass customization and beyond, Technova-

tion, 23 (10): 809 – 821.

76. Jiao, J. -X. , Tseng, M. M. , Duffy, V. G. , Lin, F. -H. , 1998, Product family modeling for mass customization [J], Computers & Industrial Engineering, 35 (3 – 4): 495 – 498.

77. Johansson, J. E. , Krishnamurthy, C. , Schlissberg, H. E. , 2003, Solving the solutions problem [J], McKinsey Quarterly, (3): 116 – 125.

78. Johne, A. , Storey, C. , 1998, New service development: A review of the literature and annotated bibliography [J], European Journal of Marketing, 32 (3 – 4): 184 – 251.

79. Johnson, S. P. , Menor, L. J. , Roth, A. V. , Chase, R. B. , 2000, A critical evaluation of the new service development process: Integrating service innovation and service design [A], In: Fitzsimmons, J. A. , Fitzsimmons, M. J. (eds.), New Service Development: Creating Memorable Experiences [C], Thousand Oaks: Sage Publications, 1 – 32.

80. Juleff, L. E. , 1996, Advanced producer services: Just a service to manufacturing? [J], Service Industries Journal, 16 (3): 389 – 400.

81. Karlsen, J. T. , Gottschalk, P. , 2004, Factors affecting knowledge transfer in IT projects [J], Engineering Management Journal, 16 (1): 3 – 10.

82. Kapletia, D. , Probert, D. , 2010, Migrating from products to solutions: An exploration of system support in the UK defense industry [J], Industrial Marketing Management, 39 (11): 582 – 592.

83. Kay, M. , 1993, Making mass customization happen: Lessons for implementation [J], Planning Review, 21 (1): 14 – 18.

84. Kazuhiko, M. , 2003, Market power and the form of enterprise: Capitalist firms, worker-owned firms and consumer cooperatives [J], Journal of Economic Behavior and Organization, 52 (4): 533 – 552.

85. Kim, J. , Wilemon, D. , 1999, Managing the fuzzy front-end of the new product development process [A], Proceedings of Portland International Conference on Management of Engineering & Technology [C], 163 – 169.

86. Kim, J. , Wilemon, D. , 2002, Focusing the fuzzy front-end in new product development [J], R&D Management, 32 (4): 269 – 279.

87. Kirzner, I. M. , 1973, Competition and Entrepreneurship ［M］, Chicago, Illinois: University of Chicago Press.

88. Knudsen, M. P. , 2005, Organization of knowledge flows in new product development ［A］, In: Caloghirou, Y. , Constantelou, A. , Vonortas, N. S. (eds.), Knowledge Flows in European Industry: Mechanisms and Policy Implications ［C］, London: Routledge, 101 – 114.

89. Kotter, J. , Heskett, J. , 1992, Corporate Culture and Performance ［M］, New York: Free Press.

90. Krackhardt, D. , 1998, Simmelian ties: Super, strong and sticky ［A］, in Kramer, R. , Neale, M. (eds.) Power and Influence On organizations ［C］, Thousand Oaks, California: Sage, 21 – 38.

91. Kridan, A. B. , Goulding, J. S. , 2006, A case study on knowledge management implementation in the banking sector ［J］, The Journal of Information and Knowledge Management Systems, 36 (2): 211 – 222.

92. Kristof-Brown, A. L. , Zimmerman, R. D. , Johnson, E. C. , 2005, Consequences of individual's fit at work: a meta-analysis of person-job, person-organization, person-group, and person-supervisor fit ［J］, Personnel Psychology, 58 (2): 281 – 342.

93. Lay, G. , Schroeter, M. , Biege, S. , 2009, Service-based business concepts: A typology for business-to-business markets ［J］, European Management Journal, 27 (6): 442 – 455.

94. Lettice, F. , Roth, N. , Forstenlechner, I. , 2006, Measuring knowledge in the new product development process ［J］, International Journal of Productivity and Performance Management, 55 (3/4): 217 – 241.

95. Laframboise, K. , Croteau, A. M. , Beaudry, A. , 2007, Interdepartmental knowledge transfer success during information technology projects ［J］, International Journal of Knowledge Management, 3 (2): 47 – 67.

96. Lampel, J. , Mintzberg, H. , 1996, Customizing customization ［J］, Sloan Management Review, 38 (1): 21 – 30.

97. Lee, J. N. , 2001, The impact of knowledge sharing, organizational capability and partnership quality on IS outsourcing Success ［J］, Information & Management, 38 (5): 323 – 335.

98. Levitt, T. , 1972, Production-line approach to service [J], Harvard Business Review, 50 (5): 41 – 52.

99. Li, J. -H. , 2012, Service innovation research in China: Past, present and future [J], Journal of Science and Technology Policy in China, 3 (1): 68 – 91.

100. Lim, G. , Ahn, H. , Lee, H. , 2005, Formulating strategies for stakeholder management: A case-based reasoning approach [J], Expert Systems with Applications, 28 (4): 831 – 840.

101. Linzalone, R. , 2008, Leveraging knowledge assets to improve new product development performances [J], Measuring Business Excellence, 12 (2): 38 – 50

102. Lundvall, B. A. , Johnson, B. , 1994, The learning economy [J], Industry & Innovation, 1 (2): 23 – 42.

103. Lorsch, J. W. , 1985, Strategic myopia: Culture as an invisible barrier to change [A], in: Kilmann, R. H. , Saxton, M. J. , Serpa, R. (eds.) Gaining Control of the Corporate Culture [C], San Francisco: Jossey-Bass, 84 – 102.

104. Marceau, J. , Martinez, C. , 2002, Selling solutions: Product-service packages as links between new and old economics [R], DRUID summer conference on Industrial Dynamics of the new and old economy-who is embracing whom? Copenhagen, 6 – 8.

105. Martin, C. R. , Horne, D. A. , 1995, Level of success inputs for service innovations in the same firm [J], International Journal of Service Industry Management, 6 (4): 40 – 56.

106. Martin, C. R. , Horne, D. A. , Schultz, A. M. , 1999, The business-to-business customer in the service innovation process [J], European Journal of Innovation Management, 2 (2): 55 – 62.

107. Matting, J. , Sanden, B. , Edvardsson, B. , 2004, New service development: Learning from and with customers [J], International Journal of Service Industry Management, 15 (5): 479 – 498.

108. Menor, L. J. , Tatikonda, M. V. , Sampson, S. E. , 2002, New service development: Areas for exploitation and exploration [J], Journal of

Operations Management, 20 (2): 135 – 157.

109. Miles, I. , 2006, Innovation in services [A], in Fagerberg, J. , Mowery, D. C. , Nelson, R. R. (eds), The Oxford Handbook of Innovation [C], New York, NY: Oxford University Press, 433 – 458.

110. Mintzberg, H. , 1994, The Rise and Fall of Strategic Planning: Reconceiving Roles for Planning, Plans, Planners [M], New York: The Free Press.

111. Mitchell, R. K. , Agle, B. R. , Wood, D. J. , 1997, Toward a theory of stakeholder identification and salience: Defining the principle of who and what really counts [J], Academy of Management Review, 22 (4): 853 – 886.

112. Nonaka, I. , Takeuchi, H. , 1995, The Knowledge-creating Company: How Japanese Companies Foster Creativity and Innovation for Competitive Advantage [M], New York: Oxford University Press

113. Nordin, F. , Kowalkowski, C. , 2010, Solutions offerings: A critical review and reconceptualisation [J], Journal of Service Management, 21 (4): 441 – 459.

114. Oliva, R. , Kallenberg, R. , 2003, Managing the transition from products to services [J], International Journal of Service Industry Management, 14 (2): 160 – 172.

115. Osterwalder, A. , 2004, The Business Model Ontology: A Proposition in A Design Science Approach [D], Institut d'Informatique et Organisation.

116. Papastathopoulou, P. , Avlonitis, G. , Indounas, K. , 2001, The initial stages of new service development: A case study from the Greek banking sector [J], Journal of Financial Services Marketing, 2 (6): 147 – 161.

117. Parry, M. E. , Song, X. M. , 1993, Determinants of R&D-marketing integration in high-tech Japanese firms [J], Journal of Product Innovation Management, 10 (1): 4 – 22.

118. Pavitt, K. , 1984, Sectoral patterns of technical change: Towards a taxonomy and a theory [J], Research Policy, 13 (6): 343 – 373.

119. Pavitt, K. , 1991, Key characteristics of the large innovating firm [J], British Journal of Management, 2 (1): 41 – 50.

120. Peters, L., Saidin, H., 2000, IT and the mass customization of services: The challenge of implementation [J], International Journal of Information Management, 20 (2): 103 – 119.

121. Phillips, F., Ochs, L., Schrock, M., 1999, The product is dead-long live the product-service [J], Research Technology Management, 42 (4): 51 – 56.

122. Pine, J., 1993, Mass customizing products and services [J], Planning Review, 21 (1): 6 – 13.

123. Pitt, M., MacVaugh, J., 2008, Knowledge management for new product development [J], Journal of Knowledge Management, 4 (12): 101 – 116.

124. Porter, M. E., 1980, Competitive Strategy: Techniques for Analyzing Industries and Competitors [M], New York: The Free Press.

125. Quinn, R. E., 1988, Beyond Rational Management: Mastering The Paradoxes and Competing Demands of High Performance [M], San Francisco: Jossey – Bass.

126. Reidenbach, R., Moak, D., 1986, Exploring retail bank performance and new product development: A profile of industry practices [J], Journal of Product Innovation Management, 3 (3): 187 – 194.

127. Ritzer, G., 1996, The McDonaldization of Society: An Investigation into the Changing Character of Contemporary Social Life [M], Thousand Oaks, CA: Pine Forge Press.

128. Robertson, M., Swan, J., 2004, Going public: The emergence and effects of soft bureaucracy within a knowledge-intensive firm [J], Organization, 11 (1): 123 – 148.

129. Rowley, T. J., 1997, Moving beyond dyadic ties: A network theory of stakeholder influence [J], Academy of Management Review, 22 (4): 887 – 910.

130. Scheuing, E., Johnson, E., 1989, A proposed model for new service development [J], Journal of Services Marketing, 3 (2): 25 – 34.

131. Shostack, G., 1984, Service design in the operating environment [M]. American Marketing Association, 27 – 43.

132. Silveira, D. G. , Borenstein, D. , Fogliatto, F. , 2001, Mass customization: Literature review and research directions [J], International Journal of Production Economics, 72 (1): 1 – 13.

133. Simonin, B. L. , 1999, Ambiguity and the process of knowledge transfer in strategic alliances [J], Strategic Management Journal, 20 (7): 595 – 623.

134. Slywotsky, A. J. , 1996, Value Migration: How to Think Several Moves Ahead of the Competition [M], Boston, MA: Harvard Business School Press.

135. Smith, A. , Cullis, B. , Brockhoff, P. , 2003, Multiplicative mixed models for the analysis of sensory evaluation data [J], Food Quality and Preference, 14 (5 – 6): 387 – 395.

136. Smith, A. M. , Fischbacher, M. , 2000, Stakeholder involvement in the new service design process [J], Journal of Financial Services Marketing, 5 (1): 21 – 31.

137. Smith, A. M. , Fischbacher, M. , 2005, New service development: A stakeholder perspective [J], European Journal of Marketing, 39 (9/10): 1025 – 1048.

138. Spira, J. , 1996, Mass customization through training at Lutron Electronics [J], Computers in Industry, 30 (3): 171 – 174.

139. Stevens, E. , Dimitriadis, S. , 2004, New service development through the lens of organizational learning: Evidence from longitudinal case studies [J], Journal of Business Research, 57 (10): 1074 – 1084.

140. Storbacka, K. , Nenonen, S. , 2011, Scripting markets: From value propositions to market propositions [J], Industrial Marketing Management, 40 (2): 255 – 266.

141. Storey, C. , Kelly, D. , 2001, Measuring the performance of new service development activities [J], The Service Industries Journal, 21 (2): 71 – 90.

142. Strauss, A. L. , Corbin, J. M. , 1987, Qualitative Analysis for Social Scientists [M], Cambridge University Press.

143. Strauss, A. L. , Corbin, J. M. , 1998, Basics of Qualitative Re-

search: Techniques and Procedures for Developing Grounded Theory [M],
Sage Publications.

144. Sundbo, J. , 1994, Modulization of service production [J], Scandinavian Journal of Management, 10 (3): 245 – 266.

145. Sundbo, J. , Gallouj, F. , 1998, Innovation in Services [R],
SI4S Synthesis Papers S2, STEP, Oslo.

146. Szulanski, G. , 1996, Exploring internal stickness: Impediments to
the transfer of best practice within the firm [J], Strategic Management Journal, 17 (1): 27 – 43.

147. Szulanski, G. , 2000, The process of knowledge transfer: A diachronic analysis of stickiness [J], Organizational Behavior and Human Decision Processes, 82 (1): 9 – 27.

148. Teece, D. , 1977, Technology transfer by multinational firms: The
resource cost of transferring technology know-how [J], The Economic Journal,
87 (6): 242 – 261.

149. Tether, B. S. , Hipp, C. , Miles, I. , 2001, Standardisation and
particularisation in services: Evidence from Germany [J], Research Policy,
30 (7): 1115 – 1138.

150. Tidd, J. , Bessant, J. , 2009, Managing Innovation: Integrating
Technological, Market and Organizational Change [M], Fourth edition, Wiley.

151. Tidd, J. , Nightingale, P. , 2009, Management of Technology,
Palgrave Encyclopaedia of Corporate Strategy [M], Palgrave.

152. Tidd, J. , Hull, F. M. (eds.) 2003, Service Innovation: Organizational Responses to Technological Opportunities and Market Imperatives
[M], London: Imperial College Press.

153. Timmers, P. , 1998, Business models for electronic markets [J],
Electronic Markets, 8 (2): 3 – 8.

154. Triandis, H. C. , 1989, The self and social behavior in differing
cultural contexts [J], Psychological Review, 96 (2): 506 – 520.

155. Trompenaars, F. , Woolliams, P. , 2003, A new framework for
managing change across cultures [J], Journal of Change Management, 3

(4): 361 – 372.

156. Tsai, W. , 2001, Knowledge transfer in intraorganizational networks: Effects of network position and absorptive capacity on business unit innovation and performance [J], Academy of Management Journal, 44 (5): 996 – 1004.

157. Ulrich, K. T. , Turg, K. , 1991, Fundamentals of product modularity [R], Sloan School of Management, MIT, Working Paper #3335 – 91 – MSA.

158. van der Aa, W. , Elfring, T. , 2002, Realizing innovation in services [J], Scandinavian Journal of Management, 18 (2): 155 – 171.

159. van Doorn, J. , Katherine, N. L. , Mittal, V. , Nass, S. , Pick, D. , Pirner, P. , Verhoef, P. C. , 2010, Customer engagement behavior: Theoretical foundations and research directions [J], Journal of Service Research, 13 (3): 253 – 266.

160. Venkatraman, N. , Henderson, J. C. , 1998, Real strategies for virtual organizing [J], Sloan Management Review, 40 (1): 33 – 48.

161. Vermeulen, P. A. M. , van den Bosch, F. A. J. , Volberda, H. W. , 2007, Complex incremental product innovation in established service firms: A micro institutional perspective [J], Organization Studies, 28 (10): 1523 – 1546.

162. von Hippel, E. , 1986, Lead users: A source of novel product concepts [J], Management Science, 32 (7): 791 – 805.

163. von Hippel, E. , 1988, The Sources of Innovation [M], New York: Oxford University Press.

164. von Hippel, E. , 1998, Economics of product development by users: The impact of 'sticky' local information [J], Management Science, 44 (5): 629 – 644.

165. von Hippel, E. , 2005, Democratizing Innovation [M], Cambridge, MA: MIT Press.

166. von Hippel, E. , Katz, R. , 2002, Shifting innovation to users via toolkits [J], Management Science, 48 (7): 821 – 833.

167. Voss, C. , Johnston, R. , Silvestro, R. , 1992, Measurement of

innovation and design performance in services [J], Design Management Journal, 3 (1): 40 – 46.

168. Ward, E., 1998, World-class Telecommunications Services Development [M], Artech House.

169. Westbrook, R., Williamson, P., 1993, Mass customization: Japan's new frontier [J], European Management Journal, 11 (1): 38 – 45.

170. Windahl, C., Lakemond, N., 2010, Integrated solutions from a service-centered perspective: Applicability and limitations in the capital goods industry [J], Industrial Marketing Management, 39 (8): 1278 – 1290.

171. Wise, R., Baumgartner, P., 1999, Go downstream: The new profit imperative in manufacturing [J], Harvard Business Review, 77 (5): 133 – 141.

172. Wynstra, F., Pierick, E. T., 2000, Managing supplier involvement in new product development: A portfolio approach [J], European Journal of Purchasing & Supply Management, 6 (1): 49 – 57.

173. Yilmaza, C., Ergunb, E., 2008, Organizational culture and firm effectiveness: An examination of relative effects of culture traits and the balanced culture hypothesis in an emerging economy [J], Journal of World Business, 43 (3): 290 – 306.

174. Yin, R. K. 1994, Case Sudy Research: Design and Methods [M], Thousands Oaks: Sage Publication.

175. Zaheer, A. McEvily, B., Perrone, V., 1998, Does trust matter? Exploring the effects of interorganizational and interpersonal trust on performance [J], Organization Science, 9 (2): 141 – 159.

176. Zauberman, G., 2003, The intertermporal dynamics of consumer lock-in [J], Journal of Consumer Research, 30 (3): 405 – 419.

177. Zeithaml, V. A., Bitner, M. J., 2000, Services Marketing: Integrating Customer Focus Across The Firm [M], 2ed, Boston: McGrawHill.

178. Zhang, Q., Doll, W. J., 2001, The fuzzy front end and success of new product development: A causal model [J], European Journal of Innovation Management, 4 (2): 95 – 112.

179. Zipkin, P., 2001, The limits of mass customization [J], MIT

Sloan Management Review, 42（3）：81－88.

180. 迪特尔·巴特曼. 零售银行业务创新［M］, 舒新国译. 北京：经济科学出版社, 2007：14.

181. 罗纳德·伯特. 结构洞：竞争的结构［M］, 任敏等译, 上海：上海人民出版社, 2008.

182. 理查德·达夫特, 组织理论与设计［M］, 北京：清华大学出版社, 2003.

183. 特雷斯·E·迪尔, 阿伦·A·肯尼迪. 企业文化：现代企业的精神支柱［M］. 唐铁军, 叶永清, 陈旭译. 上海：上海科学技术文献出版社, 1989.

184. 杰弗里·菲佛, 杰勒尔德·萨兰基克. 组织的外部控制：对组织资源依赖的分析［M］, 闫蕊译, 北京：东方出版社, 2006.

185. 约翰·科特. 权利与影响力［M］. 李亚等译, 北京：机械工业出版社, 2008.

186. 约翰·克雷斯威尔. 研究设计与写作指导：定性、定量与混合研究的路径［M］. 崔延强译, 重庆：重庆大学出版社, 2007.

187. 乔纳森·特纳. 社会学理论的结构［M］. 北京：华夏出版社, 2001.

188. 伊恩·迈尔斯. 服务业的创新, 见 Mark Dodgson, Roy Rothwell 主编, 创新聚集——产业创新手册, 北京：清华大学出版社, 1994.

189. 青木昌彦. 模块时代：新产业结构的本质［M］. 上海：远东出版社, 2003.

190. 野中郁次郎. 知识创造的螺旋：知识管理理论与案例研究［M］, 北京：知识产权出版社, 2006.

191. 白波, 党丽媛, 李旭晖. 全业务条件下的移动通信资费定价机制探讨［J］, 广东通信技术, 2011（8）：24－27.

192. 常宏建. 项目利益相关者协调机制研究［D］. 山东大学博士学位论文, 2009.

193. 陈春花. 企业文化的改造与创新［J］, 北京大学学报（哲学社会科学版）, 1999（3）：52－57.

194. 陈洁雄. 制造业服务化与经营绩效的实证检验——基于中美上市公司的比较［J］, 商业经济与管理, 2010（4）：33－41.

195. 陈劲, 陈钰芬. 开放创新体系与企业技术创新资源配置 [J], 科研管理, 2006 (3): 1 - 8.

196. 陈劲, 高金玉. 复杂产品系统创新的模糊前端影响因素分析 [J], 管理学报, 2005 (3): 281 - 290.

197. 陈劲, 郑刚. 创新管理——赢得持续竞争优势 [M], 北京: 北京大学出版社, 2009.

198. 陈觉, 郝云宏. 服务业前后台分离——从传统运营到大批量定制 [J], 中国工业经济, 2009 (10): 108 - 117.

199. 陈明, 周健明. 企业文化、知识整合机制对企业间知识转移绩效的影响研究 [J], 科学学研究, 2009 (4): 581 - 587.

200. 陈荣平. 服务的独特性及其对新服务开发的影响 [J], 商业研究, 2004 (14): 45 - 47.

201. 陈亭楠. 现代企业文化 [M]. 北京: 企业管理出版社, 2003.

202. 陈晓君. 新产品开发不同阶段知识转移绩效的影响因素研究 [D]. 浙江大学硕士学位论文, 2008.

203. 丛海涛, 唐元虎. 隐性知识转移、共享的激励机制研究 [J]. 科研管理, 2007 (1): 33 - 37.

204. 丁生娟. 新服务开发模糊前端机制研究——以城市商业银行为例 [D]. 浙江工商大学硕士学位论文, 2010.

205. 但斌等. 大规模定制——打造 21 世纪企业核心竞争力 [M]. 北京: 科学出版社, 2004.

206. 都跃良, 卓骏. 知识管理下的企业文化塑造 [J]. 企业经济, 2005 (3): 41 - 43.

207. 樊耘, 余宝琦, 纪晓鹏. 组织文化分类的演进与竞合 (双 C) 文化模型的提出 [J], 管理评论, 2009 (1): 100 - 106.

208. 冯旭, 鲁若愚, 彭蕾. 服务企业员工个人创新行为与工作动机、自我效能感关系研究 [J], 研究与发展管理, 2009 (3): 42 - 49.

209. 高晓东, 董建忠. 基于知识管理的企业组织文化建设 [J]. 经济与管理研究, 2005 (9): 39 - 42.

210. 管益忻, 郭廷建. 企业文化概论 [M], 北京: 人民出版社, 1990.

211. 何哲, 孙林岩, 高杰, 李刚. 服务型制造在大型制造企业的应

用实践 [J]. 科技进步与对策, 2009 (9): 106-108.

212. 何哲, 孙林岩, 贺竹磬, 李刚. 服务型制造的兴起及其与传统供应链体系的差异 [J]. 管理科学, 2008 (4): 77-81.

213. 何哲, 孙林岩, 朱春燕. 服务型制造的概念、问题和前瞻 [J]. 科学学研究, 2010 (1): 53-60.

214. 胡笑寒, 万迪昉. 组织混沌与组织文化变革及创新关系的研究 [J]. 中国软科学, 2003 (10): 75-79.

215. 胡玮玮, 姚先国. 组织文化、知识管理战略与绩效关系研究 [J]. 科研管理, 2009 (6): 91-99.

216. 李纲, 田鑫. 企业文化与企业内部隐性知识转移的关系研究 [J]. 情报杂志, 2007 (2): 4-6.

217. 李刚, 孙林岩, 高杰. 服务型制造模式的体系结构与实施模式研究 [J]. 科技进步与对策, 2010 (7): 45-50.

218. 李刚, 孙林岩, 李建. 服务型制造的起源、概念和价值创造机理 [J]. 科技进步与对策, 2009 (13): 68-72.

219. 李怀政, 仲向平, 鲍观明. 加入WTO以后中国零售业态的合理变迁 [J]. 商业经济与管理, 2001 (10): 20-22.

220. 李靖华, 王荣鑫. 银行服务创新战略分析: 基于浙江调查 [J]. 技术经济, 2009 (2): 57-63.

221. 李靖华, 庞学卿. 组织文化、知识转移与新服务开发绩效: 城市商业银行案例 [J]. 管理工程学报, 2011 (4): 163-171.

222. 李靖华等. 大规模定制化服务创新 [M]. 北京: 科学出版社, 2009.

223. 李靖华. 基于大规模定制的服务创新策略 [J]. 科学学研究, 2005 (2): 283-288.

224. 李梦俊, 赵越岷, 陈华平. 关于组织成员转移知识意向影响因素的实证研究 [J]. 科技管理研究, 2008 (11): 216-219.

225. 李随成, 沈洁. 面向集成解决方案的复杂产品系统企业业务转型研究 [J]. 科学学与科学技术管理, 2009 (8): 139-146.

226. 林光平, 杜义飞, 刘兴贵. 制造企业潜在服务价值创造及其流程再造——东方汽轮机厂案例研究 [J]. 管理学报, 2008 (4): 602-606.

227. 林曦. 企业利益相关者管理：从个体、关系到网络［M］. 大连：东北财经大学出版社，2010.

228. 蔺雷，吴贵生. 服务创新［M］. 北京：清华大学出版社，2003.

229. 蔺雷，吴贵生. 新服务开发的内容和过程［J］. 研究与发展管理，2005（2）：14－19.

230. 蔺雷，吴贵生. 制造业发展与服务创新——机理、模式与战略［M］. 北京：科学出版社，2008.

231. 刘鹏. 知识密集型产业新产品开发过程中缄默知识流转有效性研究［D］. 浙江大学硕士学位论文，2004.

232. 刘德文，鲁若愚. 多维视角下的服务创新网络初探［J］. 技术经济，2009（2）：12－16.

233. 刘顺忠. 组织学习能力对新服务开发绩效的影响机制研究［J］. 科学学研究，2009（3）：411－417.

234. 柳卸林. 对服务创新研究的一些评论［J］. 科学学研究，2005（6）：856－860.

235. 龙立荣，赵慧娟. 个人－组织价值观匹配研究：绩效和社会责任的优势效应［J］. 管理学报，2009（6）：767－775.

236. 卢俊义，王永贵. 顾客参与服务创新、顾客人力资本与知识转移的关系研究［J］. 商业经济与管理，2010（3）：80－87.

237. 卢俊义，王永贵，黄永春. 顾客参与服务创新与顾客知识转移的关系研究——基于社会资本视角的理论综述和模型构建［J］. 财贸经济，2009（12）：128－133.

238. 鲁若愚等. 多主体参与的服务创新［M］. 北京：科学出版社，2010.

239. 刘顺忠，景丽芳，荣丽敏. 知识密集型服务业创新政策研究［J］. 科学学研究，2007（4）：793－797.

240. 刘顺忠，荣丽敏. 知识密集型 NSD 活动的外部环境分析［J］. 东北师范大学学报，2009（3）：140－145.

241. 马骏，仲伟周，陈燕. 基于知识转移情境的知识转移成本影响因素分析［J］. 北京工商大学学报，2007（3）：102－108.

242. 彭正龙，姚黎旻. 人力资源外包服务的大规模定制研究［J］. 工业工程与管理，2007（3）：82－85.

243. 沈红群, 胡汉辉. 组织知识理论的发展与结构 [J]. 管理工程学报, 1999 (1): 62 - 67.

244. 盛亚. 企业创新管理 [M]. 杭州: 浙江大学出版社, 2005.

245. 盛亚. 企业技术创新管理: 利益相关者方法 [M]. 北京: 光明日报出版社, 2007.

246. 盛亚, 尹宝兴. 复杂产品系统创新的利益相关者作用机理: ERP 为例 [J]. 科学学研究, 2009 (1): 154 - 160.

247. 疏礼兵. 技术创新视角下企业研发团队内部知识转移影响因素的实证研究 [J]. 科学学与科学技术管理, 2007 (7): 108 - 114.

248. 苏敬勤, 张竟浩, 崔淼. 企业家导向、组织能力对服务创新绩效的影响研究——基于我国东北地区大中型制造业企业的实证分析 [J]. 技术经济, 2009 (11): 1 - 6.

249. 孙林岩. 服务型制造: 理论与实践 [M]. 北京: 清华大学出版社, 2009.

250. 孙林岩, 李刚, 江志斌, 郑力, 何哲. 21 世纪的先进制造模式——服务型制造 [J]. 中国机械工程, 2007 (19): 2307 - 2312.

251. 孙林岩, 杨才君, 高杰. 服务型制造转型——陕鼓的案例研究 [J]. 管理案例研究与评论, 2011 (4): 257 - 264.

252. 邵晓峰, 季建华, 黄培清. 基于 Internet 的大规模定制的实施条件与运作模式 [J]. 计算机集成制造系统—CIMS, 2001 (12): 53 - 56.

253. 唐国珣. 新服务开发的理论与应用研究 [D]. 华中科技大学硕士学位论文, 2006.

254. 唐炎华, 石金涛. 我国知识员工知识转移的动机实证研究 [J]. 管理工程学报, 2007 (3): 29 - 35.

255. 陶颜, 魏江, 王甜. 金融服务创新过程中的知识转移分析 [J]. 大连理工大学学报 (社会科学版), 2007 (1): 11 - 16.

256. 漆晨曦, 柯晓燕, 曾宪伟, 林清恰. 电信市场经营分析方法与案例 [M]. 北京: 人民邮电出版社, 2007.

257. 王春. 基于知识管理的新服务开发影响因素分析研究 [D]. 重庆大学硕士学位论文, 2007.

258. 王红军. 基于知识服务业的 NSD 过程模式研究 [J]. 科技进步与对策, 2009 (6): 60 - 63.

259. 王琳，魏江. 顾客互动对新服务开发绩效的影响——基于知识密集型服务企业的实证研究 [J]. 重庆大学学报，2009（1）：36-41.

260. 王蕊. 建设项目利益相关者协调管理研究 [D]. 中南大学硕士学位论文，2008.

261. 王毅，袁宇航. 新产品开发中的平台战略研究 [J]. 中国软科学，2003（4）：55-58.

262. 魏江，赵江琦，邓爽. 基于模块化架构的金融服务创新模式研究 [J]. 科学学研究，2009（11）：1720-1728.

263. 魏江，胡胜蓉. 知识密集型服务业创新范式 [M]，北京：科学出版社，2007.

264. 魏江，陶颜. 金融服务创新的过程模型研究 [J]. 西安电子科技大学学报，2006（6）：52-59.

265. 魏江，余春艳，胡胜蓉. 会计服务业服务创新模式的多案例研究 [J]. 商业经济与管理，2008（8）：47-52.

266. 魏江，赵江琦，邓爽. 基于模块化架构的金融服务创新模式研究 [J]. 科学学研究，2009（11）：1720-1727.

267. 魏江，周丹. 生产性服务业与制造业融合互动发展——以浙江省为例 [M]. 北京：科学出版社，2011.

268. 翁君奕. 商务模式创新 [M]. 北京：经济管理出版社，2004：10-30.

269. 吴玲，贺红梅. 基于企业生命周期的利益相关者分类及其实证研究 [J]. 四川大学学报，2005（6）：34-38.

270. 吴秋明. 界面设计的"凹凸槽原理" [J]. 经济管理，2004（3）：26-30.

271. 伍晓玲，周明. 组织内部的知识转移及其困难研究 [J]. 科学学与科学技术管理，2004（12）：68-71.

272. 伍晓曦，王丽. 组合营销策略与方法 [M]. 广州：广东经济出版社，2004.

273. 谢萌. 关于我国移动电信资费套餐制定的研究 [D]，南京航空航天大学硕士学位论文，2007.

274. 徐宏毅，王美琳. 大规模定制下电信行业顾客保留模型研究 [J]. 湖北省社会主义学院学报，2011（2）：82-85.

275. 徐磊. 如何建立有效的界面——关于技术创新界面管理的探讨 [J]. 科研管理, 2002 (3): 79-83.

276. 徐晓飞, 王忠杰, 莫同. 服务工程方法体系 [J]. 计算机集成制造系统, 2007 (8): 1457-1464.

277. 徐延庆, 薛有志. 基于服务特性与创新性的新服务开发研究 [J]. 经济与管理研究, 2010 (3): 11-15.

278. 许彩明. 利益相关者价值链管理研究 [J]. 企业经济, 2009 (5): 27-29.

279. 许庆瑞. 全面创新管理: 理论与实践 [M]. 北京: 科学出版社, 2007.

280. 杨学, 刘顺忠, 银成钺. 新服务开发影响因素研究 [J]. 科学学研究, 2009 (2): 478-486.

281. 杨玉兵, 潘安成. 强联系网络、重叠知识与知识转移关系研究 [J]. 科学学研究, 2009 (1): 25-29.

282. 叶惠. 计费: 以"变"迎挑战 [J]. 通讯世界, 2004 (7): 13-18.

283. 喻友平, 蔡淑琴, 刘志高, 梁凯春. 制造分销型企业服务创新的支持平台及工作原理 [J]. 科研管理, 2007 (5): 36-40.

284. 袁春晓. 新服务开发 (NSD) 理论框架和金融行业实证 [R]. 复旦大学博士后出站报告, 2004.

285. 余光胜, 毛荐其. 技术创新中默会知识转移问题研究 [J]. 研究与发展管理, 2007 (2): 101-107.

286. 曾涛. 企业商业模式创新 [D]. 西南财经大学硕士学位论文, 2006.

287. 张闯, 林曦. 渠道权力结构的网络效应研究——从渠道权力研究的"二元范式"到"三元结构"[J]. 山西财经大学学报, 2008 (11): 6-12.

288. 张德, 王玉芹. 组织文化类型与组织绩效关系研究 [J]. 科学学与科学技术管理, 2007 (7): 146-151.

289. 张红琪, 鲁若愚. 供应商参与服务创新的过程及其影响 [J]. 科学学研究, 2010 (9): 1422-1427.

290. 张红琪, 鲁若愚. 基于顾客参与的服务创新中顾客类型的研究

[J]. 电子科技大学学报（社科版），2010（1）：25 – 29.

291. 张若勇，刘新梅，王海珍，聂锟. 顾客—企业交互对服务创新的影响：基于组织学习的视角 [J]. 管理学报，2010（2）：218 – 224.

292. 张若勇，刘新梅，张永胜. 顾客参与和服务创新关系研究：基于服务过程中知识转移的视角 [J]. 科学学与科学技术管理，2007（10）：92 – 97.

293. 赵益维，陈菊红，姚树俊. 知识管理视角下的服务型制造创新机制研究 [J]. 中国科技论坛，2010（10）：34 – 39.

294. 赵迎红，辛苗，聂桂华，徐宏毅. 基于大规模定制的酒店服务运作研究 [J]. 武汉工程大学学报，2008（5）：80 – 83.

295. 郑刚. 全面协同创新：迈向创新型企业之路 [M]. 北京：科学出版社，2006.

296. 朱祖平. 变革管理 [M]. 北京：经济科学出版社，2001.

297. 诸雪峰，贺远琼，田志龙. 制造企业向服务商转型的服务延伸过程与核心能力构建——基于陕鼓的案例研究 [J]. 管理学报，2011（3）：356 – 364.

298. 周晓东，项保华，邹国胜. 大规模定制战略及我国企业的对策 [J]. 工业工程与管理，2003（5），12 – 16.

后　记

本书是浙江省重点创新团队"生产性服务业与区域经济发展"和国家自然科学基金项目"新服务开发的前后台知识转移机制及其管理策略研究：知识密集型服务业案例"（70972136）的研究成果之一。基本上反映了浙江工商大学技术经济及管理博士学科和硕士学科服务创新及政策研究方向的最新研究成果，也是浙江工商大学技术与服务管理研究中心、鲍莫尔创新研究中心研究的部分总结。

本书主要是五篇案例研究成果的集成，涉及不同案例研究分类。如第二章为验证性跨案例研究，第三章为验证性单案例研究，第四章为描述性单案例研究，第五章和第六章为探索性单案例研究（扎根理论方法）。相对而言，前两个案例更为规范深入，第三个案例较为浅显，而后两个案例更具探索意义。

各章的具体作者如下。第一章：李靖华；第二章：李靖华、庞学卿；第三章：盛亚、张丽丽；第四章：李靖华、常晓然；第五章：李靖华、朱文娟、毛俊杰；第六章：胡永铨、乔浩。全书由李靖华审校、统稿，研究生叶浅吟帮助进行了全书的参考文献整理工作。

需要说明的是，本书第一章主要基于李靖华的一篇英文国际期刊论文加以改写，第二章主要基于李靖华和庞学卿的一篇中文学术期刊论文，第三章主要基于张丽丽的硕士学位论文加以改写，第四章主要基于李靖华等先前一本专著中的部分章节加以改写扩充。第五章的部分内容也即将在中文学术期刊发表。第六章主要基于乔浩的硕士学位论文加以改写，具体信息见各章首页脚注。在此对 Journal of Science and Technology Policy in China、管理工程学报、浙江树人大学学报、江苏商论，以及科学出版社等出版单位，表示衷心的感谢。

也要感谢各案例企业对我们研究的支持和帮助，特别是各位主要联系人的贡献，他们是中华联合财产保险有限公司的赵斌先生、浙江移动通信有限公司的浦贵阳先生、浙江中控系统工程有限公司的毛俊杰先生等（毛俊杰先生既是我的学生也是浙江中控系统工程有限公司的员工）。

研究过程中，得到浙江省重点创新团队"生产性服务业与区域经济发展"带头人、浙江工商大学校长张仁寿教授、浙江工商大学技术与服务管理研究中心主任、工商管理学院党委书记盛亚教授、教育部省属高校人文社会科学重点研究基地——浙江工商大学现代商贸研究中心主任郑勇军教授等老师的大力支持和帮助，特别是郑勇军老师的不断鼓励、鞭策和催稿，在此深表感谢。

最后，仍然要感谢我的妻子沈瑛，她为我们的家庭和女儿付出了很多。很难想象如果没有她的支持，我能够主持完成这部书稿。

错误疏漏之处，敬请致邮 jhli@ zjsu. edu. cn，我们将万分感谢。

李靖华

2013 年 11 月 20 日于浙江工商大学